国家文化产业资金支持媒体融合重大项目

吉林省职业教育一流核心课程配套教材

高等职业教育教学改革融合创新型教材 · 金融类

个人理财

（第二版）

刘妍　李牧航　主编

GEREN LICAI

东北财经大学出版社
Dongbei University of Finance & Economics Press
大连

图书在版编目（CIP）数据

个人理财 / 刘妍，李牧航主编．—2版．—大连：东北财经大学出版社，2024.8．—（高等职业教育教学改革融合创新型教材 · 金融类）．—ISBN 978-7-5654-5365-6

Ⅰ．F830.59

中国国家版本馆CIP数据核字第2024BV8617号

东北财经大学出版社出版

（大连市黑石礁尖山街217号　邮政编码　116025）

网　　址：http://www.dufep.cn

读者信箱：dufep@dufe.edu.cn

大连图腾彩色印刷有限公司印刷　东北财经大学出版社发行

幅面尺寸：185mm×260mm　字数：336千字　印张：15.25

2024年8月第2版　2024年8月第1次印刷

责任编辑：李丽娟　徐　群　责任校对：石建华

封面设计：原　皓　版式设计：原　皓

定价：45.00元

教学支持　售后服务　联系电话：（0411）84710309

如有印装质量问题，请联系营销部：（0411）84710711

第二版前言

本教材自第一版出版以来，得到了使用院校的普遍好评和认可。为了更好地普及国民理财专业知识、提高居民理财能力，为社会培养高素质、专业化的理财人才，满足高等院校财经类专业个人理财人才培养对教材的需要，我们对教材进行了再版修订，这也是提高理财专业教学质量的有力保障。本次修订更加突出了个人理财实务操作，更新了部分案例，拓展了个人理财知识阅读，并以二维码的形式呈现。同时，党的二十大报告指出“必须坚持科技是第一生产力”，并强调要完善科技创新体系，加快实施创新驱动发展战略。科技创新与金融服务应紧密结合，理财作为金融的重要一环，也需要融入智能投顾等新的科技元素。

本教材有9个项目，主要内容包括个人理财计算基础知识，个人理财规划内容、流程及综合理财规划，具体包括：货币时间价值计算和理财计算器的使用、现金规划、消费支出规划、保险规划、投资规划、子女教育规划、退休养老规划和家庭财产分配与传承规划。本教材通过综合规划的实践，将个人理财所需的知识和技能融会贯通，进而制订全方位的、动态的、个性化的综合理财规划方案，知识内容丰富，结构合理，形式新颖，实践操作性强，可以很好地培养学生个人理财规划的能力。

本教材的编写特色如下：

1. 校企双元合作编写。本教材的编写团队成员既包括多年从事“个人理财”课程教学的一线教师，又包括吉林龙天华尔理财咨询有限公司理财产品顾问等企业人员，以保证教材内容贴近实际工作岗位需求，增强教材的实用性和可操作性。

2. 采用项目-任务式编写体例。本教材根据个人理财业务岗位职业能力需要，以项目为导向，以任务为驱动，设置教学内容，与实际工作岗位对接，全书贯穿“技能目标训练”这一主线，突出职业技能训练，更好地培养学生的个人理财业务技能。

3. 立体化呈现教学资源。本教材教学资源依托证券实务专业国家教学资源库核心课程之一“个人理财”的数字资源建设，打破了教材以纸介质为知识传播载体的局限，以立体化方式呈现了教学视频、动画、案例等教学资源，是一本生动的、多媒体融合的数字化教材。

4. 立德树人，润物细无声。本教材在讲解相关理财产品的特点、适用人群的同时，还强调了产品的风险点，以及理财从业人员在为客户提供理财服务时的注意事项，使读者既学习了金融知识，又提高了金融素养，更好地落实立德树人的根本任务。

5. 本教材配套了丰富的数字化学习资源包。资源包由微课、电子课件、电子教案、习题参考答案等多种资源组成，部分以二维码的形式展示在书中，以方便教师开展信息化教学，并激发学生的学习兴趣。

本教材由刘妍、李牧航担任主编。具体编写分工如下：长春金融高等专科学校于明霞编写项目一，长春金融高等专科学校刘妍编写项目二、项目四、项目六、项目八，长春金融高等专科学校郑屹编写项目三，长春金融高等专科学校李牧航编写项目五、项目七、项目九，长春金融高等专科学校郝璐、宋京泽、李蕨乔负责资料查找、案例编写工作。吉林龙天华尔理财咨询有限公司理财产品顾问陈琳为本教材提供了部分案例，以及基金、银行理财产品、黄金等方面的相关资料，并从实际工作岗位的角度，对全书内容进行了审核，提出了修改意见。全书由刘妍总纂、定稿。

本教材主要供高等职业院校金融服务与管理、财富管理、保险实务、金融科技与应用、证券实务和其他财经商贸专业学生使用，也可作为理财行业入职员工的培训教材、理财行业从业人员的自学教材及理财知识普及读物。

本教材在修订过程中，参考并借鉴了有关的著作、教材等，在此向相关作者一并表示诚挚的谢意。由于编者水平有限，书中难免有不足之处，欢迎读者批评指正。

编　者

2024年5月

目录

项目五 保险规划 / 85

项目六 投资规划 / 113

项目七 子女教育规划 / 153

项目八 退休养老规划 / 173

项目一 个人理财规划概述

学习目标

知识目标

★理解个人理财规划的含义。

★掌握家庭理财生命周期特点及理财需求。

★掌握理财规划的目标和理财规划的内容。

★掌握理财规划制定的流程。

技能目标

★能够分析家庭理财生命周期的理财需求。

★能够阐述理财规划的内容。

★熟知个人理财规划流程。

素养目标

★树立正确的理财观念。

★了解金融从业人员守法合规、专业胜任等职业道德要求。

★培养法律法规意识、增强法治观念。

案例导入

近些年，“理财”一词已深入人心。王先生早年经商，人到中年，已积累了一笔可观的财富。对于自己的理财之道，王先生颇有心得。出于对房产的偏爱，王先生早在10年前就购置了多处房产，除了自住的两套房产外，王先生还投资了三套商铺用于出租，这10年间因房价和租金的不断上涨，王先生的资产得到了大幅度的升值。由于王先生忙于生意，因此将其他金融资产都投资于银行理财产品。随着银行理财产品的净值化，为避免损失，王先生干脆把到期的理财产品换成了不同期限的人民币大额存单，以获得稳定的投资回报。同时，他的妻子黄女士于2023年年初经银行理财经理推荐，购买了100万元的某混合型基金。在保障方面，由于公司经营稳定，王先生夫妇作为自家公司的高管，缴纳了充足的“五险一金”，王先生夫妇对其“理财规划”非常满意，房产、基金、银行理财产品和存款都可帮助家庭资产“进可攻、退可守”。

请问：作为理财规划师，你认为王先生的“理财规划”合理吗？专业的理财规划应包括哪些内容？

资料来源：作者根据相关资料编写。

任务一　初识个人理财规划

中国特色社会主义进入新时代后，我国社会主要矛盾已转化为人民日益增长的美好生活需要和不平衡不充分的发展之间的矛盾。而美好的生活需要个人或家庭有稳定的收入来源，有充足的现金准备，有完善的人身和财产保险，有适当住房，有完备的社会养老保障及资产的保值增值等规划，这些都需要科学的理财规划来实现。生活需要规划，财富需要打理，科学理财才能拥有美好的生活。

一、理财与个人理财规划

（一）理财的起源

在我国几千年发展的历史长河中，很早就有理财思想的萌芽。司马迁在《史记·货殖列传》中提出：“贫富之道，莫之夺予，而巧者有余，拙者不足。”其意思是，是贫是富，这中间的办法，没有人能夺走它，也没有人能给予它，但智巧的人会财富有余，笨拙的人会出现不足。其寓意在于“财”是需要“理”的。财富的取得需要智慧、计谋，需要有能力的人进行操作，财富不会无缘无故地获得或失去，一切取决于人的理财思想和做法，正确的理财是财富获得的关键，这正是中国理财思想的体现。

现代意义上的理财思想是在人类进入“金融经济”时代产生的。随着我国经济的跨越式增长，截至2023年年底，我国的国内生产总值（GDP）超过了126万亿元，人均可支配收入快速增长。在个人或家庭的资产中，金融资产的比重越来越大，个人或家庭对理财的需求不断延伸，在时间跨度上开始拓展，跨越个人或家庭的整个生命周期。因此，以金融产品营销为特征的理财服务已经不能满足人们的需要，个人或家庭迫切需要的是一种专业的、全面的理财规划服务，个人理财规划成为个人或家庭理财的必然选择。

（二）个人理财的定义

目前，尽管个人理财业务发展迅猛，但对个人理财的定义没有统一的标准。

1. 国际注册理财规划师协会（ICFPI）给出的定义

国际注册理财规划师协会认为，个人理财就是“在分析个人财务现状、能力的基础上，作为有偿服务给其提供具体的计划、建议行动策略和方案，以实现其财务目标”的活动。通过整理个人的财务信息来制订方案，建设性地管理收入、资产和债务，从而实现短期目标或长期目标。个人理财规划成功的关键是定期检查方案执行的情况，保证实现客户的目标。

2. 国家金融监督管理总局给出的定义

国家金融监督管理总局发布的《商业银行理财业务监督管理办法》规定，理财业务是指商业银行接受投资者委托，按照与投资者事先约定的投资策略、风险承担和收益分配方式，对委托的投资者财产进行投资和管理的金融服务。

3. 一般定义

个人理财就是在了解、分析客户情况的基础上，根据其人生、财务目标和风险偏好，有效管理其资产、债务、收入和支出，实现理财目标的过程。

（三）个人理财规划

理财规划一般包括公司理财规划（或企业财务策划）和个人理财规划。目前，个人理财规划已经在现代社会经济生活中发挥着越来越重要的作用。

微课 1-1

理财规划概述

个人理财规划是指为达到客户终生财务安全、自主和自由，不断提高生活品质的目的，运用科学的方法和特定的程序为客户制订切合实际、具有可操作性的综合的理财方案，并实施和管理协调的过程。它不局限于提供某种单一的金融产品，而是针对客户生命周期不同阶段的理财目标进行金融服务。它是一种全方位、多层次、个性化的服务，是从财务角度审视安排生活方式。

人们对于理财规划容易形成较为局限的理解，常常认为理财规划等同于资产增值，而规范意义上的理财规划远超资产增值的范畴。具体而言，个人理财规划的内涵主要包括以下三个方面：

拓展阅读 1-1

拳王泰森从4亿美元身家到一贫如洗

1. 理财规划是一种综合性服务

理财规划是全方位的综合性服务，不是简单的金融产品销售。它不仅能提供某种单一金融产品，还能针对客户的各种理财目标进行全方位、多层次、个性化的服务。

2. 理财规划注重个性化服务

由于每个家庭的财务与非财务状况不同，因此理财规划没有一个固定的模式，需要理财规划师根据客户家庭的具体状况进行个性化安排。

3. 理财规划是一种长期服务

尽管特定时点的理财规划会以短期规划方案呈现，但理财规划是一项长期规划，贯穿人的一生。

二、个人理财业务的发展

（一）国外个人理财业务的发展历程

个人理财业务最早在美国兴起，并发展成熟。其发展大致经历了以下三个阶段：

微课 1-2

个人理财业务的发展历程

1. 萌芽阶段

从20世纪30年代到20世纪60年代，是个人理财业务的萌芽阶段。这个阶段个人理财业务的主要形式为保险产品和基金产品的销售服务。其主要特征是：个人金融服务的重心放在了共同基金和保险产品的销售上，几乎没有金融机构为了销售产品而专门建立一套流程或方法，来建立与客户的关系、搜索数据和进行综合财务规划。因此，在这个阶段理财规划师或金融企业为客户做一个全面的理财规划服务的观念还未形成。

2. 形成与发展阶段

从20世纪60年代末到20世纪80年代，是个人理财业务的形成与发展阶段。1969年，国际金融理财协会（IAFP）应运而生，IAFP的成立和定位标志着个人理财业务开始向专业化发展。

3. 成熟阶段

20世纪90年代中后期，个人理财业务日趋成熟。理财业务模式已从以销售金融产品获取佣金为主转变成帮助客户实现其生活目标和财务目标，为客户做专业的咨询服务并获得咨询佣金。理财产品也逐渐取代银行存款，成为商业银行归集社会资金的重要工具。与传统存款不同的是，通过理财产品归集资金并进行投资，商业银行获得的是佣金收入，而不是利息收入。与此同时，各高校以学科项目来设置理财专业的数量也在增加，理财服务趋向专业化，专业协会、资格认证组织纷纷成立，理财规划师的收入也在大幅度增加，这些都标志着个人理财业务开始向专业化发展。

（二）国内个人理财业务发展状况

1. 国内个人理财业务迅速发展

从20世纪80年代末到20世纪90年代，是我国商业银行个人理财业务的萌芽阶段。这个阶段商业银行开始向客户提供专业化投资顾问和个人外汇理财服务，但大多数居民还没有理财意识和理财概念。

2000—2005年是我国商业银行个人理财业务的形成阶段。这一阶段理财产品、理财环境、理财观念和意识以及理财师专业队伍的建设均取得了显著的进步。2005年9月，中国银行业监督管理委员会发布了《商业银行个人理财业务管理暂行办法》，界定了商业银行个人理财业务范畴，规范了商业银行个人理财业务管理，并下发了《商业银行个人理财业务风险管理指引》，对商业银行个人理财业务风险管理提出了指导意见。目前，个人理财业务已成为商业银行个人金融业务的重要组成部分，是银行非利息收入的重要来源。随着商业银行理财业务的快速发展，为了规范商业银行理财业务，国家有关部门先后制定并实施了《关于规范金融机构资产管理业务的指导意见》（以下简称“资管新规”）、《商业银行理财业务监督管理办法》、《商业银行理财子公司管理办法》等相关规定。这些规定的实施，有助于促进商业银行理财业务的健康发展。

2. 国内个人理财业务迅速发展的原因

（1）经济快速发展，居民财富的积累为银行开展个人理财业务奠定了基础。改革开放以来，我国经济快速发展，城乡居民的收入不断增加，积累了大量财富，这为个人理财业务的发展奠定了财务基础。个人可支配收入中用来进行个人理财投资的比例弹性较大，整体收入水平的上升已成为个人理财业务发展的基石。日益庞大的储蓄存款余额为个人理财业务的发展创造了巨大的市场空间，也为我国个人理财业务发展奠定了基础。

（2）理财需求上升。居民不断提升的理财意识和不断增加的理财需求是促进我国个人理财业务发展的重要动力。财务缺口带来的财务需求是个人理财业务发展的动力之一。家庭风险管理、投资、教育、养老及合理避税等一系列多样化的金融理财需求成为个人理财业务发展的直接动力。

（3）居民理财技能欠缺，催生对专业理财机构和人才的需求。居民缺乏相应的基本投资理财知识和法律保护意识，加之时间和精力有限，催生了人们对专业金融机构和专业理财师的需求。

（4）投资理财工具日趋丰富。我国金融市场正在不断发展和完善，金融投资工具日渐丰富，为满足日益增长的个人理财需求提供了丰富的投资工具和交易方式。个人理财产品也逐步从单一化向多元化转变，资产配置也从区域化向全球化转变。不断推陈出新的金融投资工具，扩展了个人理财的空间。

（5）金融机构业务转型和竞争的客观需要。随着金融脱媒和利率市场化的推进，商业银行的存贷利率差不断缩小，国内银行将工作重点从追求传统存贷款业务收入转向追求个人理财等非利差收入的综合性金融服务。

三、理财规划目标

微课 1-3 理财规划目标

个人理财规划主要解决的是在个人财务资源受到约束的情况下，在财务方面实现个人生活目标的问题，即理财目标的实现。每个人的理财目标不同，同一个人在不同阶段的理财目标也不相同。一般来说，理财规划的首要目标可以归结为两个层次：实现财务安全和追求财务自由。

（一）财务安全

动画 1-1 财务安全衡量指标

保障个人及家庭财务安全是个人理财规划要达到的首要目标，只有实现财务安全，才能达到人生各阶段收入支出的基本平衡。所谓财务安全，是指个人或家庭对自己的财务状况有充分的信心，认为现有的财富足以应对未来的财务支出和其他生活目标的实现，不会出现大的财务危机。一般来说，衡量个人或家庭的财务安全的标准有：是否有稳定、充足的收入；个人是否有发展潜力；是否有充足的现金准备；是否有适当的住房；是否购买了适当的财产保险和人身保险；是否有适当的、收益稳定的投资；是否享受社会保障；是否有额外的养老保障计划。这些衡量标准仅仅是参考性的，具体的财务安全标准要根据客户的实际情况来决定。

动画 1-2 什么是财务自由？

（二）财务自由

拓展阅读 1-2 财务自由的标准是什么

理财规划是一生的财务规划，是理性的价值观和科学的理财计划的综合体现。同时，理财规划是动态的，它不是一成不变的，是通过不断调整计划来实现人生财务目标的过程，即实现财务自由的过程。所谓财务自由，是指个人或家庭的收入主要来源于主动投资，而非被动工作。当投资收入可以完全覆盖个人或家庭的各项支出时，就达到了财务自由的层次，个人或家庭的生活目标相比在财务安全层次下有了更强大的经济保障。财务自由主要体现为投资收入可以完全覆盖个人或家庭的各项支出，个人从被迫工作的压力中解放出来，已有财富成为创造更多财富的工具。

（三）理财规划目标的具体内容

1. 必要的资产流动性——现金规划

个人持有现金主要是为了满足日常开支需要、预防突发事件需要和投机性需要。个人要保证有充足的资金来支付计划中和计划外的费用，所以理财规划师在现金规划中既要保证客户资金的流动性，又要考虑现金的持有成本，通过现金规划使短期需求可用手头现金来满足，预期的现金支出通过各种储蓄等短期投资工具来满足。

2. 合理的消费支出——消费支出规划

个人理财的首要目标是使个人财务状况稳健合理。在实际生活中，减少个人开支有时比寻求高投资收益更容易达到理财目标。通过消费支出规划，使个人消费支出合理，使家庭收支结构大体平衡。

3. 实现教育期望——子女教育规划

教育为人生之本。随着人们越来越重视对教育的投入，以及教育费用的持续上涨，教育开支的比重变得越来越大。客户需要及早对教育费用进行规划，通过合理的财务计划，确保将来有能力承担自身及其子女的教育费用，以实现个人（家庭）的教育期望。

4. 完备的风险保障——风险管理与保险规划

在人的一生中，风险无处不在，理财规划师通过风险管理与保险规划进行适当的财务安排，将风险事件带来的损失降到最低，使客户更好地规避风险，保障生活稳定。

5. 积累财富——投资规划

个人财富的增加可以通过减少支出相对实现，但个人财富绝对增加最终要通过增加收入来实现。薪金类收入有限，投资则完全具有主动争取更高收益的特质，个人财富的快速积累主要靠投资实现。根据个人或家庭的理财目标、可投资额和风险承受能力，理财规划师可以确定有效的投资方案，使投资带给个人或家庭的收入越来越多，并逐步成为个人或家庭收入的主要来源，最终达到财务自由。

6. 安享晚年——退休养老规划

人到老年，其获得收入的能力必然有所下降，所以有必要在青壮年时期进行财务规划，以实现“老有所养、老有所终、老有所乐”的生活目标。

7. 合理的纳税安排——税收规划

纳税是每一个人的法定义务，但纳税人往往希望将自己的税负降到最低。为达到这一目标，理财规划师通过对纳税主体的经营、投资、理财等经济活动的事先筹划和安排，充分利用税法提供的优惠和差别待遇，适当减少或延缓税负支出。

8. 有效的财产分配与传承——财产分配与传承规划

财产分配与传承是个人理财规划中不可回避的部分，理财规划师要尽量减少财产分配与传承过程中发生的支出，协助客户对财产进行合理分配，以满足家庭成员在不同阶段产生的各种需要；要选择遗产管理工具和制订遗产分配方案，确保在客户去世或丧失行为能力时能够实现家庭财产的代际相传。

四、理财规划的原则

（一）整体规划原则

整体规划原则既包括规划思想的整体性，又包括理财方案的整体性。整体由部分组成，一个方面出现了变化，必然会对其相关部分产生影响。

（二）提早规划原则

货币经过一段时间的投资可以进一步增值，即货币的复利效应。由于货币具备这样的特性，因此理财规划应尽早开始。

（三）现金保障优先原则

依据专业理财规划的基本要求，为客户建立一个能够帮助客户家庭在出现失业、大病、灾难等意外事件的情况下，也能安然度过危机的现金保障系统十分关键，也是理财规划师进行任何理财规划前首先应该考虑和重点安排的。只有建立了完备的现金保障，才能考虑将客户家庭的其他资产进行专项安排。一般情况下，家庭建立现金储备要包括日常生活覆盖储备和意外现金储备。

（四）风险管理优于追求收益原则

理财规划旨在通过财务安排和合理运作来实现个人、家庭或企业财富的保值增值，最终使生活更加舒适、快乐。保值是增值的前提，在理财规划中必须认清可能出现的任何风险，合理利用理财规划工具规避风险，并采取措施应对这些风险。

（五）消费、投资与收入相匹配原则

消费支出通常用于满足短期需求，投资则应具有追求将来更高收益的特质，收入无疑是二者的源头活水。在现实生活中，应特别注意使消费与收入相匹配，如在购房规划中要充分考虑月供与还贷能力。

（六）家庭类型与理财策略相匹配原则

不同的家庭有不同的理财策略。一般情况下，青年家庭的风险承受能力比较强，理财规划的核心策略为进攻型；中年家庭的风险承受能力中等，理财规划的核心策略为攻守兼备型；老年家庭的风险承受能力比较弱，理财规划的核心策略为防守型。

任务二 掌握理财规划的基本内容

一、生命周期与理财规划

微课1-4

生命周期与理财规划

（一）生命周期理论的内涵

生命周期理论是由美国经济学家莫迪利安尼（Modigliani）提出的，他认为“消费者将选择一个合理的、稳定的消费率，接近于他预期一生的平均消费”。也就是说，个人在各年龄段的消费支出多少，将取决于其终生收入，即整个生命周期的全部收入。因此，消费者现期消费不仅与现期收入有关，而且与消费者以后各期收入的期望值、开始时的资产和个人的年龄有关。

人的生命从出生到死亡将经历婴幼儿、童年、少年、青年、中年和老年多个时期，不同的时期收支状况不同。具体来说，婴幼儿、童年和少年时期（合称未成年期）几乎

没有收入来源，青年、中年时期（合称壮年期）是收入的主要来源期，而老年时期（即退休期）的财物来源有限。因此，根据生命周期理论，我们应该通过理财规划合理安排一生的收入、资产、负债和支出，调整全生命周期各时期收入和支出的平衡，以达到个人终生消费的最大效用。

（二）生命周期理论在理财规划中的应用

根据生命周期理论，人们总是偏好在整个生命周期内实现消费的最大效用，因此在生命周期的不同阶段，理财规划的侧重点和理财目标要有所区别。

在未成年期，个人没有收入来源，生活和教育费的支出主要依靠父母，此阶段是个人人力资本的形成阶段。由于人力资本是决定个人将来成长独立后获取收入高低的关键因素，因此在这一阶段必须由父母对其进行教育投资，以期在将来独立后获得更高的收入。

壮年期是人生精力最充沛的阶段，也是理财规划最重要的阶段，个人必须设法获得足够的收入来维持基本的日常开支，并逐步积累财富，为退休后的老年生活储备资金。这一阶段又可分为单身期、家庭与事业形成期、家庭与事业成长期和家庭与事业成熟期，且每个阶段的理财侧重点有所不同。

1. 单身期

单身期是指从参加工作到结婚为止，一般为2～8年。这一阶段个人刚步入社会开始工作，收入较少，结余也很少，甚至可能会有负债，总体上属于经济收入较低且花销较大的人生阶段。这一阶段往往是家庭资产的原始积累期，因此个人的主要目标是提高自身素质，积极努力工作并广开财源，尽可能多地获得财富、积累资金，不能做月光族，要为未来的结婚和进一步投资做好准备。因此，理财规划的重点是满足日常消费，做好意外和疾病保障，尝试小额投资。

2. 家庭与事业形成期

家庭与事业形成期是指从结婚到新生儿出生为止，一般为1～3年。这一阶段家庭成员增加，家庭责任和负担也随之加重，为了提高生活质量需要较大的家庭建设支出和日常开支。随着经济收入的增加，生活开始走向稳定，但财力还不够雄厚，此时可以进行适当的投资。因此，理财规划的重点是建立应急备用金，满足购房、购车的需求，完善保险保障和稳健投资。

3. 家庭与事业成长期

家庭与事业成长期是指从子女出生到子女完成教育为止，一般为18～22年。这一阶段家庭收入逐步增加，各项开销也不断增加，家庭生活趋于稳定。这一阶段是家庭的主要消费期，家庭教育支出和家庭建设支出增加。因此，理财规划的重点是子女教育费用的准备，满足家庭成员保险保障、资产保值增值的需求。

4. 家庭与事业成熟期

家庭与事业成熟期是指从子女参加工作到家长退休为止，一般为10～15年。这一阶段子女已经完全独立，家庭资产逐渐增加，负债也逐渐减轻，个人的事业、家庭的经济状况达到了顶峰状态，但是个人的身体状况开始下滑。这一阶段是巩固、壮大个人和家庭资产的阶段，是财富积累的高峰阶段，也是理财的最佳阶段。此时，除了享受生活、提高生活品质外，还要最大限度地为未来养老做准备。因此，理财规划的重点是稳健投资，进一步完善养老和护理保障，做好财产传承准备。

在退休期，个人的收入减少了，身体的健康状况会越来越差。充实而幸福地安度晚年是这一阶段的主要生活目标。因此，理财规划的重点是财产安全和财产传承。

二、理财规划的内容

个人理财规划是针对客户整个人生而不是某个阶段的规划，人在不同的生命周期阶段有不同的财务状况、不同的理财需求，这决定了客户各阶段选择理财工具的种类、数量和理财侧重点有所不同。根据生命周期理论，对客户在整个生命周期阶段中的理财规划内容进行梳理，主要体现在以下八个方面：

微课 1-5

理财规划内容

（一）现金规划

现金规划的基本内容是对个人或家庭日常的现金及现金等价物的管理。现金规划的核心是建立家庭的应急基金，保障个人或家庭日常生活的开销和费用支出。由于在个人或家庭的理财规划中，现金规划既要使所拥有的资产保持一定的流动性，满足个人或家庭支付日常费用的需要，又要使流动性较强的资产保持一定的收益，现金规划在整个理财规划中具有非常重要的地位，现金规划是否科学合理将影响其他规划能否实现。因此，做好现金规划是理财规划的必备基础。

（二）消费支出规划

家庭的消费支出主要包括住房消费支出、汽车消费支出和耐用品消费支出。消费支出规划是理财规划的一项重要组成部分。如果消费支出缺乏计划或消费支出不当，则会给家庭带来过高的支出成本。不仅家庭的购房、购车目标无法按时实现，还会影响其他理财目标的实现。对大多数家庭来说，住房是最大的一项资产，也是最大的一笔开支。随着住房商品化政策的推行，以及房地产价格的居高不下，个人或家庭可能会选择通过贷款方式购房，这往往对家庭生活的影响很大，甚至成为家庭一段时期内最沉重的负担，而巨大的还贷压力不仅会严重影响家庭的生活质量，还会影响个人或家庭其他财务目标的实现。因此，个人或家庭在购房前，可以提前进行财务规划，根据个人或家庭的负担能力、个人所处的生命周期阶段，明确购房目标，设定最佳的购房方案。

（三）风险管理与保险规划

风险管理与保险规划是指个人或家庭通过对风险的识别和评价，选择风险管理技术，对风险实施有效控制和转移，以最低的成本获得最大的安全保障的经济行为。也就是说，通过确定的较少的保费支出，将不确定的较大的损失转移给保险公司。风险管理与保险规划为家庭理财建立起了防火墙，是其他理财规划得以进行的保障。

（四）投资规划

投资规划是理财规划中非常重要的一部分，是实现其他理财目标的重要手段。例如，购房、子女教育、养老等，都需要资金来筹划，虽然这些资金可以来自工作收入，但我们更应该借助货币的时间价值，通过投资的手段来实现资金的增值。投资规划是根据客户投资理财目标和风险承受能力，为客户制订合理的资产配置方案，构建投资组合以控制和管理好投资的风险，进而帮助客户实现理财目标。

（五）子女教育规划

子女教育规划是指在收集客户的教育需求信息、分析教育费用的变动趋势以及估算教育费用的基础上，为客户选择适当的教育费用准备方式及工具，制订和调整教育规划方案。随着高等教育的大众化，对大多数家庭来说，高等教育费用是一项大额的支出。越来越多的家庭希望通过接受更高水平的教育来提升子女学历层次，而教育费用的持续上升，使得教育开支占家庭总支出的比重越来越大，所以提前做好家庭的子女教育规划非常必要。

（六）退休养老规划

面对人口老龄化和长寿时代的到来，为了保证客户将来拥有一个自立、有尊严、高品质的退休生活，从现在开始应积极制订并实施退休养老规划方案。合理而有效的退休养老规划不仅可以满足退休后的生活资金需求，还可以保障退休后的生活品质，抵御通货膨胀的影响，提高个人资产净值。退休养老规划的核心在于对退休后的需求进行分析，且选择合适的退休养老工具。退休养老工具包括社会养老保险、企业年金或职业年金、商业保险及其他投资和储蓄。

（七）税收规划

个人或家庭出于对自身利益的考虑，往往期望将自己的税负降到最低，通过对经营、投资、理财活动的事先筹划和安排，在遵守国家法律法规的前提下，充分利用税法提供的优惠和差别待遇，在多种纳税方案中，选择税收利益最大化的方案，达到少缴税甚至不缴税的目的。

（八）财产分配与传承规划

财产分配规划是指为了将家庭财产在家庭成员之间进行合理分配而制订的财务规划。理财规划师要协调客户对财产进行合理分配，以满足家庭成员在家庭发展的不同阶段所发生的各种需要。财产传承规划是指当事人在其健在时通过选择遗产管理工具和制订遗产分配方案，将拥有或控制的各种资产或负债进行安排，确保在自己去世或丧失行为能力时，能够按照自己的心愿实现家庭财产的代际传承或安全让渡等特定的目标。理财规划师在进行财产传承规划时，主要帮助客户设计遗产传承方式，以及必要时帮助客户管理遗产，并将遗产顺利地传承到受益人手中。

三、理财规划的流程

动画1-3 理财规划的流程

为了保证理财规划方案的质量，客观上需要一个标准的程序对个人理财规划进行规范。理财规划流程，如图1-1所示。

（一）建立客户关系

建立客户关系是理财规划流程的第一步。在建立客户关系的过程中，理财规划师的沟通技巧非常重要。除了语言沟通技巧外，理财规划师还要懂得各种非语言的沟通技巧，包括眼神、面部表情、身体姿势等。理财规划师在与客户交往时，应当尽量使用专业术语。

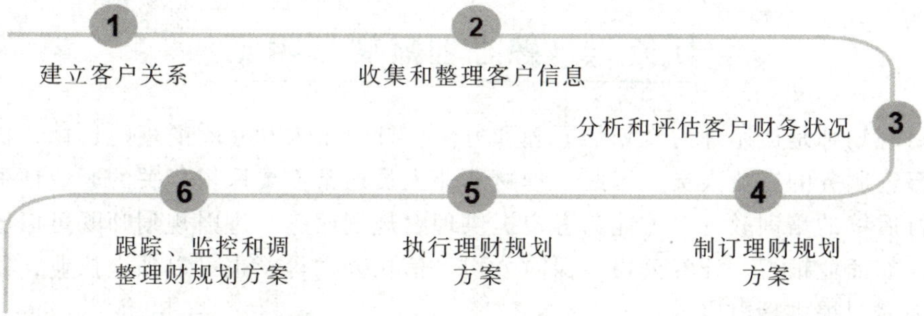

图1-1 理财规划流程

（二）收集和整理客户信息

为客户制订的理财规划方案是否适合客户的实际情况，关键取决于理财规划师是否对客户的财务信息（如收入、支出、资产和负债等信息）、非财务信息（如个人生活状况、价值取向和风险承受能力等信息）和期望目标（如理财目标和实现目标的时间等）有充分的了解。理财规划方案的形成，是在理财规划师完全掌握了客户的财务信息和非财务信息的基础上，经过与客户充分的沟通，共同确定的。因此，收集客户信息是影响理财规划方案制订的关键一步。

（三）分析和评估客户财务状况

客户的财务状况分析是制订理财规划方案的基础。在制订理财规划方案前，理财规则师必须分析和评估客户目前的财务状况，并对客户未来的财务状况进行预测。为此，理财规则师可以通过编制资产负债表和现金流量表，来对相关财务比率进行分析。资产负债表主要是分析客户的资产和负债在某一时点上的基本情况，现金流量表是分析客户的收入和支出在某一时期内的情况，为进一步的财务分析提供基础资料。同时，理财规划师还要做财务比率分析，如结余比率、流动性比率、投资与净资产比率、清偿比率、负债比率、即付比率和负债收入比率等。

（四）制订理财规划方案

理财规划师要确保掌握客户所有的信息，明确客户的理财需求和目标，并在客观评估客户财务状况的基础上，结合客户的实际情况，运用掌握的专业知识，形成整体的理财规划方案。

（五）执行理财规划方案

为了确保理财规划方案的执行效果，理财规划师应遵循准确性、有效性和及时性的原则，并要制订详细的实施计划。也就是说，理财规划师首先要确定方案实施的步骤，然后根据理财规划的要求确定匹配资金的来源，最后执行理财规划方案。

（六）跟踪、监控和调整理财规划方案

理财规划方案本身不是一成不变的，理财服务也不是一次能够完成的。经济环境、宏观政策的不断变化，以及客户的经济条件、理财目标的变动，都需要理财规划师根据新的变化，不断调整理财规划方案，以适应情况的改变。一般来说，理财规划师需要定期对理财规划方案的执行和实施情况进行跟踪、监控和评估，并就实施结果及时与客户沟通，必要时还可以对理财规划方案进行适当的调整。

任务三　熟悉理财规划职业

理财规划师是运用理财规划的原理和方法，针对个人和家庭的理财目标，提供综合性理财咨询服务的专业人员。因此，理财从业人员通常需要取得相关的职业证书，并不断地进行后续的培训教育，才能为客户提供理财规划服务。理财规划师既可以服务于金融机构，如商业银行、证券公司、保险公司、信托公司等，也可以独立执业，以第三方的身份为客户提供理财服务。

一、理财规划师职业发展

理财规划的思想最早起源于欧洲的贵族私人银行，发展于20世纪30年代的美国保险业。在1929年爆发的经济危机中，保险的“社会稳定器”功能使得保险公司的地位得到了空前的提高。同时，人们开始萌生对个人生活的综合规划和资产配置的需求。在这一背景下，保险推销员在推销保险产品的同时，也提供一些生活规划和资产运用方面的咨询服务。当时，这些保险推销员被称为“经济理财员”，尽管他们的主要目的是推销保险产品，但这也是现代理财规划师的萌芽，并显现出很强的生命力。第二次世界大战结束后，经济的复苏和社会财富的积累使美国个人理财业务进入了起飞阶段。随着社会环境和经济环境的变化，富裕阶层和普通消费者都无法仅凭借自身的知识和技能，运用各种财务资源来实现短期或长期的生活目标、财务目标。因此，消费者开始向称职的、客观公允的、以追求利益最大化为己任的理财规划师寻求咨询，由此个人理财业务得到了加速发展，理财从业人员不断增加。1969年，首家理财团体机构国际金融理财协会（IAFP）成立，这是第一家以普及理财知识、促进理财业务发展为目的的社会团体。美国的理财规划师职业认证对美国乃至全球个人理财行业的发展起到了推动作用，使理财规划业务逐渐发展成为一个独立的金融服务行业，并出现了以客观、公允为职业准则的专业技术人员——理财规划师。理财规划师的主要业务是为帮助客户实现其生活目标、财务目标提供专业咨询，并通过一个规范的个人理财服务流程来实施理财建议，从而防止客户利益受到侵害。1990年，国际注册理财规划师协会正式成立，标志着理财规划师职业有了国际统一的职业道德、胜任能力及实务操作标准，使得这一职业在全球迅速推广。随着国际化和全球化的推进，全球个人财富迅速增长，理财规划师职业在各国受到越来越广泛的关注和重视，各国纷纷推动符合本国国情的理财规划师职业认证资格的发展。如美国推行的CLU（特许人寿理财师）、ChFC（特许理财顾问师）、CFP（注册理财规划师），英国推行的IFA（独立财务顾问师）等。

美国金融业率先打破了银行、保险、证券、税务等各个独立体系的理财规划师的知识局限，要求理财规划师能够综合地吸纳几乎所有领域的知识和技能精华，为客户提供全面、充分的理财服务。现今，理财规划师在发达国家已经得到认可，是受人尊敬的一种职业。随着我国经济的快速发展和居民财富的快速增长，有相当一部分人的理财观念从激进投资和财富快速积累阶段逐步向稳健保守投资、财务安全和综合理财方向发展。而与理财服务需求不断增长形成反差的是，理财规划师存在严重的缺口。鉴于社会对理财规划师的强烈需求和理财规划师国家标准的缺位，国家职业技能鉴定中心组织有关专家根据我国国情制定了《理财规划师国家职业标准（试行）》，并于2003年1月23日开始施行，从此将理财规划师正式确定为一门职业。随着理财规划的概念渗透到金融行业，保险公司和商业银行都设立了专门的个人理财工作室或理财部，为客户提供相应的理财服务，理财市场的迫切需求和巨大的人才缺口使理财规划师成为国内最具吸引力的职业之一，也让理财规划师的年薪水涨船高。

理财规划师是一种具有很大潜力的职业，由于从业者掌握了理财规划的技能，因此可以受益终身。

二、理财规划师职业方向

理财规划师既可以服务于金融机构，如商业银行、保险公司等，又可以独立执业，以第三方的身份为客户提供各种各样的理财服务，形成一系列的职业岗位群，具体涉及以下五个方面：

微课 1-6

“66万理财遭遇飞单”——再谈理财从业人员的职业道德

（一）银行理财经理及银行一线服务

随着居民对银行理财需求的增加，除了理财专员外，银行一线员工也要在熟悉综合柜台业务的基础上，具备一定的金融产品综合营销能力。作为银行理财经理，其业务的综合性最强，包括客户的现金流动性管理、保险保障、基金配置、负债管理等理财规划需求。

（二）投资分析与客户服务

理财规划师主要任职于证券公司、期货公司、投资公司，提供专业化程度较高的金融证券服务，需要具备综合理财知识。

（三）寿险理财规划师

寿险理财规划师能够帮助保险公司及保险中介机构的各类销售人员、营销管理人员、培训人员、服务人员、行政人员以及银行业、证券业等的从业人员更好地理解与寿险理财相关的产品、技术、内外部环境及政策，在激烈竞争的金融理财规划时代提升竞争力，更专业地服务行业及客户，提升行业声誉；使专业技术人员能进一步了解销售系统的各环节和产品，协助其在公司营销管理和产品开发方面更加全面和科学化。

（四）互联网金融产品营销运营服务

除了传统金融机构外，还可以选择在互联网银行、第三方支付公司等新型互联网金融企业从事互联网金融产品营销、系统运营、支付结算等业务。

（五）自主理财与投资

学习个人理财知识，能够帮助个人投资者进行家庭资产配置、保障、养老、财产传承等理财规划。

三、理财规划师资格认证

根据理财规划的行业需求不同，理财规划师资格认证有：

（一）理财规划师国家职业资格认证

理财规划师国家职业资格认证是由中华人民共和国人力资源和社会保障部颁发的职业资格证书。理财规划师国家职业资格认证分为三个等级，即助理理财规划师（国家职业资格三级）、中级理财规划师（国家职业资格二级）、高级理财规划师（国家职业资格一级）。

（二）注册理财规划师资格认证

注册理财规划师由CFP标准委员会（CFP Board of Standards）考试认证，是目前国际金融领域最权威、最流行的个人理财职业资格认证。

在中国，CFP组织负责机构为中国金融理财标准委员会（FPSCC）。FPSCC实施两级理财规划师认证制度，即理财规划师（AFP）和国际理财规划师（CFP）认证制度。AFP认证是第一阶段，可获得"理财规划师培训合格认证"，在完成AFP培训后，学员可参加第二阶段的CFP培训。AFP和CFP的证书均由FPSCC发放。

（三）银行业专业人员职业考试

2006年8月27日，中国银行业从业人员资格认证专家委员会成立。2006年11月18日，中国银行业从业人员资格认证办公室在全国范围内举办"个人理财"和"风险管理"两个科目的试点考试。2009年该考试科目扩大到5个。

2013年11月23日，中华人民共和国人力资源和社会保障部与中国银行业监督管理委员会联合发布了《银行业专业人员职业资格制度暂行规定》和《银行业专业人员初级职业资格考试实施办法》（人社部发〔2013〕101号），将"银行业从业人员资格认证考试"纳入全国专业技术人员职业资格制度统一规划，更名为"银行业专业人员职业资格考试"。

2014年6月28日，首次纳入国考的银行业专业人员职业资格考试在全国顺利开展。本次考试将"公共基础"科目更名为"行业法律法规与综合能力"科目，其余4个科目统称为"专业实务"科目，颁发的银行业专业人员职业资格证书由中华人民共和国人力资源和社会保障部与中国银行业监督管理委员会联合监制，该证书在全国范围有效。

2015年4月17日，中华人民共和国人力资源和社会保障部与中国银行业监督管理委员会就《银行业专业人员职业资格制度暂行规定》和《银行业专业人员初级职业资格考试实施办法》（人社部发〔2013〕101号）进行了补充，正式联合发布了《银行业专业人员初级职业资格考试实施办法补充规定》和《银行业专业人员中级职业资格考试实施办法》（人社厅发〔2015〕55号），将中级职业资格考试纳入了全国专业技术人员职业资格制度统一规划，并在专业实务中增加了"银行管理"科目。2015年10月31日，中级职业资格考试在全国62个城市首次举行，推出的科目为"银行业法律法规与综合能力"和专业实务中的"个人理财"。

项目小结

1.理财规划一般包括公司理财规划（或企业财务策划）和个人理财规划。目前，个人理财规划已经在个人或家庭理财生活中发挥着越来越重要的作用。

个人理财规划是指为达到客户终生财务安全、自主和自由，不断提高生活品质的目的，运用科学的方法和特定的程序为客户制订切合实际、具有可操作性的综合的理财方案，并实施和管理协调的过程。它不局限于提供某种单一的金融产品，而是针对客户生命周期不同阶段的理财目标进行金融服务。它是一种全方位、多层次、个性化的服务，是从财务角度审视安排生活方式。

2.理财规划的目标包括：一是首要目标，即财务安全；二是最终目标，即财务自由。

3.个人理财规划是针对客户整个人生而不是某个阶段的规划，人在不同的生命周期阶段有不同的财务状况、不同的理财需求，这决定着客户各阶段选择理财工具的种类、数量和理财侧重点有所不同。

4.理财规划的内容主要包括：必要的现金规划；合理的消费支出规划；为家庭建立防火墙的风险管理与保险规划；为家庭资产保值增值的投资规划；保证教育资金需求的子女教育规划；节税与避税的税收规划；安享晚年的退休养老规划；合理的财产分配与传承规划。

5.为了保证理财规划方案的质量，客观上需要一个标准程序对个人理财规划进行规范。理财规划的标准流程可分为六步：建立客户关系；收集和整理客户信息；分析和评估客户的财务状况；制订理财规划方案；执行理财规划方案；跟踪、监控和调整理财规划方案。

6.根据理财规划的行业需求不同，理财规划师资格认证有理财规划师国家职业资格认证、注册理财规划师资格认证和银行业专业人员职业考试。

项目训练

■ 基础知识训练

一、名词解释

理财规划　财务安全　财务自由

二、单项选择题

1.下列各项中，（　　）是理财规划的首要目标。

A.财务安全　B.财务自由　C.财务自主　D.以上都选

2.下列各项中，（　　）是理财规划的最终目标。

A.财务安全　B.财务自由　C.财务自主　D.以上都选

3.个人理财业务最早产生于美国的（　　）。

A.银行业　B.保险业　C.证券业　D.信托业

4.（　　）是指为了将家庭财产在家庭成员之间进行合理分配而制定的财务规划。

A.投资规划　B.退休养老规划　C.财产分配规划　D.住房规划

5.（　　）是指从子女出生到子女完成教育为止，一般为18~22年。

A.家庭形成期　B.家庭与事业成长期

C.家庭与事业成熟期　D.退休期

三、多项选择题

1.个人或家庭的理财生命周期包括（　　）。

A.单身期　　B.家庭形成期
C.家庭与事业成长期　　D.家庭与事业成熟期
E.退休期

2.衡量个人或家庭的财务安全的标准有（　　）。
A.是否有稳定、充足的收入　　B.是否有发展潜力
C.是否有充足的现金准备　　D.是否有适当的住房
E.是否购买了适当的财产保险和人身保险

3.理财规划的标准流程包括（　　）。
A.建立客户关系　　B.收集和整理客户信息
C.分析和评估客户的财务状况　　D.制订理财规划方案
E.执行理财规划方案

4.在我国，个人理财业务快速发展的原因有（　　）。
A.经济的发展与居民财富的积累　　B.理财需求的上升
C.理财技能的欠缺　　D.投资工具的丰富
E.金融机构转型的需求

5.理财规划要实现的目标层次包括（　　）。
A.财务安全　　B.财务自由
C.财务健康　　D.财务自主
E.财务独立

四、判断题

1. 如果个人或家庭的主动性投资收入覆盖了其所有支出，那么这个家庭实现了财务自由。（　　）

2. 理财规划的首要目标是实现财务自由。（　　）

3. 个人理财业务最早产生于美国的保险业。（　　）

4. 个人理财规划是针对客户整个人生，而不是某个阶段的规划。（　　）

5. 在编制理财规划时，理财规划师要坚持现金保障优先的原则。（　　）

项目二 理财规划计算基础

学习目标

知识目标

★掌握货币时间价值的内涵。

★熟悉复利的原理及优势。

★掌握年金的概念及分类。

技能目标

★能够熟练操作理财计算器。

★能够熟练运用理财计算器解决实际生活中的理财问题。

素养目标

★引导学生树立正确的财富观。

★培养学生严谨、高效的工作意识以及耐心、细致的工作态度。

案例导入

复利的魅力

在理财界流传着这样一个故事：大约 350 年前，西方殖民者只用了价值 25 美元的饰品作为交换，从印第安人手中得到了曼哈顿岛。如果这笔钱按 6% 的年利率复利计算，你知道相当于今天的多少钱吗？

资料来源：作者根据相关资料编写。

个人理财是一门理论和实际相结合的学科，在前面所学知识中，我们知道理财规划的主要内容就是人生八个方面的规划。如果想做好这八个方面的规划，只有理论知识是远远不够的。因为每一项理财规划都需要通过专业的测算才能得以实现，理财计算就像整座大厦的钢筋结构一般，贯穿于整个理财规划之中，所以理财计算在整个理财规划中占有举足轻重的地位。可以说，只有掌握了理财计算这项技能，才能真正学好理财，才能真正做好理财规划。

理财计算不是简单的加减乘除运算，而是使用专业的工具——投资理财计算器来完成。

在上面的故事中，要知道印第安人350年前的25美元相当于现在的多少钱，相信大多数同学的脑海里会浮现出一个公式：$25 \times (1+6\%)^{350}$，那么谁能很快计算出结果呢？理财计算器30秒就会告诉我们答案。在项目三中，我们将详细介绍理财计算器在投资理财规划中的应用。为扎实地学好理财计算，我们先来学习贯穿整个理财规划的灵魂理念——货币时间价值。

任务一　掌握货币时间价值

对理财规划来说，货币时间价值非常重要，它贯穿于整个理财规划之中，每一项理财规划都是本着货币时间价值的原则来制订的。因此，有人将货币时间价值称为理财的"第一原则"。

一、货币时间价值

（一）货币时间价值的定义

货币时间价值（TVM）是指在不考虑通货膨胀和风险性因素的情况下，作为资本使用的货币在其被运用的过程中随着时间推移而带来的一部分价值增值。由此可见，相同的资金量在不同的时点，其价值是不同的。

例如，今天的100元和1年后的100元，二者的价值是不同的。今天你将100元存入银行，假设1年期的利率为3%，那么1年后你会得到103元，多出的3元利息，就是100元经过1年时间的投资所增加的价值，即货币时间价值。由于不同时点的资金价值不同，因此在进行资金价值大小的对比时，必须将不同时点的资金折算为同一时点后，才能进行比较。

（二）现金流量时间图

为了更好地理解货币时间价值，首先要清楚资金运动发生的时点和方向，即每笔资金是在哪个时点上发生的，资金流向是流入还是流出。运用现金流量时间图（如图2-1所示）可以直观、便捷地反映资金运动发生的时点和方向。

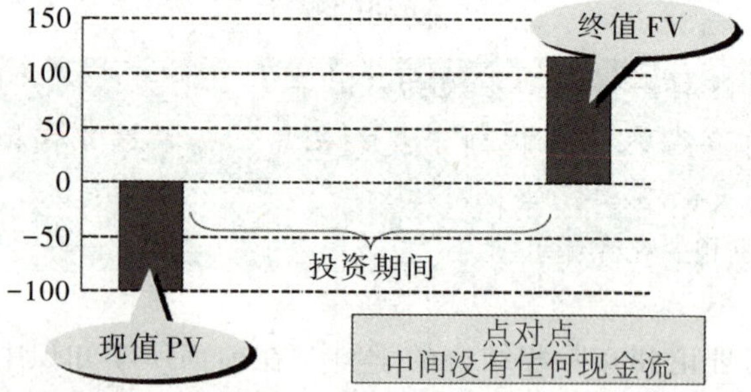

图2-1　现金流量时间图

二、货币时间价值相关知识

（一）终值和现值

终值是现金流在期末的价值，用FV表示。比如，一笔钱用于投资理财产品，5年后可以累积多少钱？10年后大学的学费是多少？60岁退休时可以领取30万元养老金。这些都是终值概念在实际理财案例中的体现。

现值是现金流在期初的价值，用PV表示。比如，现在投资10万元、现在大学每年学费4 000元，这些都代表现值的概念。确定未来现金流现在价值的过程被称为贴现，即通过已知终值来计算现值。

现值计算和终值计算互为逆运算，这两种计算在理财计算中是最基本、最重要的运算关系。

微课 2-1

现值与终值

1. 单利终值和复利终值

（1）单利终值。所谓单利，是指只计算本金所带来的利息，不考虑利息所产生的利息。单利终值计算公式为：

$$FV=PV\times(1+i\times n)$$

式中：i代表利率或收益率，n代表期限。

（2）复利终值。所谓复利，是指不仅本金计息，利息也计息，即通常所说的“利滚利”。复利终值计算公式为：

$$FV=PV\times(1+i)^n$$

下面，我们通过一个案例来比较单利和复利的区别。

【例2-1】现有的100元，年利率为10%，分别按照单利和复利计算，请问这100元在第一年年末、第二年年末和第三年年末的终值分别是多少？

案例解析：

具体计算过程见表2-1。

表2-1　单利和复利终值的计算

计算方式	单利计算	复利计算
第一年年末的终值	100×（1+10%）=110	100×（1+10%）=110
第二年年末的终值	100×（1+10%×2）=120	$100\times(1+10\%)^2=121$
第三年年末的终值	100×（1+10%×3）=130	$100\times(1+10\%)^3=133$

通过计算可以看出，由于复利中利息也计息，因此复利比单利获得更多的利息，且时间越长，二者的差距越明显（如图2-2所示）。作为投资者，为获得更多的本利和，应尽量选择采用复利计息的金融产品。

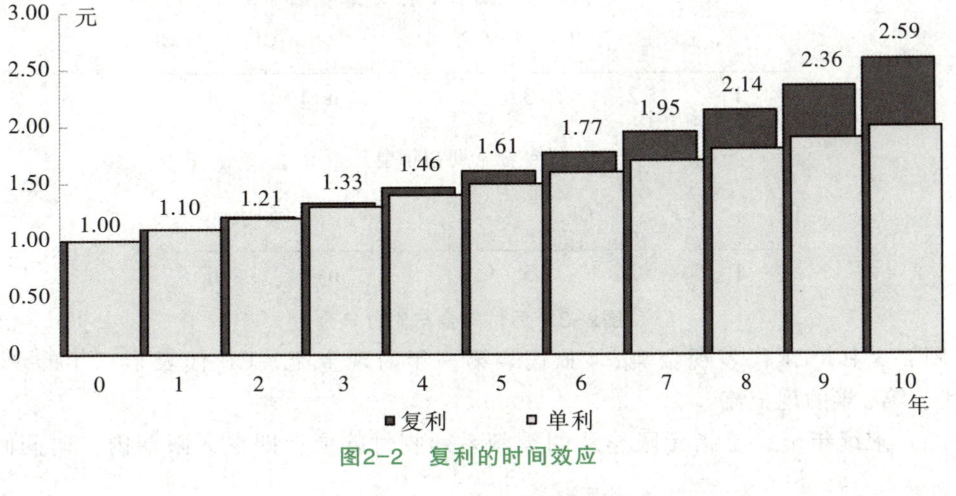

图2-2　复利的时间效应

2. 单利现值和复利现值

单利现值和复利现值均为其终值的逆运算，计算公式如下：

（1）单利现值公式为：

$$PV=\frac{FV}{1+i\times n}$$

（2）复利现值公式为：

$$PV=\frac{FV}{(1+i)^n}$$

（二）年金

微课 2-2

年金

1. 年金的概念

年金是指一定期间内每期相等金额的收付款项。例如，每月还房贷6 000元、每年交学费4 200元、每月工资3 500元，这些相等的现金流入和流出都是年金。我们再来看一组现金流，前2个月每月支出500元、后3个月每月收回500元，请问这5笔500元的收付款项是年金吗？要正确判断一组现金流是不是年金，不仅要求金额相等，还要求方向相同。因此，年金的概念可进一步理解为：年金是一定期限内，时间间隔相同、不间断、金额相等、方向相同的一系列现金流。由此可知，上述5笔500元的收付款项不是年金，因为它们虽金额相等，但现金流方向不同，前2个月为现金流出，后3个月为现金流入。但是将其拆开来看，前2个月每月支出的500元是一组年金，后3个月每月收回的500元是另一组年金。

2. 年金的分类

按照付款方式不同，年金可分为后付年金、先付年金、永续年金和递延年金。

（1）后付年金，又称普通年金、期末年金，是指发生在每期期末等额的收付款项。下文中通常不加说明的，均为后付年金。一般来说，现实生活中的工资收入、利息收入、红利收入、等额本息房贷摊还，都属于后付年金。

（2）先付年金，又称期初年金，是指发生在每期期初等额的收付款项。一般来说，生活费、租金、养老金、学费、保险费等费用类年金，都属于先付年金。

后付年金与先付年金，如图2-3所示。

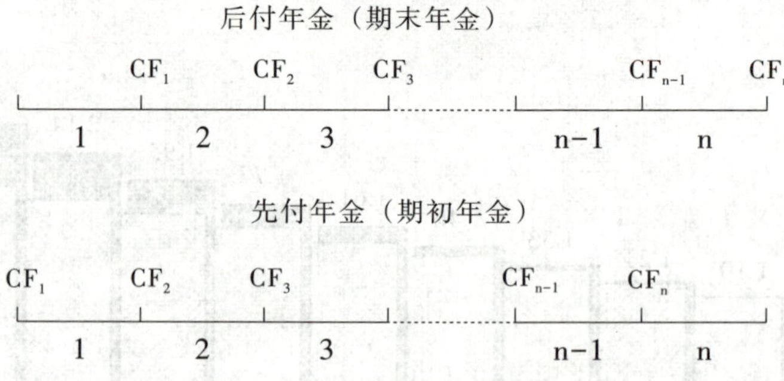

图2-3　后付年金与先付年金

图2-3中，CF代表现金流，CF_1代表第一年的现金流，CF_2代表第二年的现金流，CF_n代表第n年的现金流。

（3）永续年金，是指无限连续的等额系列收付款项，即在无限期内，时间间隔相同、不间断、金额相等、方向相同的一系列现金流。

对永续年金来说，由于时间是无穷大的，其终值也是无穷大的，因此我们只能计算其现值。其现值的计算公式为：

$$PV=A\times\frac{1}{i}$$

式中：A代表年金，i代表折现率。

【例2-2】某基金会在银行存入一笔钱，预期以后无限期地于每年年末取出50万元救济患有先天性心脏病的患儿。若存款利率（即折现率）为5%，则该基金会应于年初一次性存入多少资金？

案例解析：

这是一个永续年金求现值的过程，年金为50万元，折现率为5%，代入公式得出：

$$50\times\frac{1}{5\%}=1\,000\text{（万元）}$$

因此，该基金会应于年初一次性存入1 000万元。

（4）递延年金，是指在开始的若干期没有资金支付，然后有连续若干期的等额资金收付的年金序列。若年金在每期期末发生，则称为期末递延年金；若年金在每期期初发生，则称为期初递延年金。

任务二　学会使用理财计算器

微课2-3

理财计算器的使用

目前，通用的理财计算器有德州仪器TI BA II PLUS、惠普HP 12C和HP 10BII以及卡西欧CASIO FC 200V和CASIO FC 100V。在货币时间价值的计算上，几种计算器的功能大同小异，本书主要介绍德州仪器TI BA II PLUS（如图2-4所示）的使用方法，并利用它来解决各项理财方案。

图2-4　德州仪器TI BA II PLUS

一、德州仪器TI BA II PLUS的基本设定①

（一）主要功能键

计算器的主要功能都印在按键上面，如ON/OFF键，表示开关机。

① 在计算信用卡免息还款期时，若无明确说明，则默认账单日后20天为还款日。

动画 2-1

认识理财计算器

货币时间价值计算最重要的五个变量：时间（N）、利率或投资回报率（I/Y）、现值（PV）、年金（PMT）、终值（FV）。已知其中四个变量，就可求出最后一个变量，如已知N、I/Y、PV、PMT，就可求出FV，或已知其中三个变量，就可求出最后一个变量，如已知N、I/Y、PV，就可求出FV。计算器上的其他基本功能按键说明，见表2-2。

表 2-2 其他基本功能按键说明

按键	功能	具体含义
CPT	计算	最后的计算结果需要按CPT键来实现
ENTER	确认	计算器给显示的变量赋值
↑	向上翻页	如果两个箭头在屏幕右上方显示，代表可以向上或向下翻页，显示前一个或后一个变量
↓	向下翻页	
ON/OFF	开关机	关机后，再按ON/OFF键开机，屏幕上显示数值0.00
2ND	第二功能键	使用下一个按键的第二功能
CF	现金流工作表	进入现金流计算模式
NPV	净现值	NPV等于所有未来收入现金流的现值减去现在和未来支出现金流的现值的差额
IRR	内部报酬率	IRR是使NPV为零的贴现率
→	删除键	可删除一个字符（从最后一位开始，每次删除一个字符）
CE/C	删除键	删除不正确输入、错误状态或错误信息
+|-	正负号	输入数字后，按此键可为数字赋予负值，再按一次，恢复正值

注：本表只介绍和理财计算相关的基本按键，具体用法参见后面例题的介绍。

（二）第二功能键

计算器中2ND键是第二功能键，也是第二功能切换键。要使用第二功能，先按下2ND键，再按相应的按键，如输入［2ND］［ENTER］后，则表示调用SET功能。当按下2ND键后，计算器显示屏左上角会显示“2ND”字样。第二功能键说明，见表2-3。

注意：若想取消第二功能，只要再按下2ND键即可。

表 2-3 第二功能键说明

按键	功能	具体含义	操作
QUIT	退出	退出所选的工作表，回到计算器标准模式	［2ND］［CPT］
SET	设置	改变显示变量	［2ND］［ENTER］
×P/Y	乘以P/Y	将输入的时间自动乘以P/Y值	［2ND］［N］
P/Y	每年付款次数	如每月存入一笔钱，则P/Y=12，1年付款12次	［2ND］［I/Y］
AMORT	每期付款表	用来计算等额本息还款下的房贷	［2ND］［PV］
BGN	期初	用来设置期初年金	［2ND］［PMT］
DATE	日期	用来计算两个日期之间的天数	［2ND］［1］
FORMAT	小数位	用来设置计算器保留小数位	［2ND］［·］
RESET	重置	用于计算器彻底清零	［2ND］［+|-］

注：本表只介绍和理财计算相关的基本按键，具体用法参见后面例题的介绍。

（三）四个基本设置

1. 重置功能（彻底清零）

计算器有记忆内存功能，可以将输入的数据保存（不因关机而消失）。所以，在使用计算器时，经常需要使用重置功能，将计算器的内存清除，使计算器回到初始设置。具体操作为：[2ND] [RESET] [ENTER]。彻底清零也可以理解为将计算器“格式化”。彻底清零后的计算器屏幕上会显示：RST 0.00。

2. 设置小数位数

计算器默认小数位数保留两位，在使用过程中，我们经常需要设置更多的位数。具体操作为：

（1）进入设置小数位数功能：[2ND] [FORMAT]，屏幕上会显示DEC=2.00，即计算器默认为小数位数保留两位，如图2-5所示。

图2-5　计算器小数位设置一

（2）若想将小数位数保留四位，则需要将DEC的值赋予4，即输入 [4] [ENTER]，屏幕上会显示DEC=4.0000，如图2-6所示。

图2-6　计算器小数位设置二

（3）退出设置模式：[2ND] [QUIT]，计算器进入计算模式，屏幕显示0.0000，则输入的数字及计算结果会自动保留为四位小数，如图2-7所示。

图2-7 退出设置模式

注意：小数位数的设置始终有效，不会因退出或重新开机而改变，需要重新设置FORMAT才可以改变，或直接彻底清零恢复计算器初始设置。

3. 年付款次数的设置

计算器默认的年付款次数为1次，即P/Y=1。若每月付款一次，则需要将P/Y设为12，设置方法为：

（1）进入年付款次数设置功能：［2ND］［I/Y］，计算器显示P/Y=1.00，如图2-8所示。

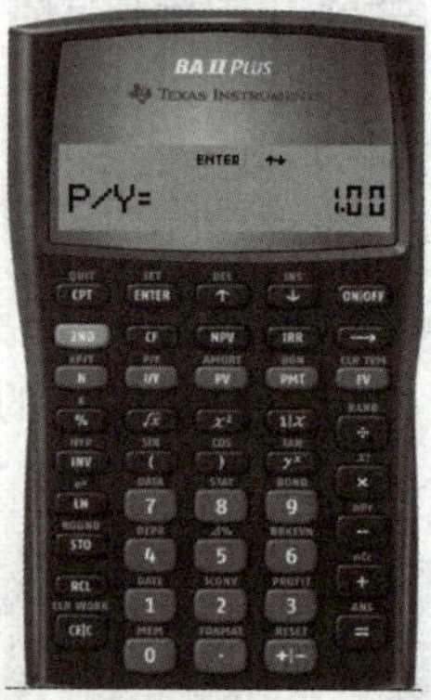

图2-8 计算器分期付款次数设置一

（2）将P/Y值设为12：［12］［ENTER］，计算器显示P/Y=12.00，如图2-9所示。

图2-9 计算器分期付款次数设置二

（3）退出设置模式：[2ND][QUIT]，进入计算模式，这样输入的PMT值均为每月的现金流入值或现金流出值。

4. 期初年金的设置

计算器默认年金是期末支付的，我们在做理财规划时，常常会出现期初支付的情况（如每年年初存款、每月月初存款），这时就要先设置期初年金，再进行计算，设置方法为：

（1）进入期初年金设置功能：[2ND][BGN]，计算器显示END，即默认为期末年金，并提示用SET键进行期初设置，如图2-10所示。

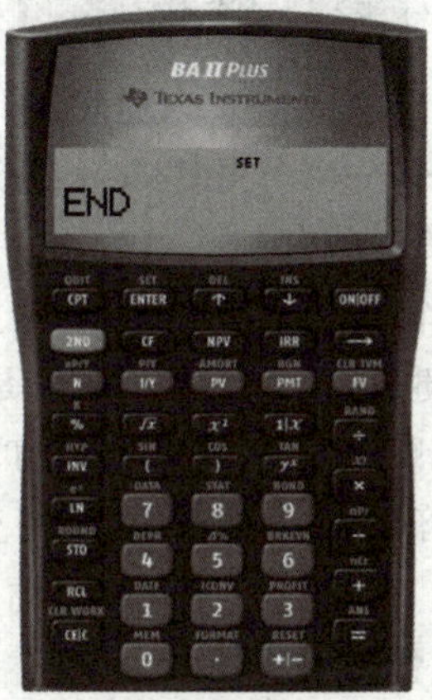

图2-10 计算器期初年金设置一

（2）设置期初年金：[2ND][SET]，计算器显示BGN，代表已设定期初年金，如图2-11所示。

图2-11 计算器期初年金设置二

如果继续按[2ND][SET]，则显示屏上的BGN会消失，计算器恢复到期末年金的模式，或直接彻底清零也可恢复到期末年金模式。

（3）退出设置模式：[2ND][QUIT]，进入计算模式，计算器的右上角会出现BGN，这样输入的PMT值为期初支付，如图2-12所示。

图2-12 计算器期初年金设置三

二、货币时间价值的计算与应用

货币时间价值计算用到的五个功能键分别为N键、I/Y键、PV键、PMT键和FV键。按键顺序为数字输入在先，功能键在后。例如，现值是100，就需要输入100［PV］，计算器屏幕会显示PV=100，将已知赋值后，需要按CPT键来计算。如果求终值FV，则需要输入［CPT］［FV］即可得到答案。一般来说，各变量的输入顺序对计算结果没有影响。

（一）单笔现金流的终值、现值计算

1. 已知现值，求终值

【例2-3】小李现在向账户存入5 000元，年利率为10%，请问20年后该账户中的金额是多少？

案例解析：

小李现在存入5 000元，即PV=-5 000；年利率为10%，即I/Y=10；投资期限为20年，即N=20；问20年后该账户中的金额，即本题所求为终值FV。理财计算器操作步骤，见表2-4。

表2-4 【例2-3】理财计算器操作步骤

操作步骤	按键	屏幕显示
输入现值	-5 000［PV］	PV=-5 000.00
输入年利率	10［I/Y］	I/Y=10.00
输入期数	20［N］	N=20.00
求终值	［CPT］［FV］	FV=33 637.50

答案：20年后该账户的金额为33 637.50元。

注意事项：

（1）在使用理财计算器进行货币时间价值计算时，要注意符号问题。根据现金流的方向确定正负号，现金流出为“-”号，现金流入为“+”号。计算过程中的数值必须有正有负，即既有现金流入，又有现金流出。输入负号时，先输入数字，再按+|-键。

【例2-3】中，对小李来说，存入的5 000元是现金流出，因此PV为负值，而20年后该账户的金额为现金流入，因此FV为正值。计算器的符号问题非常重要，否则在复杂计算中会产生错误。

（2）在计算中没有用到的功能键应输入0，才能把上次输入的数据覆盖掉，或者在输入各变量数据前输入［2ND］［RESET］［ENTER］，彻底清除以前的数据，这样没有用到的功能可以不用赋值。

【例2-4】大约350年前，西方殖民者从印第安人手中买下了曼哈顿岛，当时只用了大约价值25美元的饰品作为交换。如果这笔钱按6%的年利率复利计算，请问相当于今天的多少钱？

案例解析：

理财计算器操作步骤，见表2-5。

表2-5 【例2-4】理财计算器操作步骤

操作步骤	按键	屏幕显示
输入现值	−25［PV］	PV=−25.00
输入年利率	6［I/Y］	I/Y=6.00
输入期数	350［N］	N=350.00
求终值	［CPT］［FV］	FV=1.798841⁴10

注：由于所求数值位数过多，计算器屏幕显示不下，因此FV的计算结果为计算器特有的位数表示方法。

答案：350年前的25美元相当于现在的180亿美元。

2. 已知终值，求现值

【例2-5】在年利率6%的情况下，小刘想在第5年年末取得80 000元，请问他现在需要存入多少钱？

案例解析：

理财计算器操作步骤，见表2-6。

表2-6 【例2-5】理财计算器操作步骤

操作步骤	按键	屏幕显示
输入终值	80 000［FV］	FV=80 000.00
输入年利率	6［I/Y］	I/Y=6.00
输入期数	5［N］	N=5.00
求现值	［CPT］［PV］	PV=−59 780.65

答案：小刘需要现在存入59 780.65元，才可在第5年年末得到80 000元。

注意事项：

本题中，PV为负数，并不是代表赔钱，而是代表现金流出。只有现在的现金流出，才可以换来5年后的现金流入。

（二）年金的终值与现值计算

1. 期末年金计算

【例2-6】孙女士今年30岁，计划为自己设立一个退休金账户，从今年开始每年年末存入2万元。假设投资的年化收益率为5%，孙女士在55岁退休时，可以积累多少退休金？

案例解析：

理财计算器操作步骤，见表2-7。

表2-7 【例2-6】理财计算器操作步骤

操作步骤	按键	屏幕显示
输入年金	-20 000［PMT］	PMT=-20 000.00
输入年利率	5［I/Y］	I/Y=5.00
输入期数	25［N］	N=25.00
求终值	［CPT］［FV］	FV=954 541.98

答案：孙女士在55岁退休时可以累积954 541.98元退休金。

【例2-7】某建筑公司购买一台设备，预计使用10年，每年可节约费用50 000元。假设年贴现利率为10%，请按普通年金计算，所节约费用的现值是多少？

案例解析：

理财计算器操作步骤，见表2-8。

表2-8 【例2-7】理财计算器操作步骤

操作步骤	按键	屏幕显示
输入年金	50 000［PMT］	PMT=50 000.00
输入年利率	10［I/Y］	I/Y=10.00
输入期数	10［N］	N=10.00
求现值	［CPT］［PV］	PV=-307 228.36

答案：此设备所节约费用的现值为307 228.36元。

【例2-8】王先生向银行按揭贷款购房，贷款金额为100万元，贷款利率为6%，贷款期限为20年，请问他每月的还款金额是多少？

案例解析：

理财计算器操作步骤，见表2-9。

表 2-9 【例 2-8】理财计算器操作步骤

操作步骤	按键	屏幕显示
将付款次数设为12	[2ND] [P/Y] 12 [ENTER]	P/Y=12.00
返回计算模式	[2ND] [QUIT]	0.00
输入贷款金额	1 000 000 [PV]	PV =1 000 000.00
输入贷款利率	6 [I/Y]	I/Y=6.00
使用付款乘子输入总还款期数	20 [2ND] [×P/Y] [N]	N=240.00
求还款金额	[CPT] [PMT]	PMT=−7 164.31

答案：王先生每月的还款金额为7 164.31元。

注意事项：

（1）计算前应先确定有没有需要设置的变量。本题需要将付款期数设为12，即先设置付款期数，再计算。

（2）由于贷款金额是现在银行付给的现金流，因此贷款金额一般应赋值于PV，且为正数。

（3）当P/Y值重置时，应使用×P/Y键计算N的值，先输入年数，再按下［2ND］［×P/Y］，总还款期数等于年数乘以先前输入的P/Y值（即P/Y=12），则还款期数为20×12=240，即240个月。

（4）只有在变量和数值之间显示“=”，才表示变量已被赋值了。本题中，在进行还款期数设置时，只有当屏幕上显示P/Y=12时，才表示P/Y已被赋值为12；否则，P/Y的值还是计算器默认的1，这样计算出的PMT是年还款金额，而不是月还款金额。

【例 2-9】甲公司向银行申请了一笔抵押贷款，期限为30年，总金额为75 000元，每月的还款金额为500元，请问该笔贷款的年利率是多少？

案例解析：

理财计算器操作步骤，见表2-10。

表 2-10 【例 2-9】理财计算器操作步骤

操作步骤	按键	屏幕显示
将还款期数设为12	[2ND] [P/Y] 12 [ENTER]	P/Y=12.00
返回计算模式	[2ND] [QUIT]	0.00
输入贷款金额	75 000 [PV]	PV =75 000.00
输入每月还款金额	−500 [PMT]	PMT=−500.00
使用付款乘子输入总还款期数	30 [2ND] [×P/Y] [N]	N=360.00
求年利率	[CPT] [I/Y]	I/Y=7.02

答案：该笔贷款的年利率为7.02%。

注意事项：

本题需要注意的是，现金流的正负号。如果每月还款金额（现金流出）没有使用负号，则无法求出答案。注意这一点非常重要，不然会产生错误，尤其是当一道计算题中既有PV，又有FV和PMT时，在理财计算器的操作上，如果不注意正负号，就无法计算出正确的结果。此时，计算器会显示“EROOR 5”的字样，我们需要将理财计算器关闭后重新打开。

2. 期初年金计算

【例2-10】小王计划开立一个存款账户，每年年初存入一笔金额。10年后，他希望账户中有150 000元。假设年利率为5%，请问小王每年年初需要在该账户存入多少钱？

案例解析：

理财计算器操作步骤，见表2-11。

表2-11 【例2-10】理财计算器操作步骤

操作步骤	按键	屏幕显示
进入设置期初年金模式	[2ND] [BGN]	END
将期末年金设置为期初年金	[2ND] [SET]	BGN
返回计算模式	[2ND] [QUIT]	0.00
输入期限	10 [N]	N=10.00
输入终值	150 000 [FV]	FV=150 000.00
输入年利率	5 [I/Y]	I/Y=5.00
求年金	[CPT] [PMT]	PMT=-11 357.80

答案：小王每年年初需要在该账户存入11 357.80元。

注意事项：

如果在接下来的计算中要计算期末年金，则一定要将期初年金切换成期末年金。因为如果不进行切换，计算器则会默认下一题也是期初年金，从而导致计算结果产生错误。

【例2-11】张小姐打算进行一项基金定投，计划每月月初投入1 000元，年化收益率为8%，请问10年后该基金账户的余额是多少？

案例解析：

理财计算器操作步骤，见表2-12。

表2-12 【例2-11】理财计算器操作步骤

操作步骤	按键	屏幕显示
进入设置期初年金模式	[2ND] [BGN]	END
将期末年金设置为期初年金	[2ND] [SET]	BGN
返回计算模式	[2ND] [QUIT]	0.00

续表

操作步骤	按键	屏幕显示
将付款次数设为12	[2ND] [P/Y] 12 [ENTER]	P/Y=12.00
返回计算模式	[2ND] [QUIT]	0.00
输入年金	-1 000 [PMT]	PMT=-1 000.00
输入年利率	8 [I/Y]	I/Y=8.00
使用付款乘子输入总付款期数	10 [2ND] [×P/Y] [N]	N=120.00
求终值	[CPT] [FV]	FV=184 165.68

答案：10年后该基金账户的余额为184 165.68元。

注意事项：

（1）本题涉及期初年金和年付款次数两项设置。

（2）在进行货币时间价值的相关计算时，一定要先明确是否有需要设置的项目，即先设置项目，再计算，这样才能提高计算的效率和准确率。

【例2-12】王先生今年35岁，以5万元为初始投资，希望在55岁退休时能够累积80万元的退休金，请问他还需要每年投资多少钱在年收益率8%的投资组合上？

案例解析：

理财计算器操作步骤，见表2-13。

表2-13 【例2-12】理财计算器操作步骤

操作步骤	按键	屏幕显示
输入现值	-5 [PV]	PV=-5.00
输入期限	20 [N]	N=20.00
输入终值	80 [FV]	FV=80.00
输入年利率	8 [I/Y]	I/Y=8.00
求年金	[CPT] [PMT]	PMT=-1.24

答案：王先生还需要每年投资1.24万元在年收益率8%的投资组合上。

注意事项：

本题既有FV，又有PV和PMT，计算时要注意正负号，否则计算出的答案将是错误的。

（三）分期付款计算

现实中，采用等额本息还款法的贷款中会涉及房贷本金和利息的计算，这时会用到分期付款计算方法，在计算器中利用AMORT功能键，即可开启分期付款工作表。学好分期付款计算方法，有助于我们在实际生活中做好购房规划。下面将以案例的形式来介绍分期付款计算方法。

【例2-13】张先生购买了一套总价100万元的新房，首付20万元，贷款80万元，年利率为6%，贷款期限20年，采用等额本息方式还款。请问张先生每月还款金额是多少？20年一共还了多少利息？还款5年后，还了多少本金和利息，还有多少贷款未还？

案例解析：

（1）计算每月还款金额。

P/Y=12，PV=800 000，I/Y=6，N=20×12=240，求得PMT=-5 731.45。因此，张先生每月还款金额为5 731.45元。

（2）计算20年一共还的利息。

在第一步的基础上，开始进行分期付款工作表的设置（见表2-14）。注意：此时不能把计算器恢复成初始设置。

表2-14　　分期付款工作表的理财计算器操作步骤（一）

操作步骤	按键	屏幕显示
选择分期付款工作表	[2ND] [AMORT]	P1=1.00
将第一年第一期设为1	1 [ENTER]	P1=1.00
将第20年最后一期设为240	↓240 [ENTER]	P2=240.00
屏幕显示数字	↓	BAL=-0.74
	↓	PRN=-800 000.74
	↓	INT=-575 547.26

答案：张先生 20年一共还的利息为575 547.26元。

注意事项：

① 分期付款工作表必须依赖第一步每月还款金额的计算步骤，没有第一步的计算过程，分期付款工作表将无法使用。

② 计算器默认P1=1.00，即还款从第一期开始。因此，当P1=1.00时，可以不用设置，直接按“↓”键设置P2的值。

③ 只要将P1和P2的值设置正确，即可按“↓”键显示计算结果：

BAL为贷款余额，即从P1期开始还款到P2期，还剩多少贷款没还。

PRN为已还本金，即从P1期开始还款到P2期，还了银行多少本金。

INT为已还利息，即从P1期开始还款到P2期，还了银行多少利息。

一般来说，当贷款期满时，BAL=0，但一般不会正好是0。例如，本题求出BAL=-0.74，代表多还银行0.74元，所以本金PRN=800 000.74。在理论上，BAL可默认为近似于0，但在实际工作中，银行会在最后一期还款额中进行调整。

（3）计算还款5年后的未还贷款以及已还的本金和利息。

同样利用分期付款工作表，注意计算器不用清零。在第二步的基础上，按“↓”键使计算器屏幕显示P1=1.00，其他步骤同上，屏幕会依次显示BAL、PRN和INT的数值（见表2-15）。

表2-15　分期付款工作表的理财计算器操作步骤（二）

操作步骤	按键	屏幕显示
将第五年最后一期设为60	↓60［ENTER］	P2=60.00
屏幕显示数字	↓	BAL=679 196.68
	↓	PRN=-120 803.32
	↓	INT=-223 083.68

答案：还款5年后，张先生已还本金120 803.32元和利息223 083.68元，未还贷款为679 196.68元。

项目小结

1. 对理财规划来说，货币时间价值非常重要，它贯穿于整个理财规划之中，每一项规划都是本着货币时间价值的原则来制订的。因此，货币时间价值又被称为理财的“第一原则”。充分理解货币时间价值是学好理财计算的基础。

2. 时间（N）、利率或投资回报率（I/Y）、现值（PV）、年金（PMT）、终值（FV）是理财计算最重要的五个变量。已知其中三个或四个变量，就可求出最后一个变量。

3. 理财计算的核心思路是将实际生活中的数据转变为理财计算器语言，即将具体数据分别赋值于N、I/Y、PV、PMT、FV，并由理财计算器计算出最终结果。

4. 年金是理财计算中非常重要的概念，是指一定期间内每期相等金额的收付款项。年金可分为普通年金（期末年金）、期初年金、永续年金、递延年金。

5. 和使用其他工具一样，只有多练习、多使用，运用理财计算器才会熟能生巧，帮助我们解决实际生活中的理财问题。

项目训练

■ 基础知识训练

一、名词解释

货币时间价值　年金

二、单项选择题

1.（　　）被称为理财的“第一原则”。

A. 年金　　B. 货币时间价值　　C. 复利　　D. 终值

2.（　　）是指一定期间内每期相等金额的收付款项。

A. 现值　　B. 终值　　C. 年金　　D. 复利

3. 假设每月付款一次，此时应将理财计算器的P/Y设置为（　　）。

A. 1　　B. 2　　C. 4　　D. 12

4. 只有现值没有终值的年金是（　　）。

A. 普通年金　　B. 期初年金　　C. 永续年金　　D. 递延年金

5. 王女士想在5年后为孩子积攒出30万元的大学教育金，将资金投入在年化收益率为6%的理财产品中。对此项投资的计算，在理财计算器中的赋值为：①PV=30；②FV=30；③I/Y=6；④N=5，其中正确的是（　　）。

A. ①③④　　B. ①④　　C. ②③④　　D. ①②③④

三、判断题

1. 年金是指一定时期内相等金额的收付款项，在理财计算器上，用PV表示。（　　）

2. 由货币时间价值的原则可知，相同的资金量在不同的时点上，其价值是不同的。（　　）

3. 确定未来现金流现在价值的过程被称为贴现。（　　）

4. 在理财计算中，负号代表现金流出。（　　）

5. 货币时间价值是指在不考虑通货膨胀和风险性因素的情况下，作为资本使用的货币在其被运用的过程中随着时间推移而带来的一部分价值增值。（　　）

6. 在理财规划中，生活费、租金、养老金、学费、保险费等费用类年金被认为是期末年金。（　　）

■ 实践操作训练

目的：熟练掌握理财计算的基本方法

1. 小李现在存入50 000元，年化收益率为4.5%，请问5年后，小李账户上有多少钱？

2. 小明想10年后有60万元的存款，假设投资回报率为5%，请问他现在需要一次性存入多少钱？

3. 小王今年35岁，为自己设立了一个养老金账户，每年存入2.5万元，投资回报率为5%，请问在他60岁退休时，养老金账户上有多少钱？

4. 张小姐购买了一套价值100万元的新房，银行贷款为70万元，贷款利率为6%，贷款期限为30年，请问张小姐每月还款金额是多少？

5. 龚先生购买了一套价值100万元的新房，银行贷款为65万元，贷款利率为6.587%，贷款期限为20年，请问龚先生每月还款金额是多少？

6. 张先生今年20岁，想20年后账户上有150万元的存款，假设投资回报率为6%，请问他需要每月固定投资多少钱才可以实现这一理财目标？在其他已知条件不变的情况下，如果他改为每月月初投资一笔钱，则需要投资多少钱才可以实现这一理财目标？

7. 王先生近期在一个投资项目上投入了10万元，假设6年后可得到45万元，请问此项目的投资回报率是多少？

8. 小刘现有25万元可用于投资银行的理财产品，每年年初追加1.5万元继续投资，已知该理财产品的投资回报率为6.5%，请问8年后他的账户上有多少钱？

9. 白小姐希望10年后有90万元供孩子上大学，已知现有12万元可作为教育规划的启动资金，假设投资回报率为5%，请问她还需要每月定投多少钱，才能实现这一理财目标？

10. 以年均3%的通货膨胀率，计算2015年100元的购买力（即货币时间价值）相当于2025年的多少钱的购买力？

11. 某客户投资75.13万元用于某理财产品，假设年收益率为10%，请问按复利计算，该客户需要多少年才可以获益105万元？

12. 方先生现年40岁，从现在起每年储蓄5万元，并在年底进行投资，年投资报酬率为4%，他希望退休时至少累计50万元用于退休后的生活，请问方先生最早可在多少岁时退休？

13. 某校准备设立永久性奖学金，预计每年发放奖金36 000元，假设年复利率为12%，请问该校现在应向银行账户存入多少本金？

14. 张先生打算分5年偿还银行贷款，每年年末偿还100 000元，贷款利率为10%，请问张先生的贷款本金是多少？

项目三 现金规划

学习目标

知识目标

★了解现金规划的概念及其必要性。

★熟悉现金规划一般工具的种类和特点，重点掌握货币市场基金的特点。

★熟悉现金规划融资工具的种类和特点，重点掌握信用卡的功能。

技能目标

★能够正确分析客户现金规划需求。

★能够根据客户的资产和支出情况计算出流动性比率并进行分析。

★能够灵活运用现金规划的一般工具和融资工具为客户进行合理的现金规划。

★掌握制订现金规划方案的步骤。

素养目标

★引导学生树立健康的信用卡消费观念，避免过度消费。

★引起学生对个人征信的重视，珍惜个人信用。

案例导入

王鹏大学毕业已参加工作5年，因其在工作中踏实肯干，收入稳步上升，经过五年的积累，王鹏已经积攒了10万元的存款。听说最近理财市场火热，理财产品收益高于储蓄存款利息，王鹏也想加入理财大军，于是他来到银行理财中心，向理财经理咨询：现有的10万元存款，怎样才能既获得相对高的收益，又在急用钱时能够拿出来应急？经过详细询问，在了解王鹏的具体需求后，理财经理给出的建议是首先要做理财中的现金规划。“现金规划？”王鹏第一次听说现金还需要规划。如何做现金规划呢？王鹏已经迫不及待地想要知道针对自己的现金规划方案了。

资料来源：作者根据相关资料编写。

现金规划是个人或家庭理财规划中的重要内容之一，也是做好其他规划及综合规划的前提，能否做好现金规划对理财方案的制订有着重要的影响。本项目将围绕什么是现金规划、为什么要进行现金规划、合理的现金额度是多少、现金都有哪些形式、现金不够了怎么办、如何制订现金规划等问题进行详细阐述。

任务一　分析现金规划需求

一、什么是现金规划

（一）现金规划的概念

现金规划是指为了满足个人或家庭短期需求而进行的管理日常现金及现金等价物和短期融资的活动。

这里的现金等价物，是指流动性比较强的活期存款、各类银行存款和货币市场基金等金融资产。掌握现金等价物这一概念对做好现金规划非常重要，通常所说的现金规划，就是对现金等价物的额度及配置作出合理的确定。

（二）现金规划的特点

由现金规划及现金等价物的概念可知，在个人或家庭的理财规划中，保持资产的“流动性”是现金规划的重中之重。那么，什么是流动性呢？

流动性是指资产能得到合理价值并及时变现的能力。掌握这一概念，可以进一步延伸流动性的两个要点：资产可以及时得到变现；变现时，资产的价值不受损失或损失较小。

当某项资产同时满足这两点要求时，可视为该资产具有很强的流动性。现金就是流动性最强的资产，而现金等价物中的活期存款、各类银行存款和货币市场基金等都是流动性比较强的资产。因此，现金及现金等价物构成了个人理财规划中的流动性资产，如图 3-1 所示。

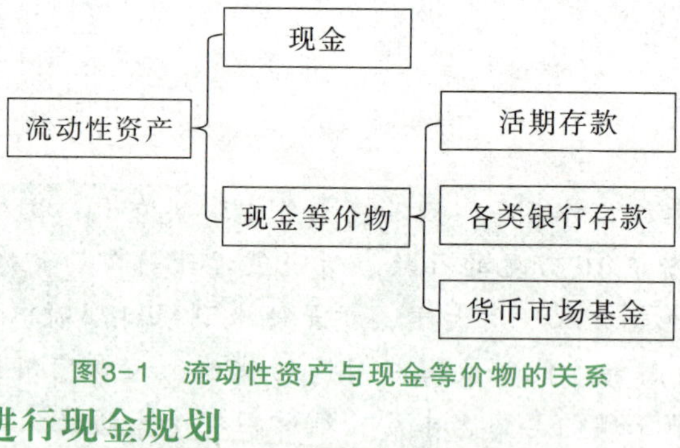

图3-1　流动性资产与现金等价物的关系

二、为什么要进行现金规划

（一）对金融资产流动性的需求

一般来说，个人或家庭进行现金规划主要是出于以下两个动机：

1. 交易动机

交易动机是个人或家庭为了应付日常的交易需求而产生的持有现金及现金等价物的动机。产生交易动机的原因是人们的收入和支出不同步，因而个人或家庭必须准备足够的现金及现金等价物来维持日常的生活开支。一般来说，个人或家庭的支出越多，需要准备的现金及现金等价物的货币量就越多。

2. 预防动机

预防动机，又称谨慎动机，是指个人或家庭为了预防意外支出而持有一部分现金及现金等价物的动机。产生预防动机的原因是未来收入和支出的不确定性。个人或家庭为了应对不测（如意外事故、失业、疾病等）而需要提前预留一定数量的现金及现金等价物。一般来说，由于个人或家庭对意外事件的看法不同，因此留存的货币量也会有所不同，且这一货币量与收入也有很大的关系。

（二）持有流动性资产的机会成本

机会成本是指为了得到某种东西而需要放弃另一些东西的最大价值。由于金融资产的流动性与收益率呈现反方向变化，即资产的流动性越高，其收益率越低，因此持有流动性较高的现金及现金等价物等流动性资产，就意味着放弃了持有收益率较高的投资品种的机会。由此可知，现金及现金等价物存在机会成本。

基于上述对金融资产流动性的需求和机会成本两种因素的分析，个人或家庭需要根据自身情况进行合理的现金规划，应对流动性资产的选取保持一个合理的“额度”，既能满足流动性需求，又不至于丧失过多获取高收益的机会。

三、流动性比率

那么，对于流动性资产的“额度”该如何把握呢？这里需要介绍流动性比率这一财务指标作为参考。

微课 3-1

现金等价物与流动性比率

流动性比率是流动性资产与每月支出的比值，是一项重要的财务指标，反映了个人或家庭支出能力的强弱。流动性资产（如现金与现金等价物）是变现能力较强的资产，即能够迅速变现且价值不受减损。流动性比率的计算公式为：

流动性比率=流动性资产÷每月支出

通常情况下，合理的流动性比率应保持在3～6，即个人或家庭留有流动性资产的数量是其每月支出的3～6倍。在这一区间，既能保留一部分资金满足个人或家庭日常的支出及小额意外开销，又能相应地给予另一部分资金投资获利的机会。根据个人或家庭的具体情况，流动性比率的范围可以进一步划分：对于工作稳定、收入有保障的个人或家庭，可以保持较低的流动性比率，即个人或家庭留有流动性资产的数量是其每月支出的3～4倍；对于工作和收入缺乏稳定的个人或家庭，则要保持较高的流动性比率，即个人或家庭留有流动性资产的数量是其每月支出的5～6倍。

【例3-1】刘先生家庭持有银行活期存款30 000元，货币市场基金30 000元，其家庭的每月支出为6 000元，请计算刘先生家庭资产的流动性比率，并思考此流动性比率是否合理。

案例解析：

刘先生家庭的流动性资产包括活期存款和货币市场基金，共计60 000元，每月支出为6 000元。通过计算可知，刘先生家庭资产的流动性比率为10（60 000÷6 000），这一比率超出了合理区间，因此刘先生家庭资产的流动性比率不合理。

特别提示：

当个人或家庭资产的流动性比率出现不合理的情况时，一般建议通过调整流动性资产使其达到合理的区间。比如，根据刘先生家庭的情况，由于其家庭资产的流动性比率过高，建议刘先生可以将部分活期存款和货币市场基金转作其他收益相对高的投资。

【例3-2】赵女士家庭有现金2 000元，3年期定期存款50 000元（还有6个月到期），2年期定期存款100 000元（刚存入半年），股票50 000元，其家庭年支出为60 000元，请计算赵女士家庭资产的流动性比率，并思考此流动性比率是否合理。如果不合理，请给出建议。

案例解析：

赵女士现有的家庭资产中，属于流动性资产的有现金2 000元、3年期定期存款50 000元，共计52 000元，家庭月支出为5 000元（60 000÷12）。通过计算可知，赵女士家庭资产的流动性比率为10.4（52 000÷5 000），这一比率超出了合理区间，因此赵女士家庭资产的流动性比率不合理。

根据目前赵女士家庭的每月支出，其流动性资产应保持在月支出的3～6倍，即15 000～30 000元。如果家庭收入稳定，则应保持在15 000元。目前，赵女士家庭的大部分资产都是银行定期存款，其中1年期以上的定期存款的流动性较差，且收益并不可观，因此建议赵女士整合一下定期存款，可以将部分定期存款投资于货币市场基金，以保持较好的流动性，剩下的部分可以投资一些与家庭风险承受能力相匹配、收益较高的产品。

特别提示：

需要注意的是，并不是所有期限的银行定期存款都属于流动性资产。例如，期限超过1年或剩余期限超过1年的定期存款，其流动性较差，因此不将这类定期存款认定为流动性资产，而期限在1年以下或剩余期限在1年以下的定期存款，一般可归为流动性资产。在上述案例中，赵女士家庭持有的还有6个月到期的3年期定期存款，由于剩余期限小于1年，因此可将3年期定期存款归为流动性资产，而刚存入半年的2年期定期存款，因为剩余期限还有18个月，超过了1年，所以不能将2年期定期存款归为流动性资产。

任务二　识别现金规划工具

在个人或家庭的理财规划中，合理的现金规划既要保持资产的流动性，以应对交易动机和预防动机，又要使流动性资产保持一定的收益。基于这两个方面的需求，我们可以将现金规划的工具分为一般工具和融资工具，如图3-2所示。其中，一般工具包括现金、银行各类储蓄存款和货币市场基金，融资工具包括信用卡融资、其他银行融资方式、保单质押贷款和典当融资。

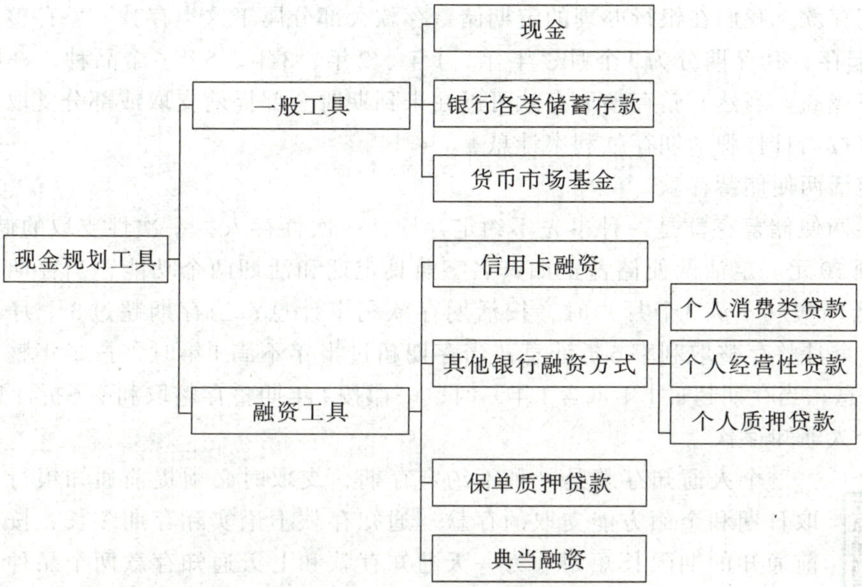

图3-2 现金规划工具的分类

一、现金规划的一般工具

（一）现金

现金在所有金融工具中流动性最强，但收益率最低。在通货膨胀的影响下，持有现金不但没有收益，反而会贬值。人们之所以会持有现金，是因为现金的高流动性可以满足交易性需求，但与此同时也损失了一定的收益。

（二）银行各类储蓄存款

1. 活期储蓄存款

活期储蓄存款是指无固定存期、可以随时存取、存取金额不限的一种比较灵活的储蓄方式。

活期储蓄存款分为人民币活期储蓄存款和外币活期储蓄存款两种。其中，人民币活期储蓄存款1元起存，外币活期存款金额为不低于1美元的等值外币。由于流动性较强，因此活期储蓄存款利率低于其他储蓄存款利率。

自2005年9月21日起，个人活期存款按季结息，按结息日挂牌活期利率计息，每季末的20日为结息日，21日为利息到账日。如果储户在结息日前清户，则按清户日挂牌公告的活期利率计息到清户前一日止。

2. 定期储蓄存款

定期储蓄存款是约定存期，一次或分次存入，一次或多次取出本金或利息的一种储蓄。

定期储蓄存款可分为整存整取、零存整取、整存零取和存本取息定期存款。随着时代的发展，绝大多数类型的定期存款已被银行其他更具优势的产品取代，处在无人问津的尴尬境地，目前只有整存整取定期存款还依旧受到储户认可。

整存整取是一种由客户在存款时约定存期，整笔存入本金，到期提取本金和利息的一种定期存款，我们在银行办理的定期储蓄存款大部分属于这类存款。整存整取定期存款50元起存，其存期分为3个月、半年、1年、2年、3年、5年6个品种，一般期限越长，利率越高。当然，整存整取存款可以在未到期时全部提前支取或部分支取，但支取的部分将按当日挂牌活期存款利率计息。

3. 定活两便储蓄存款

定活两便储蓄存款是一种事先不约定存期，一次性存入，一次性支取的储蓄存款，起存金额50元。定活两便储蓄正如其名字兼具定期和活期两个功能，当存期低于整存整取最低档次（不满3个月）时，按活期存款利率计息；当存期超过3个月不满半年时，按3个月整存整取利率6折计息；当存期超过半年不满1年时，按半年整存整取利率6折计息；当存期超过1年（含1年）时，一律按1年期整存整取利率6折计息。

4. 个人通知存款

拓展阅读3-1

银行活期理财产品

个人通知存款是一种不约定存期，支取时必须提前通知银行，约定支取日期和金额方能支取的存款。通知存款不论实际存期多长，按存款人提前通知的期限长短划分为一天通知存款和七天通知存款两个品种。一天通知存款必须提前一天通知约定支取存款，七天通知存款则必须提前七天通知约定支取存款。人民币通知存款开户起存金额为5万元（含），最低支取金额为5万元。个人通知存款利率高于活期存款。

（三）货币市场基金

微课3-2

货币市场基金

货币市场基金是非常好的现金规划工具，近年来因其高流动性和比较可观的收益率而备受人们喜爱。特别是随着移动支付的普及，越来越多的人选择把现金存放在支付宝的余额宝或微信的零钱通里，余额宝和零钱通背后的投资标的实际上就是货币市场基金。

1. 什么是货币市场基金

货币市场基金是指仅投资于货币市场（期限1年以内）工具的基金，每个交易日可办理基金份额申购、赎回的基金。

根据《货币市场基金监督管理办法》的规定，货币市场基金应当投资于以下金融工具：

（1）现金；

（2）期限在1年以内（含1年）的银行存款、债券回购、中央银行票据、同业存单；

（3）剩余期限在397天以内（含397天）的债券、非金融企业债务融资工具、资产支持证券；

（4）中国证监会、中国人民银行认可的其他具有良好流动性的货币市场工具。

2. 货币市场基金的特点

（1）资金安全、风险低。由于货币市场基金主要投资于期限在1年以内（含1年）的银行存款、债券回购、中央银行票据、同业存单等低风险证券品种，因此货币市场基金在各类基金中风险最低，其收益率主要受利率影响。

（2）流动性强。货币市场基金可随时申购和赎回，其流动性可与活期存款媲美，且资金到账时间短，一般最多T+2个交易日到账，也有很多银行、券商、第三方平台可以实现T+0个交易日到账。

（3）收益率高于活期存款。一般情况下，货币市场基金的年化收益率为1.5%~5%，收益率远高于活期存款利率，甚至高于定期储蓄存款利率，与银行的短期理财产品收益率相当，并且兼顾了流动性和收益率，是现金规划的主要工具。

（4）投资成本低。同其他基金相比，货币市场基金没有认购费、申购费和赎回费，并且其管理费和托管费也较低，货币市场基金的管理费和托管费为0.2%~1%。

（5）净值固定，复利计息。货币市场基金的资产净值是固定不变的，永远保持为1元，这是与其他基金最主要的不同点。收益按天复利计息，并以分红的形式结转为基金份额，分红免收所得税。

（6）投资起点低。一般来说，货币市场基金的投资起点金额最低为1元。投资者可通过银行、券商、基金公司和第三方平台直接进行申购和赎回，有些第三方平台更是将货币市场基金的申购起点金额降至0.01元。

3. 选择货币市场基金时需要考虑的因素

（1）收益指标。货币市场基金在每个开放日披露前一个交易日的收益指标，如遇到法定节假日，在法定节假日结束后第二个自然日披露法定节假日后第一个交易日的收益指标。通常反映货币市场基金收益高低的两个指标是：七日年化收益率和每万份基金单位收益。

① 七日年化收益率。七日年化收益率是货币基金过去7天每万份基金份额净收益折合成的年收益率。作为短期指标，七日年化收益率仅是基金过去7天的盈利水平信息，并不能完全代表基金的实际年收益。例如，2024年4月18日，华夏现金A/E（003003）的七日年化收益率为2.7470%（见表3-1），即该基金过去7天的平均年化收益率为2.7470%。由于该指标平滑了收益率的波动，使其7天内的异常波动变得滞后并看起来不显著，因此投资者不应过度关注这一指标。

表3-1 华夏现金A/E的基本情况

基金全称	华夏现金增利货币A/E	基金简称	华夏现金A/E
基金代码	003003	基金类型	货币型基金
风险等级	低风险	成立日期	2004年4月7日
成立规模	64.26亿元	最新资产规模	468.71亿元（截至2024年3月31日）
基金管理人	华夏基金	基金托管人	建设银行
基金经理人	曲波、邓子威	认购费率	0
每万份基金单位收益	0.6774元（2024年4月18日）	申购费率	0
七日年化收益率	2.7470%（2024年4月18日）	赎回费率	0

资料来源：天天基金网（https：//www.1234567.com.cn）。

② 每万份基金单位收益。每万份基金单位收益是1万份基金当日获得的收益。由于货币市场基金净值永远保持为1元，因此每万份基金单位收益可以理解为投资1万元货

币市场基金当日可获得的收益。例如，2024年4月18日，华夏现金A/E（003003）的每万份基金单位收益为0.6774元（见表3-1），即投资者如果购买1万元该基金，则当日收益为0.6774元，如果购买10万元，则当日的收益为6.774元。

货币市场基金在每个交易日披露前一交易日的七日年化收益率和每万份基金单位收益。需要注意的是，已公布的收益率数据属于历史业绩，不能完全代表未来的收益情况。七日年化收益率有一定参考价值，但七日年化收益率是一个短期指标，波动频繁，应尽可能从一个大的时间范围考察并选择收益稳定的货币市场基金。每万份基金单位收益是投资者每天实际获得的投资回报，因此作为投资者，更应该关注的是基金的每万份基金单位收益和未来预期。

另外，利率走势、国家宏观调控手段、央行货币政策等，都会直接影响货币市场的变化，进而影响货币市场基金的利率，因此投资者应该关注这些方面的变化。同时，投资者可通过银行、券商、第三方平台来查询货币市场基金的收益指标和收益排行（如图3-3所示）。

比较	序号	基金代码	基金简称	日期	万份收益	年化收益率		
						7日	14日	28日
	1	002201	太成慧成货币B	04-22	2.0676	4.5220%	4.78%	3.57%
	2	002200	太成慧成货币A	04-22	2.0069	4.2980%	4.55%	3.34%
	3	000857	摩根天添盈货币E	04-22	2.7678	3.0390%	2.40%	2.13%
	4	070088	嘉实货币B	04-22	0.5328	2.8130%	2.40%	2.21%
	5	001374	华夏现金增利货币	04-22	0.7863	2.7410%	2.58%	2.29%
	6	002299	招商招福宝货币B	04-22	0.4834	2.7350%	2.53%	2.36%
	7	004286	华富天盈货币B	04-22	2.4538	2.6950%	2.88%	2.30%
	8	000700	宏利货币B	04-22	0.5698	2.6140%	2.37%	2.33%
	9	004121	兴银现金添利A	04-22	1.2716	2.6040%	2.33%	2.20%
	10	018092	兴银现金添利C	04-22	1.2717	2.6040%	2.33%	2.20%

图3-3 货币市场基金的收益指标和收益排行（2024年4月22日）

（2）规模大小。货币市场基金存在一个最优规模。投资规模太小的货币市场基金，不但难以保障其流动性，而且单笔大额投资的进出对管理人的投资影响巨大，收益率也会大幅度下降。投资规模太大的货币市场基金，由于一定时期内市场的容量是有限的，且对管理人的管理能力也是考验，如果遇到突发事件，规模相对较小的基金更容易调整投资方向。因此，投资者应更多关注投资规模适中、操作能力强的货币市场基金。

（3）申购赎回速度。这是基金公司后台运行效率的指标，投资者需要进行深入了解，避免因申购赎回速度慢而影响资金的流动性。

（4）其他因素。季报、中报和年报公布的基金组合的平均剩余期限和期限结构、持券结构、回购杠杆比例、基金规模的变化等，也都是重要的参考指标。

综上所述，货币市场基金的最终目标并不是追求绝对收益率，而是在稳定、安全的基础上追求收益的相对最大化，保持良好的流动性。投资者在选择货币市场基金时，要充分考虑影响货币市场基金的各项因素，加以综合分析，作出对自己最有利的选择。

二、现金规划的融资工具

孙先生最近急需15万元资金周转，他将自己的一张20万元3年期定期存单（利率为2.6%）拿到银行结清。在办理的过程中，银行柜员发现此存单还有一个月到期，如果现在结清，孙先生只能得到活期存款（利率0.25%）利息1 500元，而如果持有到期，孙先生可获得15 600元的利息。一个月之差，利息收入相差10.4倍。于是，孙先生找到银行理财经理询问，有没有什么办法既可以满足自己的资金需求，又可以不损失过多的利息。办法当然有，银行理财经理告诉孙先生，这属于理财中的现金规划范畴，孙先生只要办理银行存单质押贷款业务，就可以在满足资金需求的同时，不会损失过多的利息收入。

在日常生活中，个人或家庭会面临一些未预料到的支出，当现有的流动性资产不足以应对这些支出时，临时变现其他流动性较低的金融资产则可能会造成收益的损失，甚至是本金的损失。这时候利用一些短期的融资工具，来获得一些应急的资金，不失为一个好办法。现实生活中，个人或家庭往往更专注于管理自己手边的流动性资产，而忽略了个人融资的部分。随着金融行业的发展和个人融资需求的增强，个人融资方式日趋多样化。目前，适于现金规划的融资方式主要有信用卡融资、个人消费类贷款、个人经营性贷款、个人质押贷款、保单质押贷款和典当融资。

（一）信用卡融资

1. 信用卡简介

信用卡（Credit Card），又称贷记卡，是指由发卡机构向其客户提供的具有消费信用、转账结算、存取现金功能的信用支付工具。信用卡实质上是银行提供给用户的一种先消费、后还款的小额信贷工具，要求持卡人在规定时间内偿还刷卡的本金，超出期限偿还刷卡利息。

动画 3-1

如何办理信用卡？

（1）信用卡正面信息。信用卡的正面信息包括发卡银行名称和标识、信用卡卡号、持卡人姓名拼音、卡片有效期、信用卡的注册商标图案和信用卡组织标识，如VISA、万事达卡、中国银联等，如图3-4所示。

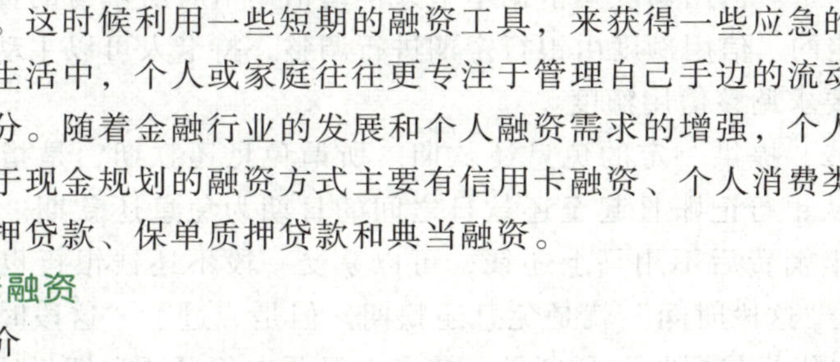

图3-4　信用卡正面信息介绍

（2）信用卡背面信息。信用卡背面信息包括卡片磁条（记录持卡人账号、可用额度和个人密码等信息)、持卡人签名栏、7位数字（其中，前4位数字为信用卡卡号的后4位，后3位数字为信用卡的安全码，用于安全认证)、银行网址、银行24小时客户服务热线和发卡银行的简单声明，如图3-5所示。

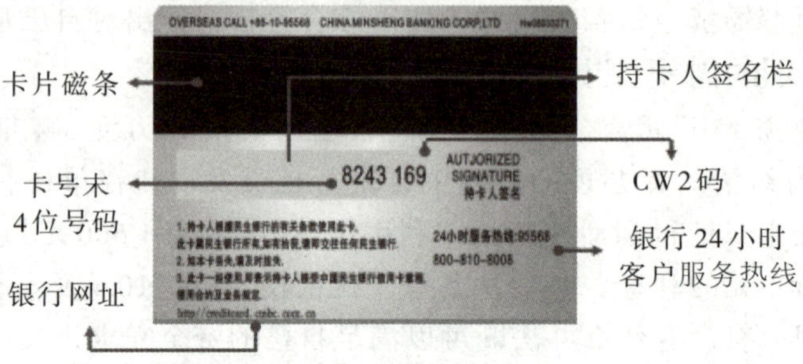

图3-5 信用卡背面信息介绍

2. 信用卡主要功能

（1）信用额度内透支消费。所谓的信用额度，是指银行在批准信用卡时给予信用卡的一个最高透支限额。也就是说，信用卡的持卡人事先不用存钱，就可以在银行给到的信用额度内刷卡消费。信用额度是依据申请人申请信用卡时所填写的资料和提供的相关证明文件综合评定的。信用额度由银行定期进行调整，持卡人可以主动提供相关的财力证明要求调整信用额度。

微课3-3

信用卡功能

（2）提供一定的免息还款期。所谓免息还款期，是指持卡人刷卡消费后，从银行记账日起至还款日之间的日期为免息还款期。也就是说，持卡人刷卡消费后不用马上还钱，可以享受一段不还钱银行也不会收取利息的时间，“这段时间”就是免息还款期。但是，过了“这段时间”还没有对消费金额进行还款，银行就要收取利息了。持卡人只要在免息还款期最后一天之前全额还清当期对账单上的“本期应还金额”即可。免息还款期最长56天。

【例3-3】张小姐持有一张某银行的信用卡，账单日为每月8日。张小姐在3月6日刷卡消费300元购买了食品，在3月9日刷卡消费3 600元购买了一台电视，请问这两笔消费的最后还款日各是哪天？分别可以享受多长时间的免息还款期？

案例解析：

计算信用卡免息还款期时，首先需要明确三个关键日期，即交易日（持卡人实际用卡交易的日期)、账单日（发卡银行每月定期对持卡人信用卡账户当期发生的各项交易、费用等进行汇总，结算利息，并计算持卡人当期应还款的日期）和还款日（发卡银行规定的持卡人应该偿还其全部还款额或最低还款额的最后日期)。接下来，按照以下三个步骤进行解析：第一步，确定每笔消费对应的账单日；第二步，根据账单日确定还款日（大多数银行规定，还款日为账单日后20天)；第三步，计算交易日至还款日之间的天数。

案例中，张小姐的信用卡账单日为每月8日，因此3月6日的300元消费在3月8日账单日进行对账。这笔消费的还款日为账单日后20天，即3月28日。也就是说，最晚在3月28日之前还款，张小姐就可以享受免息还款。通过计算，从3月6日到3月28

日，这笔消费可享受22天的免息还款期。而3月9日的消费发生在本月账单日之后，那么它的账单日是哪天呢？还会是3月8日吗？显然不是，其账单日应为4月8日，因此这笔消费的还款日为4月8日的后20天，即4月28日，通过计算，可知这笔消费的免息还款期为50天。

由此可知，虽然张小姐的两笔消费仅相差3天，但是免息还款期相差了28天。究其原因，主要在于这两笔消费的账单日不同。与在账单日之前消费相比，账单日之后消费的对账可推迟到下月账单日，这样还款日也相应推迟，因此获得相对较长的免息还款期。

特别提示：

① 信用卡的账单日一般是由发卡银行在审核信用卡时，根据客户生日或由系统随机产生的，所以个人每张信用卡的账单日都有可能不同。大部分银行允许持卡人根据自己的需要在一定条件下通过致电信用卡客服热线或登录信用卡官方App重新选定账单日。

② 银行信用卡的还款日一般是账单日后20天[①]，但也有一些银行有不同的规定。比如，招商银行信用卡的还款日就是账单日后18天，交通银行信用卡的还款日是账单日后25天。

③ 发生在同一个月内的消费并不代表还款日是同一天，具体还要看消费发生在本月的账单日之前，还是账单日之后。另外，在计算一笔消费享受了多长时间的免息还款期时，如果交易日与还款日存在跨月的情况，则需要注意大小月天数不同的问题。

④ 发卡银行会在给客户邮寄信用卡的同时，附带信用卡指南资料，上面会告知客户的信用额度和账单日。因此，客户收到信用卡时应第一时间确定自己的账单日和还款日，避免消费后没有在规定的还款日内还款而被罚息和影响个人征信。

【例3-4】徐先生持有一张中信银行的信用卡，账单日为每月18日，还款日为每月8日。他8月8日刷卡消费500元请朋友吃饭，8月20日刷卡消费2 200元购买了健身器械，请问徐先生这两笔消费什么时候还款，分别享受多长时间的免息还款期？如果徐先生没有按时还款，会被罚款吗？银行会如何罚款？

案例解析：

案例中，徐先生信用卡的账单日和还款日都是固定的。徐先生的第一笔500元消费发生在账单日之前，而另一笔2 200元的消费发生在账单日之后，因此这两笔消费的账单日和还款日均不相同。在8月18日的账单日，只有500元这一笔消费，且需要在9月8日还款日前偿还，因此这笔消费享受了31天的免息还款期。由于8月20日消费的2 200元发生在8月18日账单日之后，并在下个月的账单日9月18日进行对账，对应的还款日为10月8日，因此这笔消费享受了49天的免息还款期。

如果徐先生本期消费没有按时还款，则要罚收利息。同时，本期的所有消费将不享受免息还款的待遇，银行会从交易日起，以消费金额为本金，按日息万分之五来计算，并按月计收复利。

---

① 在计算信用卡免息还款期时，若无明确说明，则默认账单日后20天为还款日。

微课3-4

"过度的消费，透支的人生"——树立正确的消费观、信贷观

拓展阅读3-2

信用消费流行趋势下，年轻人更应理性消费

特别提示：

虽然信用卡透支有免息还款期，但并不意味着不收取利息。一旦持卡人消费后没有按时还款，银行将从交易日起按日息万分之五罚息。因此，持卡人应避免因忘记还款而被罚息和影响个人征信。

（3）免息分期付款。免息分期付款是指信用卡持卡人在进行大额消费时，对于该笔消费金额可以平均分解成若干期数（月份）来进行偿还，而且不用支付任何额外的利息，办理手续简便快捷。当使用信用卡大额消费之后，因资金紧张不能全部还款时，为了不被收取利息，信用卡持卡人可以选择将大额消费分成3个月、半年或1年等时间来还款，通过每月分摊来进行还款缓解了资金压力，这就构成了分期付款。但需要注意的是，虽然分期付款不用缴纳利息，但银行会收取一定金额的手续费。

（4）调高临时信用额度。当持卡人因出国旅游、装修、子女出国留学等情况，在一定时间内的消费超出信用额度时，可以提前拨打信用卡客服电话申请调高临时信用额度。信用卡临时额度有效期为1—3个月，到期后信用额度将自动恢复为原来的额度。因为信用卡临时额度无法做账单分期必须一次性还清，所以即使拿到临时额度，在刷卡消费时还是要量力而行，以免到期无力还款。另外，有些银行的临时额度没有免息期。

（5）预借现金。预借现金服务就是提取现金服务，是银行为持卡人提供的小额现金借款，满足持卡人的应急之需。一旦持卡人急需现金，可持信用卡在自动柜员机24小时自由取现，国际卡还可以在全球的自动柜员机上方便地提取当地的货币。一般来说，绝大多数银行给持卡人的预借现金额度为信用额度的50%（各家银行预借现金比例略有不同），与刷卡消费总额合计不超过该卡的信用额度。虽然预借现金功能很方便，但在非紧急情况下不建议使用此功能。这是因为使用信用卡预借现金功能，需要支付的费用较高：一是预借现金没有免息还款期，从提取现金当天就开始计算利息；二是预借现金的利息很高，日息万分之五，按月复利计息；三是预借现金的手续费很高，一般在1%以上，一次性收取。

（6）循环信用。循环信用是一种十分方便的短期贷款工具，当持卡人无法一次付清账单上的金额时，则可以利用此功能，自行决定偿还的金额与时间，不需提供任何抵押品，并可随时结清。循环信用可让持卡人暂时不必清偿全部账款，但每个月必须至少缴付月结单上所列示的"最低还款额"（最低还款额一般为消费金额的10%加其他各类应付款项）。但是持卡人一旦选择使用了循环信用，当期就不能享受免息还款期的优惠。循环信用的利息计算方法为：上期对账单的每笔消费金额为计息本金，自该笔账款记账日起至该笔账款还清日为止为计息天数，按日息万分之五计算。循环信用的利息将在下期的账单中列示。

（7）支出记录与分析。持有信用卡消费后，银行每月会提供信用卡的对账单，对账单会逐笔列出刷卡消费的日期、消费商家和消费金额，可以帮助持卡人了解每段时期自身消费的基本情况，也有利于家庭做好记账。

（8）建立信用。信用卡的"信用"两字具有实际意义。持卡人必须拥有良好的信用

记录，银行才愿意核发信用卡。持卡人持卡后，使用信用卡消费的情况及还款记录，都将成为日后银行评估持卡人信用等级的重要参考。如果持卡人可以妥善使用信用卡建立良好的信用，那么未来向银行申办其他种类的贷款时，将可能享受较大的优惠或较简便的手续。

微课3-5

“不良征信记录的代价”——珍惜你的信用记录

3. 信用卡使用注意事项

（1）免息还款期的计算问题。

【例3-5】小王持有一张中国银行的信用卡，账单日为每月13日，还款日为每月3日。他10月11日刷卡消费4 000元购买了一部手机，因为知道信用卡消费可以享受免息还款期，小王没有着急还款。11月8日，小王收到银行发来的短信，提示他的信用卡已产生逾期利息，要求其尽快还清本期欠款和逾期利息。小王比较困惑：我不是有1个月的免息还款期吗？还没到1个月呢，怎么会产生逾期利息呢？

案例解析：

关于信用卡的免息还款期，一般银行规定在免息还款期内偿还全部贷款，无须支付消费利息；否则，自银行记账日起按日利率万分之五计收利息至清偿日止。因此，计算好免息还款期非常重要。免息还款期从18天至56天不等，关键取决于交易日、账单日和还款日三个日期。案例中，小王的信用卡账单日为每月13日，还款日为每月3日，小王在10月11日消费的4 000元，银行会在10月13日进行对账。小王只要在11月3日之前还款，就可享受免息还款期。由于小王是在账单日之前进行的消费，因此这笔消费只享受了23天的免息还款期。另外，由于小王在还款日11月3日前没有还款，因此银行从交易日的次日起，即10月12日按日利率万分之五计收逾期利息。如果小王将交易日推迟到账单日之后，如10月14日，则银行会在11月13日进行对账。这笔消费只要在12月3日前还款即可，即交易日仅推迟3天，就可享受多于1个月的免息还款期。

特别提示：

在刷卡消费时，持卡人一定要注意两点：一是交易日；二是账单日。一般建议在刚过账单日之后消费，可以享受更长的免息还款期。

（2）最低还款不享受免息还款期。

【例3-6】小李上个月利用信用卡消费5 000元购买了笔记本电脑。还款时，他由于资金紧张，只还了最低还款额500元，即应还款金额的10%。几天后，小李收到银行的账单，要求偿还逾期利息，小李立刻致电银行客服电话，询问最低还款额的有关问题。

案例解析：

最低还款额是指持卡人在还款日（含）前偿还全部应付款项有困难时，可按发卡行规定的最低还款额进行还款，但不能享受免息还款期待遇，最低还款额为消费金额10%加其他各类应付款项（个别银行最低还款额低至消费金额的5%）。最低还款额一般会列示在当期账单上。当持卡人偿还最低还款额后，虽不能享受免息还款期待遇，但其信用不会受任何影响，不会产生信用不良记录。

特别提示：

除非遇到全额还款困难，否则不要只还应还款金额的最低还款额。因为这种还款方式不享受免息还款期待遇，而且大部分银行实行的是全额罚息。也就是说，即使客户偿还了部分款项，但在计算罚息时不扣除已偿还部分，利息同样按日息万分之五计算。此外，有的银行规定，记账日起15日内按日息万分之五计算，超过15日按日息万分之十计算，超过30日或者透支金额超过规定限额的，按日息万分之十五计算，拖欠时间越久，罚息越高。

（3）信用卡提现不享受免息还款期待遇。

【例3-7】小唐向银行申办了一张信用卡，他的想法很简单：以后要用现金，就直接使用信用卡到ATM机取现，等免息还款期用完再将欠款还上，这样既不占用自己的资金，也不会产生额外的费用。但小唐万万没想到1个月后，银行给他寄过来的账单上居然显示产生了手续费。小唐通过咨询银行了解到，用信用卡在ATM机上取款是需要向银行缴纳手续费的。

案例解析：

按照银行的规定，使用信用卡取现不享受免息还款期，即从取款之日起按日息万分之五计息。现在大部分银行对于利用信用卡透支取现，不分本地和异地，均需要支付不少于1%的手续费，最低10元。例如，使用信用卡取现5 000元，则需要支付50元的手续费。若在国外取现，则要支付高达3%的手续费。

特别提示：

尽量不要使用信用卡提取现金，一旦提取现金，应尽快还款。

（4）信用卡存钱无利息。

【例3-8】王阿姨通过ATM机存款，由于忘带借记卡，就将2 000元直接存入了信用卡，她觉得借记卡和信用卡一样，都会有存款利息。结果3个月过去了，信用卡里没有一分钱的利息，对此王阿姨产生了疑惑，存款利息哪去了？

案例解析：

信用卡不同于借记卡和存折，信用卡的设计初衷是鼓励消费，并不鼓励利用信用卡取现和存钱，持卡人还款时多缴的资金或存放在信用卡账户内的资金，称之为溢缴款。溢缴款可增加信用卡的可用额度，或直接用于消费还款。如果信用卡内有溢缴款，则先扣溢缴款，再扣信用额度。需要注意的是，溢缴款是不计付利息的。

特别提示：

持卡人切记不要将信用卡当存折或借记卡使用，将大额现金存入信用卡内。如果不慎将现金存入了信用卡，可以通过ATM机等方式取现或消费使用，或通过转账方式转到个人储蓄卡内。但一些银行会对信用卡取现收取一定的手续费。

（5）信用卡免年费，但并非年年免。

【例3-9】小张年初在银行办理了一张信用卡，开卡后就一直没有使用，结果年底银行邮来账单，告知小张这张信用卡已产生年费200元。小张一脸疑惑地拨打银行客服电话进行咨询：没有使用的信用卡也收年费吗？信用卡不是免年费的吗？

案例解析：

一些银行为了开发更多的用卡客户，往往通过各种方式来吸引持卡人，免年费就是其中的一种方式。一般来说，只减免第一年的年费，其他年份的减免年费往往需要通过一定量的刷卡次数来换取，所以持卡人在使用时应当注意，除第一年外，其他时间应当保持信用卡的最低刷卡次数。例如，大多数银行规定刷卡5次即免次年年费。一旦被告知收取年费，应当在免息还款期内按时将所欠的年费还上，在所持信用卡刷卡消费满足最低次数后，可拨打银行的24小时客服电话说明情况，发卡行会在次月将所扣缴的年费自动返还到信用卡账户。

特别提示：

如果信用卡持卡人不经常使用信用卡，最好将其注销，以免产生年费。

（二）其他银行融资方式

银行贷款是目前大众融资的重要渠道，银行贷款按贷款产品用途可分为个人消费类贷款和个人经营性贷款。

1. 个人消费类贷款

个人消费类贷款用来满足个人的消费支出，是银行向申请购买“具有合理用途的消费品或服务”的借款人发放的个人贷款。具体来说，它是银行向个人客户发放的有指定消费用途的贷款，用途可以是购房、购车、教育服务、旅游消费、耐用品消费等。不同用途的消费贷款，其贷款期限、额度、利率、要求，各家银行均有所不同。以下是某银行不同种类的个人消费类贷款的对比，见表3-2。

表3-2 某银行不同种类的个人消费类贷款的对比

种类	贷款期限	贷款额度	贷款性质
个人短期信用贷款	1年以内	2 000元至2万元	信用担保
个人综合消费贷款	6个月至3年	2 000元至5万元	质押担保或抵押担保
个人旅游贷款	6个月至2年	2 000元至5万元	质押担保或保证担保
国家助学贷款	学制加15年	学费和生活费	无
个人汽车贷款	不超过5年	最高为车款的70%	质押担保或保证担保
个人住房贷款	最长可达30年	跟随国家政策调整	房产抵押

除了用于购房和购车的贷款期限较长外，大多数个人消费类贷款的贷款期限都较短，且贷款额度不高，主要用于解决近期资金短缺的问题，除个人短期信用贷款和国家助学贷款外，其他贷款均需要进行抵押、质押、保证担保，贷款利率则依据相应期限的贷款市场报价利率（LPR）来确定。随着科技的发展，银行利用科技手段，针对不同的贷款客户，实施差异化额度、利率，并且客户只要在线上按照要求填写信息和上传资料，就可以完成贷款的申请。当材料通过审核后，1～3个工作日就可以实现放款，有的甚至可以用“秒到账”来形容，十分高效便捷。

2. 个人经营性贷款

经营性贷款主要指的是银行向从事合法生产经营的自然人发放的，用于定向购买商品房以及满足个人控制的企业（包括个体工商户）生产经营流动资金需求和其他合理资金需求的贷款。个人经营性贷款包括个人商用房贷款、个人经营贷款、农户贷款和下岗失业小额担保贷款。

与个人消费类贷款相比，个人经营性贷款主要用于合法生产经营活动，且贷款期限相对较长，申请门槛相对较高，需要提供资产证明、企业经营材料等文件。以下是某银行个人经营性贷款的具体要求，见表3-3。

表3-3 某银行个人经营性贷款的具体要求

产品要素	具体要求
贷款限额	一般不超过500万元人民币，根据客户申请的具体情况，可进一步提高
贷款期限	最长不超过5年（含5年）
贷款担保	支持房产抵押、有价权利质押、保证担保等灵活担保方式
还款方式	结合贷款期限，可以选择按月（季）付息、按月（季/半年/年）还本等灵活还款方式
所需材料	（1）借款人及配偶文件，如身份证、户口簿、结婚证等 （2）企业经营资格文件，如营业执照、经营许可证等 （3）企业经营情况证明，如经营流水、税单或其他反映企业盈利能力的材料 （4）担保所需的证明文件：抵（质）押担保须提供抵（质）押物权属证明、价值证明以及有处分权人同意抵（质）押证明；保证担保须提供保证人同意履行连带责任保证的文件及有关资信证明材料 （5）贷款用途证明文件，如购销合同等 （6）要求提供的其他文件资料

微课3-6

存单质押贷款、凭证式国债质押贷款、保单质押贷款

3. 个人质押贷款

个人质押贷款是指借款人以合法有效、符合银行规定条件的质物出质，向银行申请取得的用于合法合规消费或经营用途的人民币贷款。目前，可使用存款、理财、保单、基金、债券等作为质押物，最常见的质押贷款主要是存单质押贷款和国债质押贷款。

（1）存单质押贷款。

存单质押贷款是指借款人以贷款银行签发的未到期的个人本外币定期储蓄存单作为质押，从贷款银行取得一定金额贷款，并按期归还贷款本息的一种贷款业务。

（2）国债质押贷款。

国债质押贷款是指借款人以未到期的国债作为质押，从贷款银行取得人民币贷款，到期一次性归还贷款本息的一种贷款业务。需要注意的是，这里的国债一般是指凭证式国债，也有的银行办理记账式国债的质押贷款。

（3）两种质押贷款方式比较。

存单质押贷款和国债质押贷款在贷款起点额度、贷款面额比例、贷款期限和贷款利率等方面存在相同点和不同点，见表3-4。

表3-4 两种质押贷款方式比较

	存单质押贷款	国债质押贷款
贷款额度起点	1 000元	5 000元
贷款面额比例	90%	90%
贷款期限	≤1年，且不超过质押存单的到期日	≤1年，且不超过质押国债的到期日
贷款利率	按照同期同档次法定贷款利率（含浮动）和有关规定执行	按照同期同档次法定贷款利率（含浮动）和有关规定执行
其他	若用不同期限的多张存单作质押，以距离到期日最近者确定贷款期限	若用不同期限的多张凭证式国债作质押，以距离到期日最近者确定贷款期限

特别提示：

对个人来讲，要想获得银行贷款并不容易，因此面对突如其来的资金需求，如果手中适当保留定期存单或凭证式国债，就可以以质押存单和国债的方式相对容易地从银行获得贷款，避免临时变现流动性不强的资产所带来的收益损失。

（三）保单质押贷款

保单质押贷款是保单所有者以保单作为质押物，按照保单现金价值的一定比例获得短期资金的一种融资方式。

目前，我国保单质押贷款主要有两种模式：一种是投保人把保单质押给保险公司，直接从保险公司取得贷款，如果借款人到期不能履行债务，当贷款本息达到退保金额时，保险公司将终止其保险合同效力；另一种是投保人将保单质押给银行，由银行支付贷款给借款人，当借款人到期不能履行债务时，银行可依据合同凭保单由保险公司偿还贷款本息。

1. 保单质押贷款的注意事项

（1）并不是所有的保单都可以质押，质押保单必须具有现金价值，如具有储蓄性质的养老保险、分红保险、人寿保险、年金保险等。而一些短期的消费型保险如意外险、健康险、财产险等，就没有现金价值，不能用来质押贷款。

（2）保单质押贷款期限较短，一般不超过6个月。

（3）最高贷款额度不超过保单现金价值的80%（各保险公司对此规定略有不同）。

（4）贷款期满后要及时归还贷款本息，一旦贷款本息超过保单现金价值，保单将永久失效。

（5）贷款利率参考法定贷款利率。一般来说，保单质押贷款利率低于同期限的存单质押和国债质押贷款利率。

2. 保单质押贷款的优势

保单质押贷款具有贷款手续简便、贷款速度快、贷款利率相对较低的优势。

特别提示：

保单既可以用来保障，又可以用来融资，当急需资金周转时，不要忘记保单质押融资方式是最优的选择。需要注意的是，《中华人民共和国保险法》规定，若投保人持有依照以死亡为给付保险金条件所签发的保险单，在以该保单作质押贷款前，须经被保险人书面同意。

（四）典当融资

1. 典当的概念

典当是指当户将其动产、财产权利作为当物质押或者将其房地产作为当物抵押给典当行，交付一定比例费用，取得当金并在约定期限内支付当金利息、偿还当金、赎回典当物的行为。

典当是以实物为抵押，以实物所有权转移的形式取得临时性贷款的一种融资方式。典当的期限最长可以为半年，在典当期限内当户可以提前赎当，经双方同意可以续当。典当的息率和费率在法定范围内灵活制定，要根据淡旺季节、期限长短、资金供求状况、通货膨胀率的高低、当物的风险大小及债权人与债务人的交流次数和关系综合考量。

2. 典当的优缺点

（1）与银行贷款相比，典当具有一定的优势。

① 信用要求几乎为零。与银行对借款人的资信条件近乎苛刻的要求相比，典当行对客户的信用要求几乎为零，典当行只注重典当物品是否货真价实，而且一般商业银行只做不动产抵押，而典当行则是以动产与不动产抵押二者兼为。

② 典当物品起点低。典当行典当物品的起点低，千元、百元的物品都可以当。典当行一般接受的抵押、质押的范围包括金银饰品、古玩珠宝、家用电器、机动车辆、生活资料、生产资料、商品房产、有价证券等。与银行相反，典当行更注重为个人客户和中小企业服务。

③ 典当融资手续简便。与银行贷款手续繁杂、审批周期长相比，典当融资手续十分简便，即使是不动产抵押，也比银行要便捷许多。

④ 资金使用自由。客户向银行贷款时，贷款的用途不能超出银行指定的范围，而典当行则不问贷款的用途，资金使用十分自由。

（2）典当的缺点。除缴纳一定的贷款月利率外，典当融资还需要缴纳较高的综合费用，包括保管费、保险费、典当交易的成本支出等，因此融资成本较高。此外，典当融资的规模相对较小。

任务三　制订现金规划方案

一、现金规划的原则

在个人或家庭理财规划中，现金规划既要使所拥有的资产具有一定的流动性，以满足个人或家庭支付日常家庭费用的需求，又要使流动性资产保持一定的收益。因此，现金规划应遵循一个原则：短期需求用手中的现金来满足，而预期或将来的需求可以通过现金等价物或各类融资工具来实现。

二、现金规划的步骤

现金规划的重要内容是确定流动性资产的额度，而合理的流动性资产额度实际上就是在现金与现金等价物的流动性和持有现金的机会成本之间进行权衡。现金规划不仅可以实现个人或家庭的短期需求，满足其交易动机和预防动机，还可以最大限度获得收益。现金规划的步骤可分为三步：

第一步：确定个人或家庭流动性资产的额度。

根据流动性比率，将个人或家庭月支出的3～6倍额度留作流动性资产。对于工作稳定、收入有保障的个人或家庭，可以保持较低的流动性比率，其流动性资产为3～4倍的月支出即可；对于工作和收入缺乏稳定性的个人或家庭，则要保持较高的流动性比率，其流动性资产可以为5～6倍的月支出。

第二步：将留存的流动性资产在现金规划的一般工具中进行配置。

具体的配置结构比例可根据个人或家庭的偏好来进行。例如，可将流动性资产的1/3以现金或活期存款形式保存，2/3以货币市场基金或银行活期理财产品形式来持有。若要实现收益最大化，充分利用免息还款期的优势，个人或家庭可以用信用卡来满足大部分消费，而将更多的流动性资产用于货币市场基金、银行活期理财和“宝宝类”理财产品，实现消费投资两不误。

第三步：若出现超额现金需求，尽量选取现金规划的融资工具来解决。

当遇到突如其来的资金需求，手中的流动性资产无法满足时，不要轻易变现流动性不强的金融资产，而是要充分利用现金规划的融资工具，首选信用卡融资和保单质押贷款，来避免资产变现带来的损失。

三、现金规划案例解析

微课 3-7　现金规划案例分析

【例3-10】孙先生是一家私企的老板，平时应酬多、开销大，每年支出约18万元，现有2年期定期存款8万元（还有5个月到期），3年期定期存单10万元，货币市场基金6万元，股票型基金20万元，现金1万元，请问孙先生现有的流动性资产持有量是否合理？若不合理应该如何调整？请为孙先生设计适当的现金规划。

案例解析：

想要确定孙先生的流动性资产持有量是否合理，首先要计算出孙先生的流动性资产是多少？每月支出是多少？孙先生的流动性资产包括银行定期存款8万元、货币市场基金6万元和现金1万元，一共15万元；每月支出1.5万元（18÷12），根据流动性比率公式，计算得出孙先生资产的流动性比率为10（15÷1.5）。

特别提示：

合理的流动性资产储备一般是个人或家庭月支出的3～6倍，而孙先生的流动性比率为10，远高于这一比例。虽然孙先生是私企老板，但做生意风险大、收入不稳定，平时用于应酬的开销也比较大。因此，建议孙先生的流动性资产储备为家庭月均支出的6倍，大概在9万元。目前，孙先生的流动性资产总计15万元，可保留货币市场基金6万元和现金1万元的份额，将快要到期的定期存款8万元中的2万元用于购买货币市场基金和活期理财，剩下的6万元可进行收益更高的投资。除此之外，考虑到孙先生应酬多、开销大，建议孙先生可以申请信用卡。其目的是：平时的开销可以使用信用卡，享受免息还款期；信用卡还可以成为应急资金的来源。另外，10万元的定期存单也可在资金紧张时作为存单质押贷款救急。

项目小结

1. 现金规划是指为满足个人或家庭短期需求而进行的管理日常现金及现金等价物和短期融资的活动，也是做好其他规划及综合规划的前提。

2. 基于对金融资产流动性的需求和机会成本，个人或家庭需要根据自身情况进行合理的现金规划。对于流动性资产的选取，要保持一个合理的“额度”，既能满足流动性需求，又不至于丧失过多获取高收益的机会。通过流动性比率，来测算现金规划这个合理的“额度”。

3. 现金规划的一般工具包括现金、银行各类储蓄存款和货币市场基金。其中，最为推荐的是货币市场基金和“宝宝类”理财产品，因为它们具有资金安全、风险低、流动性强、收益较高、投资成本少、复利计息、投资起点低的特点，在众多工具中占据优势。

4. 现金规划的融资工具包括信用卡融资、个人消费类贷款、个人经营性贷款、个人质押贷款、保单质押贷款、典当融资等。每种融资方式各有优点和缺点，应根据客户的具体情况进行选择。

5. 现金规划的基本步骤是：（1）确定个人或家庭流动性资产的额度；（2）将留存的流动性资产在现金规划的一般工具中进行配置；（3）若出现超额现金需求，尽量选取现金规划的融资工具来解决。

项目训练

■ 基础知识训练

一、名称解释

现金等价物　流动性比率　免息还款期

二、单项选择题

1. 下列选项中，不属于现金等价物的是（　　）。

A. 活期储蓄　　B. 货币市场基金　　C. 各类银行存款　　D. 混合基金

2. 下列选项中，不属于货币市场基金应当投资的对象是（　　）。

A. 现金

B. 期限在 1 年以内（含 1 年）的银行存款、债券回购、中央银行票据、同业存单

C. 剩余期限在 397 天以内（含 397 天）的债券

D. 股票

3.刘女士申请了某银行的信用卡，信用额度为2万元。按发卡行规定，每月5日为账单日，25日为还款日。本月3日，刘女士刷卡购买了一件5 000元的商品；4日，利用信用卡在ATM机提取现金2 000元。5 000元购物消费的免息还款期是（ ），以及提取2 000元现金的免息还款期是（ ）。

A.0天 B.20天 C.21天 D.22天

4.关于保单质押贷款的说法，错误的是（ ）。

A.保单质押贷款是保单所有者以保单作为质押物，按照保单现金价值的一定比例获取短期资金的一种融资方式

B.并不是所有的保单都可以质押，质押的保单必须具有现金价值

C.保单质押贷款期限较短，一般不超过1年

D.以死亡为给付保险金条件的保单，未经被保险人书面同意，不得转让或者质押

5.小孙的家庭有现金0.5万元、货币市场基金3万元、股票5万元，年支出为6万元，请计算出小孙家庭资产的流动性比率，并分析这一指标是否合理（ ）。

A.7，不合理 B.0.58，不合理 C.11，不合理 D.5，合理

6.（ ）是指银行在批准信用卡时给予信用卡的一个最高透支限额。

A.循环信用 B.分期付款 C.预借现金 D.信用额度

7.存单质押贷款面额比例为（ ），贷款额度起点为（ ）。

A.80%，1 000元 B.80%，5 000元 C.90%，1 000元 D.90%，5 000元

8.（ ）是指为了预防意外支出而持有一部分现金及现金等价物的动机。

A.交易动机 B.投机动机 C.投资动机 D.谨慎动机

9.关于信用卡的使用注意事项的说法，不正确的是（ ）。

A.尽量不用信用卡提取现金，一旦提取现金，应尽快还款

B.将大额现金存入信用卡，可以获得利息

C.尽量按时还款，避免超过免息还款期所带来的罚息

D.信用卡最低还款不享受免息还款期

三、多项选择题

1.以下选项中，保险的保单能够用来质押贷款的有（ ）。

A.年金保险 B.意外伤害保险

C.医疗保险 D.终身寿险

E.分红保险

2.现金规划中的现金等价物，是指流动性比较强的（ ）等金融资产。

A.活期储蓄存款 B.各类银行存款

C.货币市场基金 D.股票

E.房产

3.通常反映货币市场基金收益率高低的指标有（ ）。

A.七日年化收益率 B.每万份基金单位收益

C.久期 D.单位净值

E.累计净值

4. 关于保单质押贷款的说法，正确的有（　　）。

A. 保单质押贷款的期限较短，一般不超过6个月

B. 所有的保单都可以质押

C. 保单质押贷款额度一般最高不超过保单现金价值的80%

D. 期满后保单贷款一定要及时归还，贷款本息超过保单现金价值时，保单将永久失效

E. 保单质押贷款额度一般最高不超过保单现金价值的90%

5. 以下选项中，属于现金规划的融资工具有（　　）。

A. 货币市场基金　　B. 信用卡融资

C. 存单质押贷款　　D. 保单质押贷款

E. 典当融资

四、判断题

1. 与银行对借款人的资信条件近乎苛刻的要求相比，典当行对客户的信用要求几乎为零。（　　）

2. 个人消费类贷款包括个人短期信用贷款、个人旅游贷款、个人商用房贷款等。（　　）

3. 我国的个人活期储蓄存款按月结息。（　　）

4. 货币市场基金的资产净值是固定不变的，永远保持为1元。这是与其他基金最主要的不同点。收益按天计算且复利计息，并以分红的形式结转为基金份额。（　　）

5. 七日年化收益率是货币基金最近7天的平均收益水平进行年化以后得出的数据。（　　）

6. 信用卡的免息还款期一般固定为30天。（　　）

7. 银行规定信用卡的最低还款额为所欠金额的10%。（　　）

8. 流动性比率等于流动性资产除以每年支出。（　　）

9. 信用卡取现可以享受免息还款期。（　　）

10. 从理财的角度来看，建议在账单日前刷卡消费，可以获得更长时间的免息还款期。（　　）

■ 实践操作训练

训练一

目的：掌握现金规划的流程

内容：张一楠，32岁，在深圳一家私企做人事专员，他的太太梁雯，30岁，在精品店做销售。目前他们没有孩子，一直计划要一个宝宝。他们注重生活质量，每年花销在15万元左右。他们现有3年期定期存款8万元，货币市场基金2万元，股票8万元，现金5 000元。

要求：(1) 张一楠夫妇现有的流动性资产持有量是否合理？

(2) 若不合理，应该如何调整，请为他们设计一个适当的现金规划。

训练二

目的：掌握信用卡免息还款期的计算

内容：小张持有一张中国工商银行的信用卡，账单日为每月12日。他7月7日刷卡消费6 000元购买了一台笔记本电脑，7月16日，刷卡消费500元请朋友们吃饭。（还款日为账单日后20天）

要求：（1）请问小张这两笔消费的最后还款日是哪天，分别享受多少天的免息还款期？

（2）如果小张不按时还款，会被罚息吗？银行会如何罚息？

项目四 消费支出规划

学习目标

知识目标

★掌握住房消费信贷知识。

★掌握购房财务规划基本方法。

★掌握等额本息还款法和等额本金还款法的含义、优缺点及适用人群。

技能目标

★能够分析客户购房需求。

★能够正确解读国家房产相关政策。

★根据客户需求编制购房规划方案。

素养目标

★通过比较分析住房消费信贷的还款方式，使学生具备金融行业理财岗位专业尽责的职业素养。

★在熟练掌握消费支出规划原理的基础上，培养学生正确解读国家房地产相关政策的能力。

案例导入

小王大学毕业5年，想在单位附近贷款购买一套90平方米、总价100万元左右的房子。他自己这5年来一直租房也没有什么积蓄，但父母愿意为其购房资助30万元的首付款，小王现在工资收入每月税后6 000元。听说住房贷款分为等额本息还款法、等额本金还款法、等额递增还款法、等额递减还款法等，小王不知道自己究竟适合哪种还款方式。单位给缴纳的公积金是否可以申请公积金贷款？如果公积金贷款额度不够，是否可以申请商业贷款？申请公积金贷款和商业贷款需要哪些条件？小王的这些疑问迫切地需要理财规划师来解答。

资料来源：作者根据相关资料编写。

在理财规划中，家庭的消费支出主要包括住房支出、汽车消费支出及耐用品消费支出。消费支出规划是理财规划的一项重要组成部分，如果消费支出缺乏计划或消费支出不得当，会给家庭带来过高的支出成本，不仅家庭的购房、购车目标无法按时实现，还会影响其他理财目标的实现。因此，做好消费支出规划，不但可以帮助家庭很好地“节流”，还可以帮助家庭合理安排消费资金，避免家庭出现财务危机。尤其是住房消费，它是我们人生中最大的一笔支出，如何规划住房支出成为人们越来越关心的问题，对这方面的理财需求也逐步增加。

任务一　熟知住房消费规划

一、住房消费的基础知识

（一）住房支出的分类

微课 4-1

住房消费的基础知识

根据目的的不同，住房支出可分为住房消费和住房投资两类。

1. 住房消费

住房消费是指居民为取得住房提供的休息、娱乐和生活空间等服务而进行的消费。住房消费以购房和租房两种形式来实现。

2. 住房投资

住房投资是指将住房看成投资工具，通过价格上升来获得收益，实现资产的保值增值。目前，我国大多数家庭在购买住房时消费目的和投资目的并存。

（二）租房与住房的比较

1. 适宜租房的人群

（1）刚刚踏入社会的年轻人。一般来说，刚刚工作的年轻人收入较低，但生活开销并不低，如果在工作起步的同时买房，不仅会将父母多年的积蓄扫荡一空，还会让自己背上沉重的还贷负担。因此，刚毕业的大学生选择租房，尤其是合租更为经济。

（2）工作地点与生活范围不固定者。因为工作关系需要频繁更换住所或者派遣到其他城市的工作者，则不太适宜在一个地方买房固定下来。因为房屋是不动产，不会随着购房者的外出而迁移。因此，这类人群不要冲动买房，可以先租房，等到能够真正安定下来的时候，再实施买房计划。

（3）储蓄不多的家庭。当家庭储蓄不多时，首付款可能就会用尽多年的储蓄。此时，购买房屋会使家庭财务缺乏弹性，以至于无法应对生活中的危急事件或紧急开支。住房消费一般不仅限于房价，还有缴纳的契税、公共维修基金、保险等费用，以及装修房屋，购买家电、家具等支出，如此下来，至少要预留出总房款40%的费用，才能够真正地搬进新家。因此，大部分购房者都通过按揭贷款来购房。近几年，国家虽然下调了住房贷款利率，但对收入不稳定、财力不够雄厚的消费者来说依然是负担很重。因此，在没有经济实力买房的情况下，租房也不失为一种理想的选择。

（4）不急于买房，且辨别不清房价走势者。随着国家楼市宏观调控政策的推进，房价是涨是跌，各方说法莫衷一是。消费者无法把握，也看不清房地产市场的未来发展方向和房价走势，对不急于买房的购房者来说，不如“以静制动”，暂且租房，静观其变。

2. 购房与租房的优缺点比较

一般来说，购房与租房的居住效用相近，但各有利弊。购房与租房的优缺点比较，见表4-1。

表4-1 购房与租房的优缺点比较

项目	购房	租房
优点	房子可能有升值潜力，可满足心理层面归属感、安全感的需求	负担较轻，以同样的付出拥有较佳的居住品质，灵活方便，自由性强，可有效节省部分交通费用
缺点	负担较重，房贷的压力可能会让生活的质量大打折扣	看房东脸色，较不稳定，没有保障
所得	升值潜力，税收优惠	自备款所衍生的收入
付出	自备款及其所衍生的收入，购房相关税费	每月的房租

（三）购房的目标

在进行购房规划之前，应该明确购房目标，且此目标是可量化的。购房的目标包括家庭计划购房的时间、希望居住的面积、届时的房价三大要素。由于未来房价存在不确定性，因此在确定购房目标时应结合专业性的报告和房地产的历史价格，对未来房价进行适当的估算。例如，确定的购房目标应该是“我希望在3年后购买一套价格在100万元左右的房屋”，“我希望在5年后购买一套120平方米左右、价格为15 000元/平方米左右的房屋”，而不是“我想过几年买个房子”或“我想过几年换个大房子”。

在理财规划中，确定购房目标应把握以下三个原则：

1. 不必盲目求大

购房资金在个人或家庭的消费支出中占有很大比例，随着房屋面积的增大，房屋总价款就会相应地提高，继而增加购房者的购房压力，使得购房目标延期执行或增加消费支出负担。房屋的主要功能是满足人们的居住需要，如果房子过大，势必会有一部分面积闲置。在高房价下，为不经常使用的面积买单是不明智的，也违背了理财规划的原则。因此，在确定购房面积时，不必盲目求大。

2. 无须一次到位

很多年轻人在买房时喜欢一步到位，大的面积、好的地段、好的小区。这种做法是不科学的，再好的户型在10年或20年后也会跟不上时代的步伐，再好的小区在多年后其功能也满足不了人们变化的需求。因此，在确定购房目标时，应根据现实情况选择合适的户型，随着时间的推移和收入的增加，可以再根据需要选择更适合的住房进行换房。

3. 量力而行

面积大的房子不仅房屋总价高，而且首付款多、月供负担重、贷款利息也相应增加，这样用于日常支出的费用就会减少，不但降低了生活质量，还影响其他理财目标

（如购车、子女教育、保险、退休养老等）的实现。因此，在购房时一定要量力而行。购房面积的大小，取决于个人和家庭的资金及还贷能力。以首付比例30%为例，如果个人和家庭有20万元的首付款，可购买67万元左右的房子；如果选择更大的房子，势必会面临资金压力。

另外，从换房和住房投资的角度来考虑，小户型由于价格低、需求高，更容易转手出售。因此，对于购房的目标尤其是购买第一套住房的家庭，一定要做到量力而行，不必盲目求大或一次到位。

二、理性购房的财务决策

微课4-2

理性购房的财务决策

在确定购房目标后，理财规划师应对购房者的财务状况进行分析，在保障购房者一定的财务弹性下，以储蓄和还贷能力来估算其可负担的房屋总价款，并测算每月还款金额。除了房屋价格本身外，购房者还需要缴纳各项税费，如契税、印花税、公证费、房屋买卖手续费等。房价加上各项税费，就是个人或家庭在预期购房时间上总的资金需求，即购房规划要实现的财务目标。

（一）购房财务决策的基本方法

1. 以储蓄及还贷能力估算可负担的房屋总价款

举一个具体的例子，小李今年刚满25岁，想在5年后即自己30岁的时候贷款购房，为此他现在就为自己的购房计划做准备。小李现有10万元的购房启动资金，他每月税后工资为5 000元，支出为3 000元，每月可积攒2 000元为购房做准备。小李想测算一下，按照年化收益率5%来测算，5年后他究竟能买多大的房子？

以储蓄和还贷能力估算小李可负担的房屋总价，具体分为三个步骤：

第一步：测算可负担的首付款。

可负担的首付款 = 目前净资产在未来购房时的终值 + 以目前年收入为年金在未来购房时的年金终值 × 年收入中可负担首付比例的上限

第二步：测算可负担的房屋贷款。

可负担的房屋贷款 = 以未来购房时年收入为年金的年金终值 × 年收入中可负担贷款的比率上限

第三步：测算可负担的房屋总价款。

可负担的房屋总价款=可负担的首付款+可负担的房屋贷款

上述的测算方法用我们项目二中学到的货币时间价值的时间轴表示会更为清晰，计算过程也更为简便、快捷（如图4-1所示）。

下面我们将以案例的形式，运用货币时间价值的思维，利用理财计算器来学习如何作出购房的财务决策，即通过个人或家庭现有的资金储备和每年等额的储蓄来测算其可负担的房屋总价。

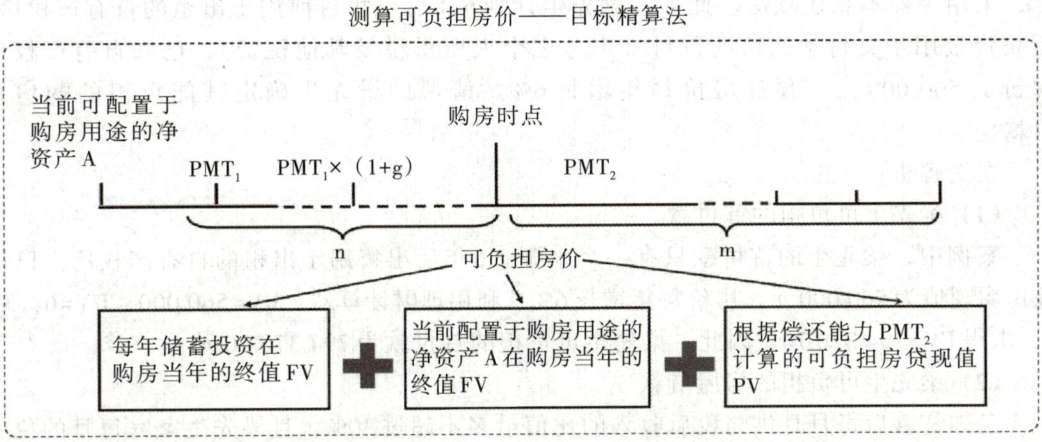

图4-1 可负担房价的测算

【例4-1】目前，张先生的年收入为10万元，有存款5万元，每年的储蓄比率为40%。他打算5年后买房，假设投资报酬率为5%，买房时准备贷款20年，房贷利率为6%。请问张先生可负担的首付款、房屋贷款和房屋总价款分别是多少？

案例解析：

首先要明确“可负担”的含义，是指可承担的最大金额，即忽略其他需求，在将资金全部用于购房的情况下，客户所能承担的最大金额。

（1）张先生可负担的首付款。

案例中，张先生首付款的资金来自：一是5万元存款的本利（按照5%的年利率积攒5年），即PV的值为5万元；二是每年收入的40%（同样按照5%的年利率积攒5年），即PMT的值为4万元（10×40%）。利用理财计算器：PV=−5，PMT=−4，I/Y=5，N=5，求得FV=28.48。因此，张先生在5年后可负担的首付款为28.48万元。

（2）张先生可负担的房屋贷款。

由于张先生的5万元存款作为购房启动资金已用于交付首付款，因此只有每年收入的40%，即4万元可用于支撑张先生还贷。已知每年的贷款还款额为4万元，贷款20年，贷款利率为6%。利用理财计算器：PMT=−4，I/Y=6，N=20，求得PV=45.88。因此，张先生可负担的最大贷款额为45.88万元。

（3）张先生可负担的房屋总价款。

可负担的房屋总价款=28.48+45.88=74.36（万元）

由此可知，张先生可负担的房屋总价款，即他能够购买的最高房价为74.36万元，若超过这个金额，张先生的购房目标则无法实现。在实际的操作过程中，因为需要考虑装修费用、其他税费，以及预留出其他理财规划所需的资金，所以张先生可负担的房屋总价款要小于74.36万元。

【例4-2】梁先生希望孩子能够去市重点中学得到更好的教育，因此计划在6年后购买一套学区房。当地学区房的均价为40 000元/平方米，通过向理财规划师咨询，贷款后每月月供与税后收入的比值最多不超过30%。已知梁先生家庭的每月税后收入为20 000元，由于是贷款购买第二套房屋，因此房贷利率要上调至6.5%，贷款期限为30

年，采用等额本息还款法。此外，梁先生计划6年后出售目前用于出租的自有产权房，所获资金用于支付学区房的首付（不考虑个人所得税及其他税费），已知自有产权房现价为560 000元，预计房价每年增长6%。请帮助梁先生确定其能负担的购房总价款。

案例解析：

（1）梁先生可负担的首付款。

案例中，梁先生的首付款只有一个来源：6年后出售用于出租的自有产权房。已知该房屋现值为560 000元，房价每年增长6%。利用理财计算器：PV=560 000，I/Y=6，N=6，求得FV=794 370.70。因此，梁先生可负担的首付款为794 370.70元。

（2）梁先生可负担的房屋贷款。

已知贷款后每月月供与税后收入的比值最多不超过30%，且梁先生家庭每月的税后收入为20 000元，因此贷款后的月供最多为6 000元（20 000×30%）。利用理财计算器：P/Y=12，PMT=−6 000，I/Y=6.5，N=30×12=360，求得PV=949 264.92。因此，梁先生可负担的房屋贷款为949 264.92元。

（3）梁先生可负担的房屋总价款。

可负担的房屋总价款=794 370.70+949 264.92 =1 743 635.62（元）

2. 依据所购买房屋的价格来计算首付和月供

依据所购买房屋的价格来计算首付和月供，具体分为四个步骤：

第一步：确定房屋总价。

房屋总价=房屋单价×房屋面积

第二步：确定首付金额和贷款金额。

首付金额=房屋总价×首付比例

贷款金额=房屋总价×（1−首付比例）

第三步：根据还款方式计算每月还款额。

第四步：将每月还款额同结余进行比较。

若每月还款额小于每月结余，即还款额在结余范围内，则可负担此房屋款；若每月还款额大于每月结余，即每月结余不足以还房屋贷款，则无法负担此房屋款。

【例4-3】张先生看好了一套100平方米的房子，目前这套住房的价格是6 000元/平方米，购买这套房子所需要的费用为60万元。张先生每月结余4 000元，张先生对房屋贷款问题不是很了解，想请专业人士给出建议。

假设房屋按七成按揭贷款，贷款期限20年，贷款利率为6%，按等额本息还款法（即每期还款金额相等）来还款。

案例解析：

（1）60万元的房屋总价，按照七成按揭贷款，即首付比例为30%，剩余70%向银行贷款，因此该房屋需支付首付款18万元（60×30%）。也就是说，张先生要想现在购买此房，必须准备18万元的首付款，其余42万元向银行贷款。

（2）银行贷款42万元，贷款利率为6%，贷款期限20年。利用理财计算器：P/Y=12，PV=420 000，I/Y=6，N=20×12=240，求得PMT=−3 009.01。因此，每月房贷的还款额为3 009.01元。

（3）张先生每月结余为4 000元，每月还款额为3 009.01元，在结余范围内，因此张先生可以负担起60万元总价的房屋款。

（二）购房财务规划的主要指标

一般来说，进行购房规划时，有两个重要的指标可供参考。

微课4-3

购房规划的主要指标与税费

1. 住房负担比

住房负担比=房屋月供款÷月税后收入

合理的住房负担比为25%～30%，即每月月供占每月税后收入的25%～30%是合理的，超出这一范围，代表房贷月供过高，购房者还款压力加大。

2. 财务负担比

财务负担比=年负债支出÷年税后收入

除房屋贷款外，个人或家庭还可能有汽车贷款、各项质押贷款、信用贷款等，各项贷款的还款之和占税后收入的比重，即为财务负担比，这一比率一般应控制在40%为宜。

（三）购房需考虑的其他税费

1. 购房需要考虑的税费

（1）契税。房屋契税=房屋总价×税率。购房时缴纳的契税是指房屋所有权发生变更时，就当事人所订契约按房价的一定比例向新业主（产权承受人）征收的一次性税收。它是对房地产产权变动征收的一种专门税种。应缴税范围包括土地使用权的出售、赠与和交换，房屋的买卖、赠与和交换等。

1997年4月23日，我国颁布的《中华人民共和国契税暂行条例》，规定个人在购买住房时需要缴纳3%～5%的契税（不同的地区税率不同），契税的计税依据为住房的实际成交价格。但是，不同类型的房屋缴纳契税的标准不同，享受不同的税收优惠。自2008年11月1日起，对个人首次购买90平方米以下普通住房的，契税税率统一下调到1%；2010年10月1日起，对个人购买普通住房，且该住房属于家庭（成员范围包括购房人、配偶以及未成年子女）唯一住房的，减半征收契税。对于首套房：建筑面积小于90平方米的，缴纳总房款1%的契税；建筑面积在90～144平方米的，缴纳总房款1.5%的契税；建筑面积在144平方米以上的，缴纳总房款3%的契税。对于二套房：不管面积大小，房产契税统一为总房款的3%。通常契税跟着首付款一起缴纳，开发商代收。缴纳相关费用，开发商会出具正式的购房发票。

2011年，《财政部、国家税务总局关于房屋 土地权属由夫妻一方所有变更为夫妻双方共有契税政策的通知》规定，婚姻关系存续期间，房屋、土地权属原归夫妻一方所有，变更为夫妻双方共有的，免征契税。

拓展阅读4-1

什么是普通住宅

（2）印花税。印花税是对经济活动和经济交往中书立、领受具有法律效力的凭证行为所征收的一种税。因采用在应税凭证上粘贴印花税票作为完税的标志而得名。房屋买卖也需要缴纳印花税。

① 单位和个人与房地产开发商签订《商品房买卖合同》时，按照购销金额0.5‰贴花。

② 购房者与商业银行签订个人购房贷款合同时，按借款额的0.05‰贴花。

③ 个人从有关部门领取房屋产权证时，每件贴花5元。

④ 个人出租房屋，签订房屋租赁合同时，按租赁金额1‰缴纳，不足1元，按1元贴花。

⑤ 个人出售住房，签订产权转让书据时，按所载金额5‰贴花。

自2008年11月1日起，对个人销售或购买住房暂免征收印花税。

2. 购房需要考虑的费用

（1）公共维修基金。公共维修基金为购房款的2%～3%，是公共设施、共用设备（涉及房屋共有部分，如外墙、屋顶、下水道、水管等）的维修基金。

（2）房屋产权登记费。房屋产权登记费是办理房产证的费用，住宅产权登记费一般按照每套房屋80元的价格缴纳，非住宅每套房屋550元。

三、熟知住房消费信贷

住房消费信贷是指金融机构提供给消费者用于购买、建造和改造、维修住房的贷款，是住房消费过程中发生的借贷行为。住房消费信贷是房地产金融资金运用业务的一个重要组成部分。

（一）住房消费信贷的种类

目前，我国各商业银行开办的个人住房消费信贷，主要包括个人住房公积金贷款、个人住房商业性贷款和个人住房组合贷款。

微课4-4

个人住房公积金贷款

1. 个人住房公积金贷款

（1）住房公积金和住房公积金贷款。① 住房公积金，是指国家机关、国有企业、城镇集体企业、外商投资企业、城镇私营企业及其他城镇企业和事业单位、民办非企业单位、社会团体为其在职职工缴存的长期住房储金。②住房公积金贷款，是住房公积金管理中心运用职工及其所在单位缴纳的住房公积金，委托商业银行向购买、建造、翻修、大修自住住房、集资合作建房的住房公积金存款人发放的优惠贷款。

（2）公积金贷款对象。并不是所有人都可以使用公积金贷款，住房公积金管理机构发放的住房抵押贷款对象是缴存住房公积金的在职职工，要求申请人持续缴存12个月住房公积金或已累计缴存24个月以上，且当前还在继续缴存。

（3）公积金贷款年限。住房公积金贷款的最高年限为30年。以夫妻双方年龄大的为准，年龄加上贷款年限不能超过70年，借款人的年龄与申请贷款期限之和，原则上不得超过其法定退休年龄后5年，即男职工可贷到65岁，女职工可以贷到60岁。

（4）公积金贷款利率。相对于商业住房贷款，住房公积金贷款具有利率较低，还款方式灵活，首付比例低的优点。目前，根据《中国人民银行关于下调个人住房公积金贷款利率的通知》，自2024年5月18日起，下调个人住房公积金贷款利率0.25个百分点，5年以下（含5年）和5年以上首套个人住房公积金贷款利率分别调整为2.35%和2.85%，5年以下（含5年）和5年以上第二套个人住房公积金贷款利率分别调整为不低于2.775%和3.325%。此次贷款利率调整范围既包括新发放的住房公积金个人住房贷款，又包括存量住房公积金贷款。对于已发放的公积金贷款，其利率将在下一年的1月1日进行调整。

（5）公积金贷款额度。确定公积金贷款额度时，需要考虑以下因素：最高可贷款额度、最高限额、账户公积金余额和信用等级。

① 最高可贷额度：职工申请购买90平方米（含）以下普通住宅的，住房公积金贷款最低首付款比例为20%；购买90～144平方米（含）普通住宅的，住房公积金贷款最低首付款比例为30%；购买144平方米以上普通住宅的，住房公积金贷款最低首付款比例为40%；二套房住房公积金贷款最低首付款比例为60%。

② 最高限额：不同地区公积金贷款的最高限额是不相同的。例如，北京的借款申请人购买政策性住房或套型建筑面积在90平方米（含）以下的首套自住住房，贷款最高限额为120万元，购买套型建筑面积在90平方米以上非政策性住房或第二套住房的，贷款最高限额为80万元；在上海购买首套住房，个人贷款最高限额为50万元，家庭贷款最高限额为100万元，购买改善性第二套非普通商品房，个人贷款最高限额为40万元，家庭贷款最高限额为80万元。

③ 账户公积金余额：职工申请住房公积金贷款的，贷款额度不得高于职工申请贷款时住房公积金账户余额（同时使用配偶住房公积金申请公积金贷款的，为职工及配偶住房公积金账户余额之和）的10倍，住房公积金账户余额不足2万元的按2万元计算。

④ 信用等级：公积金贷款额度按级别规定，A级最高能贷80万元，AA级最高能贷92万元，AAA级最高能贷104万元。

微课4-5

个人住房商业性贷款

2. 个人住房商业性贷款

个人住房商业性贷款是银行以信贷资金向购房者发放的贷款，俗称“按揭贷款”。它具体是指具有完全民事行为能力的自然人在购买城镇自住住房时，以其购买的产权住房为抵押，作为偿还贷款的保证而向银行申请的住房商业性贷款。

（1）适用对象。借款人应是具有完全民事行为能力的自然人，年龄在18（含）周岁到65（含）周岁之间，并且具有良好的信用记录和还款意愿。

（2）贷款金额。借款人在申请住房消费信贷时，银行不会给予全额贷款，一般会要求借款人支付房屋总价款的一定比例，这笔资金称为首付款。2024年5月17日，《中国人民银行 国家金融监督管理总局关于调整个人住房贷款首付款比例的通知》中指出，首套住房商业性个人住房贷款最低首付款比例调整为不低于15%，二套住房商业性个人住房贷款最低首付款比例调整为不低于25%。

（3）贷款期限。贷款期限最长30年，且借款人年龄与贷款期限之和不超过70年。两个（含）以上共同借款人借款的，可按照满足条件中年龄较小的确定贷款期限。

（4）贷款利率。贷款利率按照中国人民银行有关规定执行，同时参考贷款市场报价利率（LPR）。

（5）主要类型。个人住房商业性贷款主要分为个人住房按揭贷款、个人二手房贷款、个人商用贷款和个人转按揭贷款。

拓展阅读4-2

存量浮动利率贷款定价基准转换成LPR

① 个人住房按揭贷款。个人住房按揭贷款，又称一手房贷款，是银行向借款人发放的用于购买各种类型住房的贷款。贷款期限最长不超过30年。

② 个人二手房贷款。个人二手房贷款是银行向借款人发放的用于购买售房人已取得房屋产权证、具有完全处置权利、在二级市场上合法交易的个人住房或商用住房。

③ 个人商用贷款。个人商用贷款是指银行向借款人发放的购置新建自营型商业用房或自用办公用房的贷款。贷款期限最长不超过10年（含10年）。贷款数额一般不超过所购房屋价格的60%，贷款利率按中国人民银行规定的同期档次利率执行，不按个人贷款利率执行。

④ 个人转按揭贷款。个人转按揭贷款是指已在银行办理个人住房贷款的借款人在还款期间，由于所购房屋出售、赠与、继承等原因，将房屋产权和按揭借款同时转让给他人，并由银行为其做贷款转移手续的业务。

3. 个人住房组合贷款

个人住房组合贷款是指住房公积金中心和银行对同一借款人所购的同一住房发放的组合贷款。借款人申请住房公积金贷款不足以支付购房所需资金时，其不足的部分向银行申请商业性贷款。目前，并不是所有的地区都可以申请住房组合贷款。

（1）组合贷款的具体要求。个人住房组合贷款的借款人必须是同一个人，且组合贷款中公积金贷款部分和住房商业性贷款部分的贷款期限必须一致，最长为30年。组合贷款只有缴存住房公积金的职工才可以申请。

（2）贷款限额。公积金个人住房贷款和银行自营性个人住房贷款合计最高为所购住房销售价格或评估价值（以二者较低额为准）的80%。其中，公积金个人住房贷款最高额度须按照当地住房资金管理部门的有关规定执行。

（二）还款方式的选择

借款人在获得住房贷款后，需要定期向银行归还本息，贷款期限在1年以内（含1年）的，实行到期本息一次性清偿的还款方式，贷款期限在1年以上的，采取分期付款方式每月偿还，具体可分为等额本息还款法、等额本金还款法、等额递增还款法和等额递减还款法。借款人可以根据需要选择不同的还款方式。目前，最普遍、最常用的还款方式是等额本息还款法和等额本金还款法。

1. 等额本息还款法

等额本息还款法是指在贷款期限内每月以相等的金额平均偿还贷款本金和利息的还款方法。它是个人住房商业性贷款最常见的一种还款方式。等额本息还款可以直接通过理财计算器进行计算。

微课4-6

等额本息还款法

【例4-4】张先生购买了一套总价100万元的新房，首付20万元，贷款80万元，利率为6%，期限20年。如果采用等额本息还款法，请问张先生每月的还款额是多少？20年一共还了多少利息？第1个月所还的本金和利息分别是多少？张先生在还款5年后，还有多少本金未还？还了多少本金和利息？

案例解析：

（1）计算每月还款额。

利用理财计算器：P/Y=12，PV=800 000，I/Y=6，N=20×12=240，求得PMT=−5 731.45。因此，张先生每月的还款额为5 731.45元。

（2）计算20年一共偿还多少利息。

利用AMORT分期付款工作表：P1=1，P2=240，得到INT=−575 547.26。因此，张先生20年一共偿还利息575 547.26元，占贷款总额的72%。

（3）计算第1个月偿还的本金和利息。

利用AMORT分期付款工作表：P1=1，P2=1，得到PRN=−1 731.45，INT=−4 000.00。因此，张先生第1个月所还的本金为1 731.45元，利息为4 000元，利息占第1个月还款额的70%。

如果求单独一期偿还的本金和利息，则将P1和P2赋予相等值即可。例如，如果求第59期偿还的本金和利息，则将P1和P2的值都设为59即可。通过拆分第1个月还款的本金和利息，我们可以看出，虽然等额本息还款法下每月还款的本息和相等，但是本金和利息的占比不同，前期利息占比较大，本金占比较小，这也是等额本息还款法整期还款利息较多的原因之一。

（4）计算还款5年后的贷款余额、已偿还的本金和利息。

利用AMORT分期付款工作表：P1=1，P2=60，得到BAL=679 196.68，PRN=−120 803.32，INT=−223 083.68。因此，还款5年后，张先生还剩贷款679 196.68元未还，还了本金120 803.32元、利息223 083.68元。

由此可知，等额本息还款法的优点是借款人操作相对简单，等额支付月供方便贷款人合理安排每月收支，但缺点是整期利息金额较大。等额本息还款法适用于具有稳定收入来源的家庭和个人，如公务员、教师等。它是绝大多数客户采用的还款方式。

【例4-5】承接上例，如果张先生将贷款期限改为30年，其他要素不变，采用等额本息还款法，请问张先生每月的还款额是多少？30年一共偿还多少利息？

案例解析：

（1）计算每月还款额。

利用理财计算器：P/Y=12，PV=800 000，I/Y=6，N=30×12=360，求得PMT=−4 796.40。因此，张先生每月的还款额为4 796.40元。

（2）计算30年一共偿还的利息。

利用AMORT分期付款工作表：P1=1，P2=360，得到INT=−926 708.37。因此，张先生30年一共偿还利息926 708.37元，是贷款总额的1.16倍。

由此可知，在其他要素不变的情况下，贷款期限越长，整期偿还的贷款利息越多。案例中，在贷款利率为6%的情况下，贷款期限30年，整期需要偿还的贷款利息已超出了贷款的本金。

微课4-7

等额本金还款法

2. 等额本金还款法

等额本金还款法是指在贷款期限内按月偿还贷款的利息和本金，其中每月所还本金相等。等额本金还款法由于每期还款额不同，因此不能用理财计算器来完成①，而是将每期本金和利息分开计算。具体计算思路如下：

等额本金还款法最大的特点是每期所偿还的本金相等，因此先计算每月偿还的本金。具体的计算公式如下：

每月偿还本金 = 贷款金额÷贷款期数

每月偿还利息 = 贷款本金余额×月利率

每月偿还金额 = 每月偿还本金+每月偿还利息

整期所偿还的利息和 = 各月利息之和 = 第1个月利息+第2个月利息+…+第n个月利息

【例4-6】张先生购买了一套总价100万元的新房，首付20万元，贷款80万元，利率为6%，期限20年，采用等额本金还款法，请问第1个月偿还的本金和利息分别是多少？第1个月的还款额是多少？20年一共还了多少利息？

案例解析：

（1）计算第1个月偿还的本金。

第1个月偿还本金=800 000÷240 = 3 333.33（元）

（2）计算第1个月偿还的利息

第1个月偿还利息=800 000×（6%÷12）= 4 000（元）

（3）计算第1个月的还款额。

第1个月还款额 =3 333.33 + 4 000 = 7 333.33（元）

（4）计算20年一共偿还的利息金额。

20年所偿还的利息总额等于每月利息加总金额，但等额本金还款法每月所还利息金额不相等。因此，我们试着找到每月利息计算的相同点，合并同类项再相加，就会大大减少计算的工作量。

第1个月利息=800 000×0.5% = 3 333.33×240×0.5%

第2个月利息=（800 000 - 3 333.33）×0.5% = 3 333.33×239×0.5%

第3个月利息=（800 000 - 3 333.33×2）×0.5% = 3 333.33×238×0.5%

……

第239个月利息=（80 0000 - 3 333.33×238）×0.5% =3 333.33×2×0.5%

第240个月利息=（800 000 - 3 333.33×239）×0.5% =3 333.33×1×0.5%

20年利息总和 = 第1个月利息 + 第2个月利息+…+第240月利息

=3 333.33×240×0.5% + 3 333.33×239×0.5% +…+ 3 333.33×1×0.5%

合并同类项得到：

3 333.33×0.5%×（240 + 239 +…+ 1）

利用等差数列公式得到：

3 333.33×0.5%×（240 + 1）×240÷2=482 000（元）

因此，张先生20年一共偿还利息为482 000元。

由此可知，等额本金还款法的特点是初期还款额最高，随着贷款本金的逐月递减，还款额逐渐减少，还款负担逐渐减轻。与等额本息还款法相比，等额本金还款法整期偿还利息总额相对较少。等额本金还款法适用于初期还贷能力比较强、希望在还款初期偿

① 理财专用App金拐棍可以直接计算等额本金还款法，计算方法同等额本息还款法类似。但本书只介绍理财计算器的用法，因此等额本金还款法无法用理财计算器直接计算。

还较大款项来减少利息支出的借款人，或目前收入较高但预期收入会减少的人群。

【例4-7】黄先生打算购买一套120平方米、总价140万元的房子，向银行贷款110万元，贷款利率为5.4%，贷款期限20年。请问：1.当采用等额本息还款法时，黄先生每月的还款额是多少？20年一共偿还多少利息？还款8年后，黄先生还欠银行多少本金未还？还了多少本金和利息？2.当采用等额本金还款法时，黄先生每月偿还多少本金？第1个月还款金额是多少？20年共偿还了多少利息？3.比较两种还款方式，20年一共相差多少利息？

案例解析：

（1）采用等额本息还款法。

①计算每月还款额。

利用理财计算器：P/Y=12，PV=1 100 000，I/Y=5.4，N=20×12=240，求得PMT=−7 504.77。因此，黄先生每月的还款额为7 504.77元。

②计算20年一共偿还的利息。

利用AMORT分期付款工作表：P1=1，P2=240，得到INT=−701 143.77。因此，黄先生20年一共偿还利息701 143.77元。

③计算8年后的贷款余额、已偿还的本金和利息。

利用AMORT分期付款工作表：P1=1，P2=12×8=96，得到BAL=794 084.40，PRN=−305 915.60，INT=−414 542.32。因此，8年后，黄先生还剩贷款794 084.40元未还，还了本金305 915.60元、利息414 542.32元。

（2）采用等额本金还款法。

①计算每月偿还的本金。

每月偿还本金=1 100 000÷240 = 4 583.33（元）

②计算第1个月的还款额。

第1个月偿还利息=1 100 000×（5.4%÷12）= 4 950（元）

第1个月还款额 = 4 583.33 + 4 950 = 9 533.33（元）

③计算20年一共偿还的利息金额。

20年一共偿还利息=4 583.33×0.45%×（240 + 1）×240÷2= 596 474.57（元）

因此，黄先生20年一共偿还利息596 474.57元。

（3）计算两种还款方式下，20年的还款利息差额。

还款利息差额=等额本息还款法20年利息总额−等额本金还款法20年利息总额

=701 143.77−596 474.57

=104 669.20（元）

因此，20年等额本金还款法比等额本息还款法少还10万元左右的利息。

3.等额递增还款法

等额递增还款法是指还款额按固定金额递增的还款方法。等额递增还款法适用于目前收入一般、还贷能力较弱，但未来收入预期会增加的人群，如毕业不久的学生。目前收入不高的年轻人可优先考虑这种方法。

微课 4-8

等额本息与等额本金还款法的区别

4. 等额递减还款法

等额递减还款法是指还款额按固定金额递减的还款方法。等额递减还款法适用于目前还贷能力较强但预期收入会减少的人群。

等额本息还款法、等额本金还款法、等额递增还款法、等额递减还款法四种还款方式的比较，见表4-2。

表4-2　四种还款方式的比较

还款方式	等额本息	等额本金	等额递增	等额递减
缴费方法	每月偿还固定金额	每月偿还金额不固定，含利息和本金，初期利息占比较高，然后逐月递减	还款额按固定金额递增	还款额按固定金额递减
缴费负担	每月相同	期初较重，逐月减轻	逐月递增	逐月递减
全期偿付利息总额	较多	较少	较多	较少
优点	每月还款金额相同，容易做资金规划	越还越轻松，所付利息较少	初期负担较轻	后期负担较轻，全期所付利息较少
缺点	全期支付利息较高	每月还款金额不同，不易做规划	全期所付利息较多	初期负担重
适用对象	收入处于稳定状态的家庭，如公务员、教师等	经济能力较强，初期能负担较多还款、想省息的购房者	目前收入一般，还贷能力较弱，但未来收入预期会逐渐增加的人群，如毕业不久的年轻人	目前还贷能力较强，但预期收入会减少的人群，如中年人或未婚的白领人士

除了上述介绍的四种基本还款方式外，还有等比递增还款法、等比递减还款法、“随心还”还款法、“入住还”还款法和“气球贷”等。

（三）提前还贷

提前还贷是指当借款人具有一定偿还能力时，主动向贷款银行提出部分或全部提前偿还贷款的行为。

1. 提前还贷的三种情况

情况一：借款人在贷款时对自身的偿还能力估计不足。

情况二：借款人在贷款时根据成本效益原则使用较大的住房贷款额度，而将自有资金投入其他高利润的项目，贷款后投资项目收益情况发生改变，借款人因调整投资组合而提前偿还贷款。

情况三：借款人在贷款一段时间后收入增加，财务状况改善，有能力提前还款。

2. 提前还贷的方法

方法一：全部提前还款，即客户将剩余的全部贷款一次性还清。

方法二：部分提前还款。部分提前还贷分为以下三种情况：

微课 4-9

提前还贷

（1）剩余贷款保持每月还款额不变，还款期限缩短（此种方法节省利息较多）。

【例 4-8】王女士向银行贷款 40 万元，贷款期限 10 年（120 期），采用等额本息还款法，假设贷款利率为 6%。目前已还款 20 期，王女士由于发放年终奖 10 万元，准备提前还贷，请问在每月还款金额不变的情况下，王女士需要偿还多少期才可将贷款还完？

案例解析：

（1）计算每月还款额。

利用理财计算器：P/Y=12，PV=400 000，I/Y=6，N=120，求得 PMT=-4 440.82。因此，王女士每月的还款额为 4 440.82 元。

（2）计算 20 期后的还款金额。

利用 AMORT 分期付款工作表：P1=1，P2=20，得到 BAL=348 793.78。因此，20 期后王女士还欠银行贷款 348 793.78 元。

（3）扣除 10 万元年终奖后，还欠银行 248 793.78 元（348 793.78-100 000）。

（4）每月还款额不变，计算剩余还款期限。

利用理财计算器：P/Y=12，PV=248 793.78，I/Y=6，PMT=-4 440.82，求得 N=65.90。因此，王女士还剩 65.90 期才能将贷款还完。

（2）剩余贷款保持还款期限不变，每月还款额减少。

【例 4-9】承接上例，若王女士提前还款后，贷款期限则保持不变，请问她每月的月供是多少？

案例解析：

通过【例 4-8】我们已经得出，王女士 10 万元年终奖用于提前还款，还欠银行 248 793.78 元，贷款期限不变，即剩余贷款期限为 100 期（120-20），利用理财计算器：P/Y=12，PV=248 793.78，N=100，I/Y=6，求得 PMT=-3 167.63。因此，王女士每月的月供为 3 167.63 元。

3. 提前还贷需要注意的问题

（1）个人住房按揭贷款的提前还款，各家银行目前一般规定在借款期内、贷款发放满 1 年以后，经银行同意，借款人可书面申请提前归还部分或全部贷款。

（2）提前还贷的借款人一般需要提前 15 天持借款合同等相关资料向贷款机构提出书面申请。其中，公积金贷款向住房资金管理部门提出申请，银行商业性住房贷款向贷款银行提出申请，经其审核同意方可提前还款。

（3）提前还款需要支付一定的违约金。对于违约金的规定各家商业银行不尽相同。即使在同一家银行，不同时期申请的贷款，它的提前还贷条件也是各有不同的。提前还款的违约金一般在签订贷款合同时就已确定，因此在有提前还款意愿时，应在贷款合同中查找相应条款。

（4）投保了房贷险的借款人，在一次性还清所剩贷款时可申请退还保险金。

任务二 了解汽车消费支出规划

在发达国家，汽车贷款作为一种成熟的个人贷款产品，不仅为提供汽车贷款服务的金融机构带来了丰厚利润，还为推动轿车普及发挥了至关重要的作用。20世纪90年代末，我国部分商业银行开启了汽车信贷业务，并在2002年迎来了快速发展。中国市场上的汽车销量自2018年以来连续2年保持在4 000万辆左右，进入存量竞争态势。汽车消费金融作为促进汽车消费的有效手段，在汽车流通领域扮演着重要的角色。中国新车和二手车的金融渗透率较发达国家还有一定差距，存在较大的发展空间。

一、汽车消费贷款介绍

个人汽车消费贷款是指银行或金融机构对在其特约经销商处购买汽车的购车者发放人民币担保贷款的一种贷款方式。

（一）申请条件

（1）购车者必须年满18周岁，并且是具有完全民事行为能力的中国公民。

（2）购车者必须有一份较稳定的职业和比较稳定的经济收入或拥有易于变现的资产。

（3）信用记录良好并能够支付规定的首期付款。

（4）向银行提供银行认可的有效担保。

（二）贷款期限和贷款利率

1. 贷款期限

汽车消费贷款的期限一般为1～3年，最长不超过5年。

2. 贷款利率

汽车贷款利率根据贷款期限长短按中国人民银行公布的相应档次贷款利率执行。贷款期间遇到利率调整时，贷款期限在1年（含）以下的，按合同利率执行；贷款期限在1年以上的，于次年1月1日起按新利率执行。

（三）贷款金额

《中国人民银行 中国银行业监督管理委员会关于调整汽车贷款有关政策的通知》规定，贷款人发放自用车贷款的金额不得超过借款人所购汽车价格的80%，发放二手车贷款的金额不得超过借款人所购汽车价格的70%。各家银行对于贷款金额的规定也略有不同。

1. 中国工商银行的规定

以质押方式担保的，或银行、保险公司提供连带责任保证的，贷款最高额度可达到购车款的80%；以所购车辆或其他财产抵押担保的，贷款额度可高达购车款的70%；以第三方（银行、保险公司除外）保证方式担保的，贷款最高额度可达到购车款的60%。

2. 中国建设银行的规定

所购车辆为自用车的，贷款金额不超过所购汽车价格的80%；所购车辆为商用车的，贷款金额不超过所购汽车价格的60%。

3. 中国银行的规定

基于一般客户贷款限额原则，贷款金额不高于汽车价格的60%；基于优质客户提供担保原则，贷款金额不高于汽车价格的70%；基于优质客户贷款限额原则，贷款金额不高于汽车价格的70%。

（四）贷款担保

对于贷款担保条件，各家银行的规定也略有不同。

1. 中国建设银行的规定

借款人申请个人汽车贷款必须提供一定的担保措施，包括车辆抵押、车辆抵押+第三方保证等。

2. 中国邮政储蓄银行的规定

借款人以所购车辆提供抵押担保。同时，还可追加合作机构或自然人保证、合作机构或自然人缴纳一定金额的保证金，以及该行认可的其他担保方式。

（五）还款方式

个人汽车消费信贷的还款方式与个人住房贷款的还款方式大致相同。无论期限在1年以内（含1年）还是1年以上，均可以采用等额本金和等额本息的方式按月（季）偿还本金和利息。期限在1年以内（含1年）的还可以一次性还本付息或按月付息到期还本。

浦发银行规定：贷款期限在1年以内（含1年）的，可采用按月付息到期还本或按月还本付息的还款方式；贷款期限在1年以上的，可采用按月还本付息的还款方式；还可根据借款人的收支特点，采用多样性还款方式。

二、汽车消费贷款种类选择

（一）我国汽车消费贷款的种类

目前，我国汽车消费贷款主要有银行汽车贷款和汽车金融公司贷款两种方式。近几年，信用卡分期购车和小额贷款公司贷款也呈现上升趋势。

1. 银行汽车贷款

银行汽车贷款是银行对在其特约经销商处购买汽车的购车者发放人民币担保贷款的一种贷款方式，是我国采用最普遍的购车贷款方式。

2. 汽车金融公司贷款

汽车金融公司，是指经中国银行业监督管理委员会（现为国家金融监督管理总局）批准设立的，为中国境内的汽车购买者及消费者提供金融服务的非银行金融机构。目前，我国汽车金融公司主要分为两类：一是厂商系汽车金融公司，主要股东为汽车厂商；二是独立的汽车金融公司，主要股东为经销商。

在国外，通过汽车金融公司贷款购车是最为普遍的购车贷款方式。在国内，少数的汽车金融公司，如上汽通用、创富、大众、福特、丰田、戴克和北京现代等，可以提供购车贷款服务，且所提供的服务各有特色，分别适用于不同的车型。

3. 信用卡分期购车

信用卡分期购车是银行机构推出的一种信用卡分期业务。持卡人可申请的信用额度为2万元～20万元，部分银行视情况而定。信用卡分期购车的分期期限有12个月、24

个月、36个月三类。信用卡分期购车不存在贷款利率，银行只收取手续费，不同分期的手续费率各有不同。

由于信用卡的信用额度有限，发卡银行一般要求持卡人必须提供财力证明。银行认可的财力证明包括房产证或商品房销售（预售）合同及购房发票。有的银行要求信用卡具备10万元～20万元的透支额度，有的银行允许信用良好的持卡人单独申请信用额度分期购车。目前，我国有中国建设银行龙卡分期购车业务、中国银行“车贷通”（仅限北京地区）业务、招商银行“车购易”业务、民生银行“购车通”业务、中国工商银行牡丹卡分期购车业务，以及部分地方城市商业银行（如汉口银行、宁波银行等）的分期购车业务。

（二）银行贷款与汽车金融公司贷款比较

1. 贷款比例及年限

银行贷款的首付款为车价的30%，贷款年限一般为3年，需要缴纳车价10%左右的保证金及相关手续费。而汽车金融公司贷款的首付比例低、贷款时间长，即首付最低为车价的20%，最长年限为5年，不用缴纳抵押费，很大程度上缓解了购车者的资金压力。

2. 贷款利率

相比较而言，银行汽车贷款利率较低，严格依照中国人民银行规定的同期贷款基准利率来确定。而汽车金融公司贷款的利率相对较高，为基准利率上浮10%左右。

3. 贷款手续

通常来说，银行贷款手续比较繁杂，需要提供户口本、房产证等资料，还要以房屋做抵押，或找担保公司担保，缴纳保证金及手续费。持外省户口者想申请银行汽车贷款比较困难。而汽车金融公司贷款则不需要购车者提供任何担保，只要有固定职业和居所、稳定的收入及还贷能力、个人信用良好即可。在一定条件下，持外省户口者也可以申请汽车金融公司贷款。

任务三　制订消费支出规划方案

微课 4-10

制订消费支出规划方案

在前面的任务中，我们介绍了有关住房消费以及房贷、车贷方面的相关知识。众所周知，购房支出在我们一生的支出当中占有较大比重。接下来，我们将介绍购房规划的方案设计。在实际操作中，理财规划师不仅需要掌握理论知识，还需要关注国家关于房地产的相关政策变化，为客户制订购房规划方案。

一、前期准备工作：了解国家关于房地产市场宏观政策

近年来，随着我国房价快速增长后的相对回落，国家宏观政策的变动引起了房价和贷款成本的变动。因此，只有了解国家政策，才能更好地帮助客户选择购房时机，并在房地产市场发生变化时及时调整方案。尤其对选择贷款买房的客户来说，央行对房贷政策的调控会直接影响其整个的购房规划。例如，央行实行紧缩房产政策，即提高首付款

比例、贷款利率上浮、贷款额度收紧、贷款审批周期延长等，这一政策会对贷款人的购房规划产生很大的影响。因此，购房者应全面了解国家的宏观经济政策，争取在宽松政策下贷款买房，这样做不但能节约贷款时间，还能节省不少成本。

二、购房规划具体步骤

（一）确定客户购房意愿，了解客户购房目标

购房目标包括家庭计划购房的时间、希望居住的面积、届时的房价三大要素。由于未来房价存在不确定性，因此在确定购房目标时，应结合专业性的报告和房地产的历史价格，适当地估算未来的房价。

（二）收集客户的财务信息和非财务信息

（1）掌握客户资产信息：有无住房、有哪些金融资产可作为购房的启动资金。

（2）掌握客户负债信息：有无银行贷款。

（3）掌握客户收入、支出信息：客户月结余（收入-支出）。

（三）帮助客户制定购房目标

在确定客户的购房目标后，应对客户财务状况进行分析，在保障客户的财务弹性下，以其储蓄及还贷能力估算负担得起的房屋总价，以及每月需承担的费用。需要注意的是，除房屋价款外，还需要缴纳契税、印花税、房屋买卖手续费等税费。加总上述费用，就可以得到客户在预期购房时点上的资金需求，即购房要实现的财务目标。

（四）帮助客户进行贷款规划

1. 贷款方式选择

目前，个人住房贷款主要有住房公积金贷款、个人住房商业性贷款和个人住房组合贷款三种方式。由于住房公积金贷款的利率低于商业住房贷款的利率，因此建议参加住房公积金缴存的客户尽量采用公积金贷款。无公积金账户或公积金账户金额较少的客户，则可采用商业贷款。由于各地区的相关规定不同，一些地区不支持组合贷款，因此大部分客户要在公积金贷款和商业贷款之间权衡。

2. 还款方式选择

一般来说，商业银行主要支持的还款方式是等额本息还款法和等额本金还款法。等额本息还款法每期还款额相等，但整期偿还利息总额较高；等额本金还款法整期偿还利息总额相对较少，但最初承担的还款负担比较重。因此，客户应根据不同还款方式的特点及其自身状况进行选择。

3. 贷款期限选择

贷款期限最长为30年，且贷款期限越长每月还款额越少，即贷款期限越长每月还款负担越轻。因此，大部分客户都会选择相对较长的贷款期限来减轻每月的还款压力，但是期限越长，整期偿还的利息金额也就越多。如何选择贷款期限，需要在每月还款压力和整期利息偿还总额之间寻找平衡点。

（五）购房计划的实施

大多数人在交付首付款后，就要选择贷款方式（公积金贷款和住房商业性贷款）。

（六）调整住房商业信贷方案

对一些客户来说，随着收入的逐年增加或未来金融资产的变现会考虑提前还款。由于无论采用哪种还款方式，都是在初期利息占比较重，随着时间推移利息比重逐渐降低、本金比重逐渐增加。因此，有提前还款打算的客户应在还款期限前三分之一时点进行提前还款；否则，还款期限过半再进行提前还款就不划算了。这是因为前期我们偿还的贷款金额大部分都是利息。同时，在比较两种还款方式的不同后，建议打算提前还款的客户在选择还款方式时，采用等额本金还款法。

【例4-10】梁先生为外企员工，每月的收入为14 000元，每月结余为7 500元。由于梁先生每月的支出较大，因此他的还贷能力较弱，但其职业前景较好，预计未来收入会逐渐增加。目前，梁先生通过个人住房商业性贷款购买了一套住房，贷款总额为70万元，期限为15年，贷款利率为6.5%。梁先生听说有等额本息和等额本金两种还款方式，想请理财经理为其测算哪种还款方式比较适合自己。两种还款方式相差多少整期利息？若采用等额本息还款法，在还款4年后，梁先生有一笔15万元的年终奖可用于提前还款，在月供保持不变的条件下，可提前多少年还完贷款？

案例解析：

首先，还款方式的选择。

（1）采用等额本息还款法。

① 测算每月还款额。

利用理财计算器：P/Y=12，PV=700 000，I/Y=6.5，N=15×12=180，求得PMT=−6 097.75元。因此，梁先生每月还款额为6 097.75元。

② 测算利息总额。

利用AMORT分期付款工作表：P1=1，P2=180，得到INT=−397 595.51。因此，梁先生15年共偿还利息397 595.51元。

（2）采用等额本金还款法。

① 测算第1个月还款额。

第1个月还款额 = 第1个月偿还本金 + 第1个月利息

= 700 000÷180 + 700 000×6.5%÷12

= 7 680.56（元）

② 测算利息总额。

15年共偿还利息 = 3 888.89×6.5%÷12×（1+180）×180÷2= 343 145.93（元）

由于梁先生每月结余为7 500元，而等额本金还款法第1个月还款额超出月结余，因此建议梁先生选择等额本息还款法。

其次，测算两种还款方式的整期利息差。

经过计算，等额本息还款法的利息总额为397 595.51元，等额本金还款法的利息总额为343 145.93元，两种还款方式的整期利息相差54 449.58元。

最后，提前还款的选择。

（1）计算还款4年后的贷款余额。

利用AMORT分期付款工作表：P1=1，P2=48，得到BAL = 573 972.74。因此，还款

4年后，梁先生还有贷款573 972.74元未还。

（2）提前还款。

由于提前还款15万元，因此还欠银行贷款423 972.74元（573 972.74-150 000），保持月供不变，即每月还款额为6 097.75元。利用理财计算器：P/Y=12，PV=423 972.74，PMT=-6 097.75，I/Y=6.5，求得N=87.48。因此，还需偿还贷款7.29年，比未提前还款少3.71年（15-4-7.29）。也就是说，提前还款后，梁先生可以提前约4年还清贷款。

项目小结

1. 根据目的不同，住房支出可分为住房消费和住房投资两类。目前，我国大多数家庭在购买住房时消费目的和投资目的并存。

2. 购房的财务决策有两种基本方法：一是以储蓄及还贷能力估算负担得起的房屋总价；二是按想购买的房屋来计算首付和月供。

3. 目前，我国各商业银行开办的个人住房消费信贷主要包括个人住房公积金贷款、个人住房商业性贷款和个人住房组合贷款。其中，个人住房商业性贷款可分为个人住房按揭贷款、个人二手房贷款、个人商用贷款和个人转按揭贷款。

4. 贷款的还款方式主要分为等额本息还款法、等额本金还款法、等额递增还款法和等额递减还款法。我们应掌握等额本息还款法和等额本金还款法各自的含义、优缺点、适用人群以及还款金额和还款利息的测算方法。目前，在个人住房贷款中，大多数客户采用的是等额本息还款法。

5. 个人汽车消费贷款是指银行或金融机构对在其特约经销商处购买汽车的购车者发放人民币担保贷款的一种贷款方式。目前，我国汽车消费贷款最主要有银行贷款和汽车金融公司贷款两种方式，信用卡分期购车和小额贷款公司贷款近些年也呈上升趋势。

6. 在制订消费支出规划方案时，首先要了解国家关于房地产的相关政策，然后沿着确定客户购房意愿—了解客户购房目标—收集客户财务及非财务信息—帮助客户制定购房目标—帮助客户进行贷款规划—购房计划的实施—调整住房商业信贷方案的思路来实施。

项目训练

■ 基础知识训练

一、名词解释

等额本息还款法　等额本金还款法

二、单项选择题

1. 以下各项中，不属于理财规划师在为客户制订住房消费方案时应把握的原则是（　　）。

A. 无须一次到位　　　　B. 不必盲目求大

C.量力而行　　D.买大面积的房子

2.个人住房按揭贷款的期限最长不超过（　　）。

A.10年　　B.20年　　C.30年　　D.40年

3.（　　）是指已在银行办理个人住房贷款的借款人在还款期间，由于所购房屋出售、赠与、继承等原因，房屋产权和按揭借款需要同时转让给他人，并由银行为其做贷款转移手续的业务。

A.个人按揭贷款　　B.个人二手房贷款

C.个人商用贷款　　D.个人转按揭贷款

4.（　　）适合收入较高、还款初期希望归还较大款项来减少利息支出的借款人。

A.等额本金还款法　　B.等额本息还款法

C.等额递减还款法　　D.等额递增还款法

5.关于购房需要缴纳税费的表述，错误的是（　　）。

A.个人首次购买90平方米以下普通住房的，契税税率为1%

B.个人购买建筑面积在144平方米以上的房产，契税税率为3%

C.单位和个人与房地产开发商在签订商品房买卖合同时，按照购销金额0.05‰贴花

D.个人从有关部门领取房屋产权证时，每件贴花5元

6.汽车消费贷款的期限一般为1～3年，最长不超过（　　）。

A.3年　　B.5年　　C.10年　　D.15年

三、多项选择题

1.以下选项中，适合租房的个人或家庭有（　　）。

A.刚刚踏入社会的年轻人　　B.工作地点与生活范围均不固定者

C.储蓄不多的家庭　　D.不急需买房且辨别不清房价走势者

E.收入稳定的白领

2.关于购房需要缴纳的印花税的表述，正确的有（　　）。

A.单位和个人与房地产开发商在签订商品房买卖合同时，按照购销金额0.5‰贴花

B.购房者与商业银行在签订个人购房贷款合同时，按借款额的0.05‰贴花

C.个人从有关部门领取房屋产权证时，每件贴花5元

D.个人出租房屋，签订房屋租赁合同时，按租赁金额1‰缴纳，不足1元，按1元贴花

E.个人出售住房，签订产权转让书据时，按所载金额5‰贴花

3.关于还款方式的表述，错误的有（　　）。

A.等额本息还款法的优点是借款人操作相对简单，等额支付月供可方便贷款人合理安排每月收支。

B.等额本金还款法的特点是初期还款额最高，随着贷款本金的逐月递减还款额逐渐减少，还款负担逐渐减轻

C.与等额本息还款法相比，等额本金还款法的整期利息较多

D.等额本金还款法适用于具有稳定收入来源的家庭和个人，如公务员、教师等

E.等额本息还款法是绝大多数客户采用的还款方式

4. 关于公积金贷款的表述，正确的有（　　）。

A. 住房公积金贷款是住房公积金管理中心运用职工以其所在单位缴纳的住房公积金，委托商业银行向购买、建造、翻修、大修自住住房、集资合作建房的住房公积金存款人发放的优惠贷款

B. 所有人都可以申请住房公积金贷款

C. 住房公积金贷款的最高年限为35年

D. 住房公积金贷款的对象是缴存住房公积金的在职职工，要求申请人须持续缴存12个月的住房公积金或已累计缴存24个月以上，且当前还在继续缴存

E. 住房公积金贷款年限以夫妻双方年龄大的一方为准，年龄加上贷款年限不能超过70年

5. 个人住房商业性贷款可分为（　　）。

A. 个人住房按揭贷款　　B. 个人二手房贷款

C. 个人商用贷款　　D. 个人转按揭贷款

E. 个人组合贷款

四、判断题

1. 住房消费贷款中，当银行贷款利率相同、贷款金额相同时，等额本息还款法与等额本金还款法支付的利息相同。（　　）

2. 个人商用贷款最高贷款期限为30年。（　　）

3. 购房的目标包括家庭计划购房的时间、希望居住的面积、届时的房价三大要素。（　　）

4. 住房负担比=房屋月供款÷月税后收入，合理的住房负担比为25%～30%。（　　）

5. 个人住房组合贷款的贷款人必须是同一个人，且组合贷款中公积金贷款部分的贷款期限和住房商业性贷款部分的贷款期限必须一致，最长为30年。（　　）

6. 汽车金融公司贷款是我国采用最普遍的贷款购车方式。（　　）

7. 相比较而言，银行汽车贷款利率较低，并严格按照中国人民银行规定的同期贷款基准利率来确定，而汽车金融公司贷款的利率相对较高。（　　）

8. 住房消费是指居民为取得住房提供的庇护、休息、娱乐和生活空间等服务而进行的消费。住房消费以购房和租房两种形式来实现。（　　）

■ 实践操作训练

训练一

目的：掌握购房财务决策的基本方法

内容：为了以后小孩能够到重点学校念书，钱先生计划5年后贷款购买一套学区房。钱先生现有购房准备金20万元，家庭年收入为12万元，假设储蓄比率为60%，预期投资收益率为5.5%，房贷利率为6.49%，贷款期限为25年。

要求：当采用等额本息还款法时，钱先生可负担的房屋总价是多少？

训练二

目的：掌握等额本息还款法和等额本金还款法的计算方法

内容：老李打算购买一套200平方米、总价为350万元的房子，首付110万元，向银行贷款240万元，贷款利率为6.5%，贷款期限为30年。

要求：（1）当采用等额本息还款法时，老李每月月供金额、30年偿还利息总额分别是多少？

（2）当采用等额本金还款法时，老李每月偿还本金、30年偿还利息总额分别是多少？

训练三

目的：掌握提前还贷的基本方法

内容：常女士向银行贷款120万元，贷款期限20年，采用等额本息还款法，假设贷款利率为6%。目前，已经还款5年，常女士由于发放年终奖15万元，准备提前还贷。

要求：（1）当每月还款金额不变时，常女士的剩余贷款期数是多少？

（2）当还款期限不变时，常女士新的月供金额是多少？

项目五 保险规划

学习目标

知识目标

★了解风险的含义、特征、分类。

★掌握风险管理方法。

★掌握保险、保险规划的原则。

★掌握保险险种。

技能目标

★能够根据客户的家庭信息，分析并确定客户家庭面临的风险，使客户理解保险在家庭风险管理中的特定功能。

★能够根据客户的风险管理需求，结合保险规划的原则和其家庭的风险和收入状况，为客户制订合适的保险规划方案。

素养目标

★熟悉保险理赔相关法规与政策，提高金融职业素养。

★引导学生从客户家庭的实际状况出发，树立以“客户为中心”的服务理念。

案例导入

《此生未完成》的作者于娟，32 岁，海归，博士，复旦大学优秀的年轻教师，一个 2 岁孩子的母亲，2009 年 12 月确诊患乳腺癌后，在患病 1 年多的时间里写下病中日记，写出了人生感悟：“在生死临界点的时候，你会发现，任何的加班（长期熬夜等于慢性自杀），给自己太多的压力，买房买车的需求，这些都是浮云。如果有时间，好好陪陪你的孩子，把买车的钱给父母买双鞋子，不要拼命去换什么大房子，和相爱的人在一起，蜗居也温暖。”为了给她治病，丈夫卖了上海的房子，父母卖了山东老家 2 套房子，后期不得不接受大家的捐款…… 全家人百般努力，他们夫妻在复旦、交大的领导、同事和朋友都为她伸出援手，还是没能留住于娟的生命。于娟于 2011 年 4 月 19 日辞世。在这里，我们看到作者尽管经受病痛的折磨，但仍坚持在生命的垂危之际警示大家“珍爱生命、关注健康”。这个案例折射出生命脆弱和人生无常，尽管用尽各种办法也没能挽救年轻的生命，但也让我们反思，如果在生病之前做足了保险规划，或多或少能减轻逝者的后顾之忧，也不至于卖掉多套房子，也不会让老人在失去女儿的同时，又失去经济上的保障。上有老、下有小的中年人，是家庭经济支柱，一旦遭遇风险，对整个家庭的打击可能是毁灭性的。在中国，每2周就有7万人英年早逝（20～59岁），每年有1 000万人会因为家庭经济支柱的倒下，而陷入财务困境。

资料来源：作者根据相关资料编写。

在我们的工作和生活中，风险无处不在，如自然灾害、意外事故、生老病死等。风险的发生给我们带来了巨大损失，打破了正常的生产和生活秩序。认识风险，做好风险管理刻不容缓。保险是风险管理中的重要工具。我们可以通过购买保险来进行风险管理，让我们从容地面对风险。那么，如何利用保险进行风险管理呢？风险管理与保险规划会带给我们想要的答案。

任务一　认识保险

一、保险的含义

保险是处理风险的一种方法，是一种以经济保障为基础的金融制度。它是通过收取保险费的方法，建立保险基金；以合同安排的形式，由大多数人来分担少数人的损失，实现保险购买者风险转移和理财计划的目标。按照《中华人民共和国保险法》第二条的规定，保险是指投保人根据合同约定，向保险人支付保险费，保险人对于合同约定的可能发生的事故因其发生所造成的财产损失承担赔偿保险金责任，或者当被保险人死亡、伤残、疾病或者达到合同约定的年龄、期限等条件时承担给付保险金责任的商业保险行为。

二、保险相关概念

1. 保险人

保险人是指与投保人订立保险合同，并按照合同约定承担赔偿或者给付保险金责任的保险公司。

2. 投保人

投保人是指与保险人订立保险合同，并按照保险合同负有支付保险费义务的人。

3. 被保险人

被保险人是指其财产或人身受保险合同保障，享有保险金请求权的人。

4. 受益人

受益人是人身保险合同特有的关系人，是指由被保险人或者投保人指定（投保人指定须经被保险人同意）享有保险金请求权的人。投保人、被保险人均可为受益人。

5. 保险金额

保险人承担赔偿或者给付保险金的最高限额。保险金额也是计算保险费的依据。在人身保险合同中，一般依据被保险人或者受益人的实际需要和投保人交付保险费的能力等因素，协商确定保险金额。

6. 保险费

保险费是购买保险产品和服务需要支付的价格，由投保人缴纳，保险人收取。投保人支付或者承诺支付保险费是保险合同生效的必要条件。

7. 保险金

保险金，又称保险赔款，是在保险事故发生时由保险人依照合同赔付给被保险人的金额。

三、保险的基本原则

保险的基本原则是在保险业经营和发展过程中逐渐形成并被公认的行业基本原则。保险的基本原则贯穿于整个保险业务。坚持这些原则有利于维护保险双方的合法权益，有利于发挥保险的职能和作用，有利于保障人们的生活安定。

微课5-1 保险基本原则

（一）最大诚信原则

1. 最大诚信原则的含义

保险合同当事人订立合同及在合同有效期内，应依法向对方提供足以影响对方作出订约与履约决定的全部实质性重要事实，同时信守合同订立的约定与承诺；否则，受到损害的一方按民事立法规定，可以此为由宣布合同无效，或解除合同，或不履行合同约定的义务或责任，甚至对因此而受到的损害要求对方予以赔偿。

微课5-2 保险合同中重要的“最大诚信”原则

2. 最大诚信原则的内容

（1）告知。告知是指合同订立前、订立时及在合同有效期内，要求当事人实事求是、尽自己所知、毫无保留地向对方所做的口头或书面陈述。具体而言，投保人对已知或应知的与风险和标的有关的实质性重要事实向保险人进行口头或书面的申报；保险人也应把与投保人利害相关的重要条款内容据实告知投保人。投保人与保险人的告知也是投保人与保险人应当履行的义务之一。

所谓实质性重要事实，是指那些影响保险双方当事人是否签约、签约条件、是否继续履约、如何履约的每一项事实。对保险人来说，实质性重要事实是指那些影响保险人确定收取保险费的数额或影响其是否承保以及确定承保条件的事实；对投保人来说，实质性重要事实是指那些会影响其作出投保决定的事实，如有关保险条款、费率以及其他条件等。

（2）保证。一般意义的保证为允诺、担保。保险中的保证是指保险人和投保人在保险合同中约定，投保人或被保险人在保险期限内担保对某种特定事项的作为或不作为或担保其真实性。可见，保险合同保证义务的履行主体是投保人或被保险人。

保证是保险人接受承保或承担保险责任所需投保人或被保险人履行某种义务的条件。由于保险合同的生效是以某种促使风险增加的事实不能存在为先决条件，因此保险人所收取的保险费也是以被保险风险不能增加为前提，或以不能存在其他风险标的为前提。如果被保险人未经保险人同意而进行风险较大的活动，必然会影响保险双方事先确定的等价地位。例如，某商店在投保企财险时，在合同内承诺不在店内放置危险品，此项承诺即保证。如果没有此项保证，则保险人将不接受承保，或将调整保单所适用的费率。因此，保证是影响保险合同效力的重要因素，保险保证的内容是合同的组成部分。

（3）弃权。弃权是指保险合同的一方当事人放弃其在保险合同中可以主张的某项权利，通常是指保险人放弃保险合同的解除权与抗辩权。构成弃权必须具备两个条件：首先，保险人必须有弃权的意思表示。这种意思表示可以是明示的，也可以是默示的。其次，保险人必须知道有权利存在。

（4）禁止反言。禁止反言，又称禁止抗辩，是指保险合同一方既已放弃其在合同中的某项权利，日后不得再向另一方主张这种权利。事实上，无论是保险人还是投保人，如果弃权，将来均不得重新主张。在保险实践中，禁止反言主要用于约束保险人。

3. 违反最大诚信原则的法律后果

各国法律对违反最大诚信原则的处分是区别对待的：一是要区分其动机是无意还是有意的。对有意的处分比无意的重；二是要区分其违反的事项是否属于重要事实，对重要事实的处分比非重要事实重。

（1）违反告知的法律后果。由于保险合同双方当事人各自履行告知义务的形式和告知的内容不同，因此双方违反最大诚信原则而导致的法律后果也各不相同。

投保人、被保险人或受益人违反告知的法律后果，主要包括：①故意不履行如实告知。投保人、被保险人或受益人故意隐瞒事实，不履行告知义务的，保险人有权解除保险合同。在保险人解约之前发生保险事故造成保险标的损失，保险人可以不承担赔偿或给付责任，也可以不退还保险费。②重大过失不履行如实告知义务。投保人、被保险人或受益人违反告知义务的行为是因重大过失、疏忽而致，其未告知的事项足以影响保险人决定是否同意承保或者提高保险费率的，保险人有权解除合同。未告知的事项对保险事故的发生有严重影响的，保险人可以解除保险合同，对在合同解除之前发生的保险事故所致损失，不承担赔偿或给付责任，但可以退还保险费。③编造虚假事故原因或扩大损失程度。保险事故发生后，投保人、被保险人或受益人以伪造、变造的有关证明、资料或其他证据编造虚假的事故原因或者扩大损失程度的，保险人对其虚报的部分不承保赔偿或给付保险金的责任。④未就保险标的危险程度显著增加的情况通知保险人。在财产保险中，被保险人未按保险合同约定，将财产保险的保险标的危险显著增加的情况及时通知保险人，对因保险标的危险程度显著增加而发生的保险事故，保险人不承担赔偿保险金的责任。

投保人、被保险人或受益人违反告知义务的行为，不管投保人、被保险人或受益人的动机如何，都会给保险人利益带来不同程度的损害。因此，各国保险法律原则上规定，只要违反了告知义务，保险人有权宣告合同无效或不承担赔偿责任。

（2）违反保证的法律后果。任何不遵守保证条款或保证约定、不信守合同约定的承诺或担保的行为，均属于违反保证。保险合同涉及的所有保证内容都是重要的，无须判定其重要性，投保人与被保险人都必须严格遵守。如有所违背与破坏，其后果一般有两种情况：一是保险人不承担赔偿或给付保险金责任；二是保险人有权解除保险合同。

与告知不同，保证是对某个特定事项的作为与不作为的保证，不是对整个保险合同的保证。因此，在某种情况下，违反保证条件只是部分地损害了保险人的利益，保险人只应就违反保证部分解除保险责任，拒绝承担履行赔偿义务。例如，保险合同中订有要求被保险人外出时必须将门窗关闭和锁闭的保证条款，某被保险人违反了该项保证条款致使保险事故发生。对此，保险人应仅就此违反的保证事项而拒绝赔偿被保险人的损失，但不能就此解除保险合同。被保险人破坏保证而使合同无效时，保险人无须退还保费。

【例5-1】2023年，上海郊县一妇女因患高血压在家休息，8月她投保了保险金额20万元、期限20年的人寿保险，投保时隐瞒了病情。2024年2月，该妇女高血压病情发作，不幸去世。被保险人的丈夫作为家属请求保险公司给付保险金。请问保险公司是否应该履行给付责任？

案例解析：

因为投保人在投保时隐瞒了病情，违反了如实告知义务，所以保险公司有权解除保险合同，不承担给付保险金的责任，也可以不退还保险费。

（二）保险利益原则

1. 保险利益的含义

保险利益，又称可保利益，是指投保人或被保险人对保险标的所具有的法律上承认的利益。它体现了投保人或被保险人与保险标的之间的经济上的利害关系。

2. 保险利益原则的含义

保险利益原则是指在签订保险合同和履行保险合同过程中，投保人或被保险人对保险标的必须具有保险利益。如果投保人对保险标的不具有保险利益，保险人可以解除合同；保险合同生效后，投保人或被保险人失去了对保险标的的保险利益，保险合同随之失效（人身保险合同除外）；保险标的发生保险责任事故，只有对该标的具有保险利益的人才具有索赔资格，但是所得到的赔偿或给付的保险金不得超过其保险利益额度，不得因保险而获得额外利益。

3. 保险利益原则在保险规划中的运用

（1）人身保险的保险利益的确定。根据《中华人民共和国保险法》的规定，在人身保险中，投保人对以下人员具有可保利益：本人；配偶、子女、父母；前项以外与投保人有抚养、赡养关系的家庭其他成员、近亲属；与投保人有劳动关系的劳动者；被保险人同意投保人为其订立合同的，视为投保人对被保险人具有保险利益。

（2）财产保险的保险利益的确定。财产保险合同保障的并非财产本身，而是财产中所包含的保险利益。该保险利益是投保人或者被保险人对保险标的具有某种利害关系而产生的，这种利害关系一般指的是因法律上或契约上的权利或责任而产生的利害关系，即凡因财产发生风险事故而蒙受经济损失或因财产安全而得到利益或预期利益者，均具有财产保险的保险利益。

4. 保险利益的时效

（1）人身保险的保险利益时效。人身保险的保险利益必须在保险合同订立时存在，保险事故发生时是否具有保险利益并不影响合同效力。

（2）财产保险的保险利益时效。一般情况下，财产保险的保险利益必须存在于从保险合同订立到损失发生的全过程中。

（三）近因原则

近因原则是判断保险事故与保险标的损失之间的因果关系，从而确定保险赔偿责任的一项基本原则。在保险实践中，对保险标的损害是否进行赔偿是由损害事故发生的原因是否属于保险责任来判断的。

1. 近因的含义

近因是指在风险和损害之间，导致损害发生的最直接、最有效、起决定作用的原因，而不是指时间上或空间上最近的原因。例如，船舶因遭受鱼雷的袭击而进水，导致沉没。若以时间上最接近沉船事故为理由而判定海水的进入为近因是不合理的。因此，当损失的原因有两个以上，且各个原因之间的因果关系尚未中断时，其最先发生并造成一连串损失的原因即为近因。

2. 近因原则在保险规划中的运用

在保险规划运用中，近因原则有两层基本含义：一是规定近因的认定方法；二是在风险与保险标的损失的关系中，如果近因属于被保风险，保险人就应负赔偿责任。也就是说，当被保险人的损失是直接由于保险责任范围内的事故造成时，保险人才给予赔付；若近因属于除外风险或未保风险，则保险人不负赔偿责任。

【例 5-2】2023 年 12 月 29 日上午 7 点左右，某公司员工朱某上班途中突然倒地不醒。警方接警后会同 120 救护人员将朱某送往医院救治，但不治身亡。同日，经公安机关进行尸检，确认朱某死亡原因为猝死。朱某所属的公司曾于 2023 年 5 月 5 日为其向保险公司投保了为期 1 年的团体人身意外伤害保险，平均每人为 6 万元。2023 年 12 月 19 日，朱某体检正常。公司认为应由保险公司支付赔偿金，但遭到保险公司拒绝。

案例解析：

此案例拒赔的理由是导致朱某身亡的近因为疾病，不是意外伤害，不属于保险责任。

（四）损失补偿原则

在损失补偿原则中，关于损失补偿的含义有两层：一是只有保险事故发生造成保险标的毁损致使被保险人遭受经济损失时，保险人才承担损失补偿的责任；否则，即使在保险期限内发生了保险事故，只要被保险人没有遭受损失，就无权要求保险人赔偿。这是损失补偿原则的规定。二是被保险人可获得的补偿量仅以其保险标的遭受的实际损失为限，即保险人的补偿恰好能使保险标的在经济上恢复到保险事故发生之前的状态，而不能使被保险人获得多于或少于损失的补偿，尤其是不能让被保险人通过保险赔偿获得额外的利益。这是损失补偿原则的限定。损失补偿原则主要适用于财产保险以及其他补偿性保险合同，如财产损失保险、责任保险、信用保证保险和一部分健康保险都属于补偿性保险，但是人寿保险和意外伤害保险不适用该原则。

损失补偿原则体现了保险的宗旨。坚持这一原则对维护保险双方的正当权益、防止被保险人通过保险赔偿而得到额外利益、避免道德风险的产生具有重要的意义。该原则仅仅适用于补偿性保险，不适用于给付性保险。

四、保险规划常用的人身保险条款

微课5-3

保险规划常用的人身保险条款

（一）不可抗辩条款

不可抗辩条款，又称不可争议条款，是指自人身保险合同订立时起，超过法定时限（通常规定2年）后，保险人将不得以投保人在投保时违反如实告知义务（如隐瞒、误告、遗漏或不实说明）为理由，主张保险合同无效或拒绝给付保险金。一旦2年期限届满后，保险人就不能以此理由解除保险合同或拒绝给付保险金。合同订立的头两年为可抗辩期。

人身保险合同是最大诚信合同，对于被保险人的年龄、健康状况、职业等足以影响保险人决定是否同意承保的因素，投保人或被保险人应履行如实告知义务，不得有任何隐瞒或欺骗。如果在投保时，投保人故意隐匿或过失遗漏而进行不实申报，足以影响保险人对风险的估计，保险人有权解除保险合同。由于涉及此条款的合同为长期性合同，如果不对保险人的这一权利加以时间限制，保险人就可能滥用这一权利，而使被保险人的利益无法得到保障。同时，经过较长时间后要查明投保人投保时是否履行如实告知义务非常困难，这样往往容易引起纠纷，而且很难处理。因此，法律规定一段期限，要求保险人在此期间内进行审查，并有权解除合同，一旦超过该期限，保险人不得再主张解除合同或不承担给付保险金责任，从而保护被保险人或受益人的利益以及便于解决纠纷。

（二）宽限期条款

所谓宽限期，是指在人身保险合同中分期支付保险费的情形下，投保人在支付了首期保险费后，在到期没有缴纳续期保险费时可获得一定时间的宽限，让其在宽限期内补交续期保险费。在宽限期内，保险合同继续有效，如果在此期限内发生保险事故，保险人仍要负给付保险金责任。如果超过宽限期，投保人仍未缴纳保险费，保险合同自宽限期满翌日效力中止。宽限期条款不仅使投保人在宽限期得到保障，还有利于保险人自身业务的巩固。

由于长期性寿险合同大多都是分期缴纳保险费，因此一般在合同内订明第二次以及以后各期的应交保险费的数额与每次交款的间隔周期。由于保险费用需要在相当长的时期内不断地缴纳，就有可能因各种原因不能如期缴纳而影响保险合同的效力。为了避免各期保险费因迟延交付而致保险效力中止，规定一定期限的宽限期是很有必要的。

（三）中止、复效条款

保险合同效力中止是指保险合同在有效期内，由于缺乏某些必要条件而使合同暂时失去效力，称为合同中止。一旦在法定或约定的时间内所需条件得到满足，合同可以恢复原来的效力，称为合同复效。

复效条款是针对投保人欠缴保费保单失效后，投保人又想恢复原保险合同效力的情况而设计的。该条款通常规定，投保人欠缴保费保单失去效力后，投保人可以在一定期限内申请复效。复效后的保险合同和原保险合同具有相同的效力，保险责任、保险期限、保险金额等都相同。

为了保护被保险人和受益人的利益，保险人给予投保人缴纳保险费的宽限期，在宽限期结束后仍未缴纳应付保险费的，保险合同的效力中止。一旦投保人重新具备缴纳保险费的能力并且愿意补缴合同效力停止期间的保险费和利息，保险合同效力将恢复。如果中止期限届满，投保人仍未能就复效问题与保险人达成一致意见并补缴保险费，那么保险人有权解除保险合同。

（四）不丧失价值条款

该条款规定，保单所有人享有保单现金价值的权利，不因保险合同效力的变化而丧失。也就是说，即使保险单失效了，保单中的现金价值所有权不变。之所以保单的现金价值仍属于保单所有人，是因为对长期性的人寿保险实行均衡保险费率制。在保险合同生效后的初始阶段，投保人均衡缴纳的保险费超过他当时的自然保费，当投保人在交付一定时期（一般为2年或3年）保险费之后，人寿保险合同就有了一定量的现金价值，且大部分险种的现金价值是不断递增的。这部分现金价值与储蓄存款一样（在不发生给付的情况下），应为投保人拥有。也就是说，当保险费交给保险人后，其中的一部分用于支付保险人的费用，大部分被积存用作责任准备金。保险事故发生前，保险人可以使用这部分现金价值；保险事故发生后，投保人可以取回全部保险金；而当投保人不愿继续投保致使保险合同失效时，投保人仍然享有现金价值的权利，因此称为不丧失价值条款。定期寿险保单没有现金价值，不适用此条款。

（五）保单贷款条款

保单贷款条款是指人寿保险合同生效后，投保人以保单为质押向保险人申请贷款。在长期性人身保险合同积累一定的保险费产生现金价值后，投保人可以在保险单的现金价值数额内，以具有现金价值的保险单作为质押，向其投保的保险人或第三者申请贷款。习惯上称为保单贷款或保单质押贷款。贷款金额一般不超过保单现金价值的一定比例。投保人应按期偿还贷款和利息，若到期不能偿还，当贷款本息累计达到退保金额时保险合同终止。若在贷款期内发生保险事故，保险人将从保险金中扣除贷款本息。保单贷款条款只适用于人寿保险合同中的两全保险和终身保险，定期死亡保险不适用此条款。

（六）受益人条款

拓展阅读5-1

保险受益人的规定

人身保险是以被保险人的生命和身体为保险标的的保险。以被保险人为载体，与被保险人本身融为一体。当被保险人死亡时，则发生由谁来享有和行使保险金请求权的问题，加之法律上寿命和身体之上的权利具有专属权性质，不得继承，因此对人身保险合同的受益人必须作出明确的规定。人身保险的保险金给付指定的受益人，满足了被保险人通过购买人身保险转移风险的愿望。

五、互联网保险

互联网保险是随着电子商务在保险业的渗透而产生的，是保险公司或保险中介机构通过互联网为客户提供产品及服务信息，实现网上投保、承保、核保、保全和理赔等保险业务，完成保险产品的在线销售及服务，并通过第三方机构实现保险相关费用的电子支付等经营管理活动。互联网保险颠覆了保险营销人员与客户面对面交流和沟通的传统经营模式，开创了全新的保险销售方式、渠道、经营理念和管理模式。

在保险产品中，机动车保险、意外险、健康险、家居财产险等短期险产品，由于条款标准化，消费者也比较熟悉，完全可以自行购买，非常适合在线直接销售。因此，目前互联网保险险种主要涉及旅行类保险、车险、意外险、健康险，以及一些场景创新类产品（如航班延误险、退货运费险等）。其中，健康险在互联网保险中占主导地位。

任务二　掌握保险规划原理

一、保险规划的含义

保险规划是针对人生中的风险，定量分析保险需求额度，并作出适当的财务安排，帮助个人或家庭选择合适的保险产品并确定合理的期限和金额，避免风险发生时给生活带来的冲击，保证财务安全。

二、保险规划对个人理财的意义

个人理财是在对个人收入、资产、负债等数据进行分析整理的基础上，根据个人对风险的偏好和承受能力，结合预定目标，运用诸如储蓄、保险、证券、外汇、收藏、住房投资等多种手段管理资产和负债，合理安排资金，从而在个人风险可以接受范围内实现资产增值的最大化的过程。现代意义的个人理财，不同于单纯的储蓄或投资，它不仅是对财富的积累，还是对财富的保障和安排。财富保障的核心是对风险的管理和控制，即当自己的生命和健康出现了意外，或个人所处的经济环境发生了重大不利变化时，自己和家人的生活水平不至于受到严重的影响。因此，保险作为理财的品种之一，是不可或缺的重要理财工具。

从风险管理的角度来看，保险是一种风险转移的机制。这种风险转移机制体现在将风险转移给保险公司，即通过保险，将众多的单位和个人结合起来，将个体应对风险变为大家共同应对风险，起到分散风险、补偿损失的作用。

在保险关系中，投保人通过缴纳保险费购买保险，将不确定的大额损失转变为确定性的小额支出（保费），或者将未来大额的或持续的支出转变成目前固定的或一次性的支出（保费），从而有利于提高投保人的资金效益。由于保险人集中了大量同质的风险，因此能够借助大数法则来预测损失发生的概率，并据此制定保险费率，通过向投保人收取的保险费形成的保险基金来补偿其中少数人的意外损害。所以，保险既是一种经济关系，又是一种有效的融资方式，它使少数的被保险人受到的损害通过保险人的理赔，在全体被保险人中得以分摊。受损失的被保险人实际获得的是全体投保人共同的经济支持，也体现了保险的“一人为众、众为一人”的互助精神。在人寿保险中，保险作为一种财务安排的特性表现得尤为明显，因为人寿保险还具有储蓄和投资的作用，具有理财的特征，所以从家庭理财的角度来看，利用保险来分摊意外事故损失和提供经济保障的财务安排，可以转移个人及家庭面临的不确定风险，保证个人及家庭财务安全。

从社会发展的角度来看，我国人口老龄化进程加快，“三孩政策”全面放开，家庭结构发生变化，养老和医疗保障不足的矛盾凸显，商业保险在社会保障体系中的作用不断提升。随着政府职能逐步转变，社会管理方式不断创新，运用市场化手段满足社会管理和公共服务需求成为必然选择，商业保险成为国家治理体系和治理能力现代化的重要手段。社会发展日趋多元，消费结构不断升级，公众保险意识不断增强，保险需求更加多样，个人及家庭对商业保险多样化的保障需求更为迫切。

三、保险在理财规划中的功能

一般认为，保险具有分摊损失、补偿损失、经济给付等基本职能，以及由此派生出的防灾防损、投资理财等功能。就家庭理财而言，保险具有更为丰富的功能，能够满足不同家庭多样化的财富管理需求。

（一）风险保障功能

目前，我国的社会保障制度还不完善，家庭对各种灾害的承受能力比较脆弱，不论是家庭成员的生、老、病、死，还是火灾、水灾对家庭财产造成的损失都是巨大的。如果在事故发生之前没有用保险来转移风险，这个家庭可能会因事故发生导致财务危机；相反，如果在事前认识到风险可能会给家庭带来巨大损害而采取以保险的方式，即缴纳少量的、确定的保费，将大额的、不确定的损失转移给保险人，在将来面临危难时会得到保险公司的损失补偿，保证家庭生活得以正常继续。保险不能改变生活，但能保证生活不被改变。这是保险最根本的职能，也是家庭理财规划中对保险的基本定位。

（二）储蓄功能

就长期寿险而言，保单现金价值的存在使得保单具有储蓄功能，且保单现金价值采取复利计算账户收益，即在保险期内投资账户中的现金价值以年为单位进行利滚利。而像银行储蓄存款、理财产品等其他理财产品采取的计息方式主要是单利，即一定期限、一定数额的存款会有一个相对固定的收益。从这个角度来看，部分寿险产品在储蓄生息方面具有一定优势。

（三）资金融通功能

保单的资金融通功能在国内外保险规划中都有广泛的应用，尤其是长期寿险，可为投保人提供临时的融资功能。在国际上，具有现金价值的保单可以质押给银行，也可质押给保险公司，从而获得资金的流动性或满足变现需求。《中华人民共和国保险法》对国内的保单质押业务规定如下：允许保单出质，只是以死亡为给付保险金条件的合同所签发的保险单的质押需要被保险人书面同意。保单的质押贷款业务给投保人提供了非常好的资金融通便利。

（四）财富传承与避税的功能

在保险实务中，人寿保险的保险金额要给付指定的受益人，其他人不能获得保险金的给付。因此，人寿保险完全可以按照被保险人的意愿，通过指定受益人领取保险金来完成被保险人传承财富的心愿。同时，受益人获得的死亡理赔保险金一般是由保险公司直接给付受益人，不会纳入被保险人的遗产，因此在大部分国家和地区，保单还可以规避遗产税。

（五）规避通货膨胀及利率风险功能

目前，我国投资渠道较为广阔，人们可以选择股票、基金、房地产、债券、外汇等多种投资工具，这些投资工具极易受到通货膨胀及利率波动的影响，而保险产品则具有较强的稳定性，它本身就是一种分散风险的理财行为，其预定利率具有前瞻性，且一般对利率变化不是特别敏感。为了应对通胀及利率风险，创新的保险产品如投资连结保险、万能寿险等应运而生。这些变额寿险的保险金额由两个部分构成：一部分是最低给付金额；另一部分是其保费分离账户产生的投资收益。这种创新的寿险产品比较灵活，居民个人可以根据自己的缴费能力及保单的现金价值决定缴费，甚至暂停缴费，而且缴费多少也可以根据个人对保险金额的变动而变更。因此，投资连结保险和万能寿险都是集保障、投资、收益保底三种功能于一体的创新型保险理财产品，能帮助投资者在不断变化的资本市场上顺利实现其理财需求。

（六）杠杆功能

杠杆功能也是人寿保险特有的，几乎无法被任何其他的金融工具所代替。在财富管理实务中，人的疾病、伤残和死亡都会给财富带来不确定的损失，有的损失甚至是很难承受的。由于这些风险的发生会对财富管理带来很大的不确定性，因此可以通过支付少量保费的方式，将这些损失转嫁给保险公司，将不确定的损失转换为确定的对价，以方便财富管理的安排。同时，人寿保险的杠杆功能还可以变成财富的“放大器”。因为保费和保险金额之间往往相差几倍，甚至几十倍、上百倍，在实务中，人寿保险的财富放大功能被广泛地应用。

（七）收益锁定功能

几乎没有任何一种金融产品具备人寿保险这样伴随一生的收益锁定功能，人寿保险在设计时，通常通过精算师根据当地人群的生命周期表和当时预计的利率水平来确定一个保单的预定利率。这个预定利率在终身寿险和年金保险等两全保险中都会有体现。保险合同的合同属性及其长期性，导致保单一旦签订，其预定利率是不能变化的，因而就产生了人寿保险的收益锁定功能。

理财规划师在为高净值客户进行财富规划时，收益锁定功能尤为重要。因为对高净值客户来讲，资产的安全可能比资产的增值更重要，而建立一个安全且能长期持续稳定的现金流是财富规划中不可或缺的内容，这个现金流可以提供家庭的基本支出、教育费用、养老金、护理费用、医疗费用等，可以提前锁定家庭长期的生活品质。除了保险以外，几乎没有任何一类资产可以做到安全、长期、稳定。因此，即使在离岸家族信托中，也会利用保险建立一个可以锁定收益的资产，并用信托持有以保证其财产的独立性。

（八）投资功能

保险资金相对于其他资金，在投资方面有许多独特的优势。首先，人寿保险合同持续时间特别长，从投保人支付保费到保险人赔付，中间可能间隔几十年。因此，保险资金一般都非常稳定，可以进行长期的投资安排，为资产管理提供了更多的主动权。其次，保险资金的给付取决于合同的约定和风险的发生，因此一般不会出现集中赎回或者挤兑的现象，即使发生了集中赎回或者超大额的赔付，也有再保险机制作为缓冲。保险资金的这种稳定性也为资产管理提供了更多的主动权。最后，保险资金实力一般都非常雄厚，而且有其他任何基金都不能比拟的持续现金流，这也为资产管理提供了更多的主动权。另外，投资连结保险兼有保障与投资的特点，运用得当，既可以满足用户的风险保障需求，又可以抵御通货膨胀，获得投资收益。因此，作为保障与财富管理的工具，保险在个人理财规划中起到非常独特的作用。

任务三　选择保险规划工具

根据个人和家庭面临的风险，选择有针对性的保险规划工具，将未来不确定的较大的风险通过确定的较少的保费转移出去，以保证家庭在发生风险事故时，能够获得保险保障，保证家庭生活不被改变。

一、个人和家庭面临的主要风险

从个人理财的视角来分析，个人和家庭面临的主要风险包括人身风险、财产风险、责任风险、通货膨胀风险和投资风险。

（一）人身风险

人身风险是指由于人的生理成长规律及各种灾害事故的发生导致人的生、老、病、死、残等风险。人生的过程离不开生、老、病、死，个别人还会遭遇残疾。这些风险一旦发生可能造成本人、家庭或其抚养者、赡养者等难以预料的经济困难等。人身风险所导致的损失包括人的生、老、病、死引起的收入损失及额外费用损失或灾害事故的发生导致人的身体伤害等。人身风险通常分为生命风险、健康风险和意外风险。

1. 生命风险

个人或家庭成员面临的主要风险，是生和死的风险。如果家庭中的经济支柱过早离世，则会导致这个家庭失去主要的经济来源，进而使得这个家庭其他成员的生活因经济来源的失去而陷入财务困境。随着老龄化的到来，家庭成员的寿命越来越长，但如果身体健康状况不佳，准备的养老金和医疗费不足，也会构成生存者的风险。

2. 健康风险

家庭成员出现健康问题会给家庭带来巨大的财务风险。一方面，由于家庭成员受伤、生病会产生大量的费用支出，包括住院费、手术费、药费、护理费及营养费；另一方面，由于受伤或生病可能会导致家庭成员无法工作而减少收入，将对家庭财务带来巨大的影响。

3. 意外风险

意外风险是由于外来的、偶然的、不可预见的事故造成个人或家庭成员死亡或残疾的风险，如车祸、火灾、中毒、地震等导致人的伤残或死亡。

（二）财产风险

财产风险是指个人、家庭或企业对其所有、使用和保管的财产发生财产贬值、损毁或者灭失的风险。财产包括不动产和动产。

1. 不动产

不动产是指依自然性质或法律规定不可移动的土地、土地定着物、与土地尚未脱离的土地生成物、因自然或者人力添附于土地且不能分离的其他物。家庭拥有的最常见的不动产是住宅，其他类型的不动产也会面临财产损失的风险。不动产主要会面临火灾、爆炸、雷击、洪水等自然灾害。

2. 动产

动产是指能够移动而不损害其经济用途和经济价值的物，一般指金钱、器物等，与不动产相对。动产包括除不动产之外的所有有形和无形财产。为了确定个人财产损失风险的类别并为其提供保险，可以将个人拥有的动产分为以下类别：（1）住所用品，具体包括家具、电器、厨房用具、食品、衣物等；（2）贵重个人用品，如金银、珠宝等；（3）特殊财产，如古董、艺术品、邮票等，特殊财产具有独一无二的特性，价值很难确定；（4）机动车辆等交通工具。动产除了会面临火灾、爆炸、自然灾害等风险外，还会面临盗窃、抢劫、保管不善等风险。

（三）责任风险

责任风险是指个人或团体因行为上的疏忽或过失，造成他人的财产损失或人身伤害，依照法律规定、合同或道义应负承担的经济赔偿责任的风险。责任风险是产生在法律基础上的损害赔偿责任，是由于人们的过失或侵权行为导致他人的财产毁损或人身伤亡，在法律、合同、道义上负有经济赔偿责任的风险。责任风险可分为对人的赔偿风险和对物的赔偿风险。

（四）通货膨胀风险和投资风险

对个人和家庭来说，除了人身风险、财产风险和责任风险外，还会面临通货膨胀风险和投资风险。

二、选择转移风险的保险工具

对人生风险的分析可以总结为：我们的一生可能遭受到的是一个必然，即衰老（包括死亡）；两个偶然，即意外和疾病。这些风险的发生我们无法避免，但可以保险的方式转移这些风险所造成的损害。因此，分析和选择合适的保险工具尤为重要。

（一）人身保险

微课 5-4

保险规划工具选择

人身保险是以人的生命和身体为保险标的的一种保险。人身保险的投保人按照保险合同约定向保险人缴纳保险费，当被保险人在合同期限内发生死亡、伤残、疾病等保险事故或达到合同约定的年龄、期限时，由保险人依照合同约定承担给付保险金责任。人身保险按照保障范围分为人寿保险、健康保险和意外伤害保险。

1. 人寿保险

（1）传统的人寿保险。人寿保险是以被保险人的生命为保险标的，以死亡或生存为给付保险金条件的人身保险业务。人寿保险所承保的保险事故可以是生存，可以是死亡，也可以同时承保生死。因此，人寿保险又分为死亡保险、生存保险和生死两全保险。人寿保险是人身保险中产生最早的险种。在一段较长的时期内，人们一直认为死亡是人类面临的最大的人身风险。所以，早期的人寿保险专指死亡保险。

①死亡保险。死亡保险是以被保险人的死亡为给付保险金条件的人寿保险。按照保险期限的不同，可分为定期死亡保险和终身死亡保险。

定期死亡保险，又称定期寿险，是以被保险人在保险合同规定的一定期限内发生死亡为给付保险金条件的一种人寿保险。也就是说，如果被保险人在规定的期限内死亡，保险人向受益人给付保险金；如果被保险人在期满时仍然生存，保险人无须给付保险金，也不用退还保费。对被保险人来说，定期寿险最大的优点是可以用极为低廉的保险费获得一定期限内较大的保险保障，但不足之处在于若被保险人在保险期限届满时仍然生存，则不能得到保险金的给付，且已缴纳的保险费不再退还。定期寿险保费低、保障高，适合收入低、风险高的家庭选择。

终身死亡保险，又称终身寿险，是指从保险合同生效之日起，被保险人在任何时间内死亡，保险人向受益人给付保险金，终身寿险是一种不定期的死亡保险，即保险合同中并不规定期限，自合同生效之日起，至被保险人死亡为止。终身寿险的最大优点是被保险人可以得到永久保障。如果投保人中途退保，可以得到一定数额的现金（或称“退保金”）。终身寿险保费高、保障终身，具有保单现金价值，适合收入较高的家庭选择。近年来，随着财富的保全与财产传承的需要，高净值人群理财观念的加强，终身寿险会更多地满足家庭财富传承等多样化的需求。

②生存保险。生存保险是以被保险人在保险期满或达到某年龄时仍然生存为给付保险金条件的一种人寿保险。如果被保险人在约定的期限或到达约定的年龄前死亡，保险人不承担给付保险金的责任，也不退还保险费。生存保险保障的目的主要是被保险人生存能获得保险金的给付，让生存者活得更好。例如，为年老的人提供养老保障，或者为子女提供教育基金等。年金保险是生存保险中最主要的险种。

年金保险是指在被保险人生存期间，保险人按照合同规定，每隔一定的周期支付一定的保险金给被保险人的一种生存保险。年金保险是以被保险人生存为给付条件的人寿保险。我国保险市场上，年金保险主要包括两类：一类是养老年金保险。养老保险通常采用年金保险的方式，即当被保险人到达领取年龄（可以设计为退休年龄）后，按照事先规定的周期（年或月）领取保险金。养老保险多以终身年金为主。目前，我国已进入老龄化社会，随着长寿时代的到来，年金保险的需求也将更加凸显。另一类是教育年金保险。年金保险是儿童教育保险的重要组成部分，多以定期年金为主。这两类年金保险分别作为重要的退休养老规划工具和子女教育规划工具将在项目八和项目七中详细介绍。

③生死两全保险。生死两全保险，又称生死合险，是指以被保险人在保险期间内死亡或合同规定期限届满生存为给付保险金责任的人寿保险。生死两全保险的储蓄性极强，其纯保费由风险保费和储蓄保费组成。风险保费用于保险期限内死亡给付；储蓄保费则逐年积累形成责任准备金，它既可用于中途退保时支付退保金，又可用于生存给付。因此，生死两全保险不仅使受益人得到保障，还使被保险人本身享受其利益。生死两全保险既有死亡保障，又有生存保障，所以相对保费较高，适合收入较高的家庭选择。

（2）创新的人寿保险。创新的人寿保险是指包含保险保障功能并且在投资账户中拥有一定资产价值的人身保险。这种保险不仅具有保险功能，还具有投资功能。创新的人寿保险通常将保费分成两个部分：一部分用于保险保障；另一部分转入专门的投资账户用于投资，其收益全部归保单持有人所有。创新的人寿保险主要有分红保险、投资连结保险和万能人寿保险。

① 分红保险。分红保险是保险人将其实际经营成果按照一定的比例以红利形式分配给保单持有人的人寿保险。分红保险不仅能为被保险人提供合同规定的保险保障，而且保险公司每年要将经营分红险种产生的部分盈余以红利的形式分配给保单持有人，使投保人可以与保险公司共享经营成果。一般来说，分红保险的红利来源主要包括三个差益，即死差益、利差益和费差益。死差益是指因人寿保险实际死亡率低于预定死亡率的保险营业年度内，收入的风险保费总额大于当年实际给付的风险保险金额的结余部分。利差益是指因保险资金的投资收益率大于预定收益率所形成的额外收益。费差益是指因附加保费超过实际经营管理费用与异常风险损失保险金给付金额之和所形成的结余部分。

② 投资连结保险。投资连结保险是指保险金额可以变动的寿险。中国银保监会（现为国家金融监督管理总局）定义的投资连结保险，是指包含保险保障功能并至少在一个投资账户拥有一定资产价值的人身保险产品。投资连结保险产品的保单现金价值与单独投资账户资产相匹配，现金价值直接与独立账户投资业绩相连，一般没有最低保证。该产品必须包含一项或多项保险责任。投资连结保险是一种保障与投资相结合的长期性寿险险种，其保险金额由基本保险金额和额外保险金额两个部分组成。基本保险金额是被保险人无论何时都能得到的最低保障金额。额外保险金额部分则另设立账户，由投保人选择投资方向委托保险人进行投资，根据资金运用的实际情况进行调节。

③ 万能人寿保险。万能人寿保险，又称万能寿险，是一种保费和保险金额都变动的寿险产品。这类产品兼有保障和投资功能。万能寿险的保费缴纳方式灵活，保险金额可以根据规定进行调整。保单持有人在缴纳一定量的首期保费之后，可以选择在任何时候缴纳任何数量的保费，只要保证保单的现金价值足以支付保单的相关费用，有时甚至可以不再缴费。另外，保单持有人可以在具备可保性前提下提高保险金额，也可以根据自己的需要降低保险金额。

万能寿险的经营具有一定的透明度。保单持有人可以了解该保单的内部经营情况，也可以得知有关保单的相关因素，如保费、死亡给付、利息率、死亡率、费用率、现金价值，以及它们之间相互作用的各种预期结果的说明。保单持有人每年都可以得到一份年报，了解保险基金的支配情况。万能寿险具有透明度的一个重要原因是万能寿险保单的现金价值与纯保险金额是分别计算的。保单现金价值随保费缴纳情况、费用估计、死亡率及利息率的变化而变化，被保险金额与现金价值之和就是全部的死亡给付额。

2. 健康保险

健康保险，又称疾病保险，是指被保险人在保险有效期内因患病所发生医疗费用支出或因疾病所致残疾或死亡时，或因疾病、伤害不能工作而减少收入时，由保险人负责给付保险金的一种保险。一般来说，健康保险承保的主要内容有两类：一类是由于疾病或意外事故所致的医疗费用。在保险实务中，习惯上将承保医疗费用的健康保险统称为医疗保险或医疗费用保险。另一类是由于疾病或意外事故所致的收入损失。如果被保险人不能参加任何工作，则其收入损失是全额的；如果只能从事比原工作收入低的工作，那么收入损失则是部分的，其损失数额即为原收入与新收入之差。该种健康保险的保单称为残疾收入补偿保险。

（1）医疗保险。医疗保险是指提供医疗费用保障的保险。医疗费用是病人为了治病而发生的各种费用，它不仅包括医生的医疗费和手术费，还包括住院、护理、医院设备使用等的费用。医疗保险就是医疗费用保险的简称。医疗费用保险可以是针对某几类医疗费用的基本给付，也可以是包括范围广泛的综合性给付。

【例5-3】某单位职工小张，已经连续几年为自己购买了保险公司的“百万医疗”产品，2024年年初，小张因病毒性肝炎住院，花费了15 000元。出院后，小张通过社保报销了9 000元，想到自己之前购买的医疗保险，小张随即向保险公司提出了索赔。但保险公司的工作人员告知他，他所购买的“百万医疗”产品有10 000元的绝对免赔额，本次住院社保报销后剩余的费用无法得到保险公司的赔付。小张对此感到不解，觉得自己被骗了。

案例解析：

购买保险时，被保险人应明确“免赔额”。免赔额是保险行业规避风险的一种技术手段。保险公司为降低风险，往往会在疾病类保险合同中约定等待期，在财产及医疗险类产品中约定赔付比例、免赔额等条件。免赔额主要有两种：一种是绝对免赔额，是指保险公司对约定数额以下的损失绝对不承担赔偿责任的免赔限额。只有损失超过这个限额，保险公司才对超过部分进行赔偿；若损失没有达到这个限额，则保险公司不予赔偿。案例中，小张购买的“百万医疗”产品就规定了10 000元的绝对免赔额，社保报销后实际自己承担的费用“损失”只有6 000元，没有超过保险合同约定的绝对免赔额，所以保险公司不予赔偿。

另一种是相对免赔额，是指保险公司承担赔偿责任的起点限额。也就是说，发生保险事故后，损失必须达到规定的金额，保险公司才对发生的全部损失承担赔偿责任；若未达到规定的金额，则保险公司不予赔偿。例如，某保险合同约定相对免赔额为5 000元，当损失为4 000元时，保险公司不予赔偿；当损失为6 000元时，保险公司赔偿其全部损失。

风险提示：

购买保险勿被低价迷惑。目前，市场上的医疗保险产品中通常都设定了免赔额。因此，在选择保险产品时，一定要向保险公司或销售人员问清楚免赔额度和免赔额的种类，最好让销售人员通过举例的形式进行讲解，彻底了解自己购买的保险产品。另外，免赔额的设定也是影响保险产品价格的一个重要因素。以当前保险市场销售火爆的“百万医疗”产品为例，几百元的保费就可以获得一百万元甚至几百万元的保障，主要原因就是这类产品普遍设置了较高的免赔额。

在选购保险产品时，我们可以进行简单对比，同一类型的保险产品，免赔额较高的产品价格往往较低。同时，设定绝对免赔额的产品价格也普遍低于相对免赔额的产品。所以，在选择医疗保险产品时，一定要结合自身需求综合考虑，不被低价迷惑。

（2）疾病保险。疾病保险是以疾病为保险金给付条件的保险。它是指当被保险人罹患合同约定的疾病时，保险人按投保金额定额给付保险金，以补偿被保险人由此带来的损失的保险。疾病保险是以保险合同约定的保险金额给付保险金，而不考虑被保险人的实际医疗费用支出。疾病保险的主要险种包括重大疾病保险和特种疾病保险。

为体现疾病保险保障内容的特殊性（以某种疾病为给付条件），根据《健康保险管理办法》第十四条的规定：医疗意外保险和长期疾病保险产品可以包含死亡保险责任。长期疾病保险的死亡给付金额不得高于疾病最高给付金额。其他健康保险产品不得包含死亡保险责任，但因疾病引发的死亡保险责任除外。除了对保障内容作出了明确限定外，疾病保险条款中，一般还会在“保险责任”后面列示出“除外责任”。

（3）失能收入保险。失能收入保险，又称丧失劳动能力收入补偿保险或收入损失保险，是对被保险人因疾病或遭受意外事故而导致残疾、丧失部分或全部工作能力而不能获得正常收入或使劳动收入减少造成损失的补偿保险。保险保障水平通常与被保险人的职业收入直接相关。保险给付通常是在被保险人失能期间按月固定给付。

（4）长期护理保险。长期护理保险是为因年老体衰失去生活自理能力而需要长期照顾的被保险人提供护理服务费用补偿的一种保险。它在被保险人不能从事特定的日常起居活动而需要帮助照顾时，为其提供经济保障。长期护理保险是健康保险非常重要的组成部分，在国外比较流行。

3. 意外伤害保险

扩展阅读5-2

意外伤害保险

意外伤害保险是指以被保险人在保险期限内因遭受意外伤害造成死亡或残疾为给付保险金条件的一种人身保险。意外伤害保险的保障项目主要有两项：一是死亡给付，即被保险人因遭受意外伤害造成死亡时，保险人给付死亡保险金；二是残疾给付，即被保险人因遭受意外伤害造成残疾时，保险人给付残疾保险金。

死亡给付、残疾给付是意外伤害保险的基本责任。人身意外伤害保险的保险期限相对较短，且保险期限的确定也十分灵活。人身意外伤害保险的期限多为1年，有些特种保单甚至只有几天或几个小时，如航空意外伤害保险只有几个小时。人身意外伤害保险保费低，投保简单，不需要体检。目前，意外伤害保险主要包括以下两种产品：

（1）普通意外伤害保险。它所承保的风险是在保险期限内发生的各种意外伤害，即被保险人在保险有效期内，因遭受意外伤害而致死亡、残疾或暂时丧失工作能力时，由保险人给付保险金的保险。目前，保险公司提供的团体人身意外伤害保险、学生团体平安保险等，均属普通意外伤害保险。

（2）特定意外伤害保险。它是以特定时间、特定地点或特定原因发生的意外伤害为保险标的的保险。例如，保险危险只限于矿井下发生的意外伤害保险、建筑工地发生的意外伤害保险、索道游客的意外伤害保险、登山人员的意外伤害保险和电梯乘客的意外伤害保险等。

（二）财产保险

1. 家庭财产保险

家庭财产保险简称家财险，是个人和家庭投保的最主要险种。凡存放、坐落在保险单列明的地址，属于被保险人自有的家庭财产，都可以向保险人投保家庭财产保险。目前，我国开办的家庭财产保险主要有普通家庭财产保险和家庭财产两全险。

（1）普通家庭财产保险。普通家庭财产保险的保险期限为1年，从保险人签发保单零时起，到保险期满24小时止。没有特殊原因，中途不得退保。保险期满后，继续保险需要重新办理保险手续。根据保险责任的不同，普通家庭财产险又分为灾害损失险和盗窃险两种。

① 灾害损失险。灾害损失险的保险标的包括被保险人的自有财产、由被保险人代管的财产或被保险人与他人共有的财产，通常包括日用品、床上用品；家具、用具、室内装修物；家用电器，文化、娱乐用品；农村家庭的农具、工具、已收获入库的农副产品等。有些家庭财产的实际价值很难确定，如金银、珠宝、玉器、首饰、古玩、古书、字画等，这些财产必须由专业鉴定人员进行价值鉴定，经投保人与保险人特别约定后，才能作为保险标的。

② 盗窃险。盗窃险的保险责任是指在正常安全状态下，留有明显现场痕迹的盗窃行为，致使保险财产产生损失。除自行车、助动车外，盗窃险规定的保险标的的范围与家庭财产灾害损失险完全一样。对于由被保险人及其家庭成员、家庭服务人员、寄居人员的盗窃或纵容行为造成的损失以及如房门未锁、门窗未关等非正常安全状态下的失窃损失，保险人均不承担赔偿责任。盗窃险保险金额的确定以及保险期限的规定，均与灾害损失险相同。

（2）家庭财产两全险。家庭财产两全险是一种具有经济补偿和到期还本性质的险种。它与普通家庭财产保险不同之处仅在于保险金额的确定方式上。投保人根据保险金额一次性缴纳保险储金，保险人将保险储金的利息作为保费。保险期满后，无论保险期内是否发生赔付，保险人都将如数退还全部保险储金。它的承保范围和保险责任与普通家财险相同。到期还本型家庭财产保险具有灾害补偿和储蓄的双重性质。

2. 机动车辆保险

随着经济的发展，机动车辆的数量不断增加，机动车辆保险已成为我国财产保险业务中最大的险种。

机动车辆保险是以汽车、电车、电瓶车、摩托车、拖拉机等机动车辆作为保险标的的一种保险。机动车辆保险可分为交强险和商业险两类。商业险可分为基本险（又称主险）和附加险两个部分。其中，基本险又分为车辆损失险和第三者责任保险、全车盗抢险（简称盗抢险）、车上人员责任险（包括司机责任险和乘客责任险）。附加险包括玻璃单独破碎险、划痕险、自燃损失险、涉水行驶险、无过失责任险、车载货物掉落责任险、车辆停驶损失险、新增设备损失险、不计免赔特约险等。

在机动车辆保险中，车辆损失保险与第三者责任保险等构成了主险，并在若干附加险的配合下，共同为被保险人提供多方面的危险保障服务。

（1）车辆损失险。车辆损失险的保险标的是各种机动车辆的车身及其零部件、设备等。当保险车辆遭受保险责任范围的自然灾害或意外事故，造成保险车辆本身损失时，保险人应当依照保险合同的规定给予赔偿。

（2）第三者责任险。第三者责任险是承保被保险人或其允许的合格驾驶人员在使用被保险车辆时，因发生意外事故而导致的第三者的损害索赔的一种保险。机动车辆第三者责任保险的保险责任，是被保险人或其允许的合格驾驶员在使用被保险车辆过程中发生意外事故而致使第三者人身或财产受到直接损毁时，被保险人依法应当支付的赔偿金额。

3. 责任保险

责任风险是指个人或法人因为自己的过错行为损害了他人的财产或人身而依法应对受害人承担民事损害赔偿责任的风险。目前，我国市场上的家庭责任保险主要有：

（1）家庭第三者责任保险。家庭第三者责任保险主要承保住宅内因为静物导致的第三者责任损失。被保险人居所附属的安装物、搁置物、悬挂物等，因自然灾害或意外事故造成倒塌、脱落、坠落，致使第三者人身伤害或财产损失，被保险人在法律上应承担经济赔偿责任的，由保险人按照协议给予赔偿。

（2）家养宠物责任险。所谓宠物责任险，主要是赔偿家养宠物造成第三者伤害的医疗费用以及诉讼费用等。当然，这里的他人不包括被保险人及其家庭成员、家庭雇佣人员、暂居人员，对宠物造成其他动物的伤害也不保障。

任务四　分析影响保险规划制订的因素

日常生活中，常常有矿难事故、爆炸事故、交通事故、火灾事故等发生，而每一次重大事故，都伴随着一个个鲜活生命的逝去和巨大的财产损失。我们经常说，不知道明天和意外哪个先到，面对无法挣脱的不可抗力的风险，我们是不是毫无办法呢？虽然有些意外事故和重大疾病无法避免，但我们可以在意外事故或重大疾病发生之前，通过经济手段，即用少量的、确定的支出，把大量的、不确定损失转移出去，这种手段即为保险。那么个人或家庭先给谁买保险？买多少保险金额的保险？花多少钱买？保险产品五花八门、种类繁多，如何选择？面对不同的风险状况，个人和家庭应该如何做好风险管理与保险规划？个性化的保险规划可以解决以上的问题。理财规划师要为客户量身定制一套适合其需求的保险规划，就必须掌握保险规划的原则、人生不同阶段的风险特征及保险需求，并且能够结合家庭的具体风险、收入等因素制订个性化的保险规划。

一、保险规划的原则

个人和家庭每天都面临许多不确定的风险，为了保证生活的安全、稳定，在进行保险规划时，要掌握以下原则：

（一）转移风险、全面保障、合理搭配险种的原则

投保是为了转移风险，以及在发生保险事故时可以及时地获得经济补偿。因此，个人和家庭必须首先分析他们面临的主要风险有哪些以及怎样合理地把这些风险通过保险规划进行转移。

（二）根据家庭成员的角色和责任确定保险顺序和保险保障的原则

一般而言，在收入有限的条件下，一个家庭中首先被保险的成员应该是家庭的经济支柱。经济支柱是家庭经济收入的主要来源者，是家庭生活的维持者，家庭收入主要来源者健在，家庭的收入就不会中断。如果家庭收入主要来源者遭遇意外事故或重大疾病而无法工作，整个家庭的收入来源就可能中断，家庭生活会因此陷入困境。所以，我们首先要做家庭收入主要来源者的保险保障。同时，从保险的范围及水平来看，应根据不同家庭成员所面临的不同风险、人力资本价值的大小及保障需求的高低等因素来确定，

即按照先家庭经济支柱、先大人后儿童的原则来确定保险顺序和保险保障。

（三）家庭成员保险的选择应遵循先基础保险保障后储蓄盈利的原则

科学的保险规划应该是先做好家庭的基础保险保障，然后再兼顾投资收益，即先配置意外险、健康险（包括重大疾病险、医疗险）、定期寿险等保费低、保障高的纯消费型的险种，再考虑其他具有投资收益的险种。也就是说，先解决雪中送炭的问题，再考虑锦上添花之事。

（四）确定合理的保险金额与适当的保费相匹配的原则

保险事故出险时，保险人赔付给被保险人或受益人的只能是金钱，所以购买保险的主要目的是发生风险时能及时得到经济上的补偿或给付。也就是说，被保险人身上负有多少经济责任，就相应地买多少保额的保险，要结合被保险人所处的生命周期阶段及所承担的家庭责任来确定合理的保险金额。同时，要根据被保险人财务状况和理财偏好确定合理的保险费。

在保险实务中，通常遵循“双十”原则，即人身保险的保额应该是收入的10倍，保费支出应占收入的1/10左右。当然，这只是一个粗略的计算方法，具体的保险金额与保费支出要结合每个家庭的情况来确定。

二、人生不同阶段的保险需求

生命周期理论是理财规划的基础，保险规划也不例外。根据生命周期理论，人生不同阶段的保险需求不同。人的一生大致可分为少儿期、青年期、中年期和老年期四个阶段。每一个阶段的收入水平、所负责任、身体状况均不同，其所需要保险的种类和金额也会不同（见表5-1）。

表5-1　人生不同阶段的特征及保险需求

划分标准	阶段	特征	保险需求
按年龄划分	少儿期	（1）经济上不独立，没有收入 （2）需要较大的教育费用支出 （3）免疫力较差，容易患病 （4）自我保护能力弱，易受伤害	（1）学生平安保险 （2）少儿健康保险 （3）少儿教育保险
	青年期	（1）开始有独立的经济收入 （2）积蓄减少，消费欲望高 （3）父母年纪较大，责任增加 （4）准备结婚、购房、购车	（1）期交保费的储蓄型保险 （2）人身意外伤害保险 （3）医疗费用保险 （4）贷款保险
	中年期	（1）收入稳定，希望生活安定 （2）家庭财产较多，要求保全 （3）储蓄较丰，有投资需求 （4）上有老下有小，责任较重 （5）身体开始出现各种疾病	（1）高额人身意外伤害保险 （2）重大疾病保险等健康保险 （3）家庭财产险、汽车保险 （4）分红保险、投资连结保险和万能保险 （5）养老保险
	老年期	（1）收入减少 （2）疾病增加 （3）关注养老保障 （4）生病卧床需要护理	（1）养老年金保险 （2）疾病住院保险 （3）老年看护保险

人生不同阶段面临不同的风险，承担不同的责任，对保险的需求也不同。例如，在少儿期，没有独立的收入来源，面临意外事故、疾病和教育费用支出的风险，需要的保险配置要与其风险相匹配，因而应购买花钱少、保障大的意外险、医疗险和教育险等。在青年期，收入不多，花销又比较大，面临结婚、买房等多项需求，此时保险规划的建议是纯消费型的意外险、医疗险、贷款险和定期寿险。在中年期，收入逐渐增加，事业也达到高峰，但上有老下有小，承担的责任和面临的风险也最多，保险保障也要随之增加，根据此时的财力状况，除了一些必要的意外险、医疗险、家庭财产险外，还建议配置具有保障和投资功能的万能险。同时，可以考虑老年期需要的养老保险和护理保险。进入老年期，收入下降，在家庭中的责任也减少，面临更大的风险是养老和疾病，若此时才想做保险规划，则为时已晚，因而需要在前面的生命周期中做好保险配置。掌握客户在不同生命周期的风险及保险需求，可以帮助理财规划师准确地掌握客户的保险需求，为客户量身定做个性化的保险规划方案。

三、家庭保险规划的影响因素

（一）被保险人所处的生命周期阶段

微课5-5

分析影响保险规划制订的因素

处于不同生命周期的家庭所面临的风险不同，因此应在分析家庭生命周期风险的基础上进行保险规划的制订。可以将人生分为未成年期、单身期、已婚青年期、已婚中年期和退休老年期。

1. 未成年期

未成年期是指从出生到开始独立工作的一段时期。在这一时期，未成年子女基本上没有任何收入，所有的资金来源都是依靠父母。从经济来源的角度来看，如果父母健在，未成年子女的生活和教育就有保障；如果父母不在或父母因疾病或意外丧失了工作能力，未成年子女的生活和教育就无法得到保障。此时，未成年子女面临的主要风险是意外伤害和疾病。

2. 单身期

单身期是指从独立工作到结婚组成新家庭的一段时期。在这一时期，人们刚参加工作，收入不高，但可以独立生活。但考虑到将来结婚和赡养父母的责任，他们所面临的最大风险是意外事故、重大疾病及死亡。

3. 已婚青年期

已婚青年期是指从组成新家庭到40岁左右的一段时期。在这一时期，随着结婚、买房和新生儿的出生，人们的各项支出不断增加，身上的家庭责任也越来越重。这一时期也是人一生中家庭责任最重、工作压力最大的阶段，除了要面临意外伤害和疾病风险外，人们还要面临过早死亡和收入中断的风险。

4. 已婚中年期

已婚中年期是指从40岁到退休的一段时期。在这一时期，随着子女逐渐长大、事业更加稳固，人们的收入基本上达到了顶峰，家庭责任减轻，支出也逐渐减少。此时，除了要面临意外伤害和疾病风险外，人们还要面临收入中断的风险，以及将来的养老和疾病护理等风险。

5. 退休老年期

退休老年期是指从退休到生命结束的一段时期。退休后，收入基本上来源于养老金和已有财产的理财收入。随着年龄的增长，老年人的患病率也会不断地提高，生活自理能力下降，需要有人照顾和看护。因此，老年人可能会出现入不敷出的现象。此时，人们面临的主要风险是养老、疾病和意外伤害风险。

（二）被保险人的家庭角色及责任

每个人在家庭中的角色和地位不同，所承担的责任也不同，保险规划的制订应充分考虑被保险人在家庭中的位置，以及被保险人遭受风险事故时将会给家庭带来的影响，以此来确定保险的险种、保额和保费。对家庭成员的经济地位、生活费用、健康状况、发生意外的概率、死亡风险等进行评估，分析家庭成员所面临的风险大小，进而确定优先给谁购买保险。例如，一个三代同堂的五口之家，爷爷和奶奶都年过60岁，且没有退休金，丈夫是家里唯一的经济支柱，妻子没有固定的工作和收入，孩子正在读高中。他们在家庭中的经济收入、责任、所面临的风险各不相同。爷爷和奶奶已经没有抚养子女的义务了，他们面临的最大风险是意外、疾病和养老金不足；丈夫是家里唯一的经济支柱，如果因意外、疾病等风险而导致其死亡或丧失劳动能力，则家庭收入将会中断，陷入财务困境，从而无法赡养父母和抚养孩子。因此，在这个家庭现有的财务状况下，应将家中唯一的经济支柱——父亲，作为优先被保险人配置保险，可以考虑保费低、保障高的意外伤害保险、定期寿险和医疗保险。如果经济条件允许，再为其他家庭成员购买保险。

（三）被保险人的保险金额

各种风险的保险金额应该与其相对应的风险损害后果密切相关。在家庭财力充足的情况下，应当具备最为完善的保障，即保险金额足够覆盖其面临的风险。

1. 死亡风险的保险金额

对任何家庭来说，死亡风险都是巨灾。在考虑死亡风险的保险金额时，应注意的原则是：当死亡风险发生时，家庭的经济状况不会因为死亡风险而发生任何变化，即家庭的生活水平不会因为当事人的死亡而下降。根据这个原则，我们在考虑死亡风险的保险金额时通常有两种方法：一是生命价值法；二是遗属需要法。

（1）生命价值法。这是以一个人的生命价值作为依据，来考虑应购买多少保险。该方法可分为三步：第一步是估计被保险人以后的年平均收入；第二步是确定被保险人的退休年龄；第三步是从被保险人年收入中扣除各种税费、保费、生活费等支出后，剩余资金就是被保险人的生命价值，即被保险人的保险金额。

（2）遗属需要法。遗属需要法的出发点是，当事故发生后，可确保至亲的生活准备金。其计算方法是：计算至亲所需的生活费、教育费、供养费、对外负债、丧葬费等总和，扣除既有资产，所得差额可作为保险金额的估算依据。

以王先生为例，分别用生命价值法和遗属需要法来估算王先生死亡风险的保险金额。王先生现年40岁，假设他60岁退休，退休前年平均收入是15万元，其中5万元自己用掉，剩余10万元用于家人，那么按照生命价值法，王先生的生命价值为（不考虑货币时间价值）200万元（（60−40）×（15−5）），可作为现阶段保障金额的标准。接下来。从遗属需要法的角度来考虑，假设其收入不变，每年最大的家庭支出为5万元的房贷，加上其他支出，总支出为7.5万元。由于现有资产有限，王先生在确定保障金额时可将资产忽略不计，考虑到房贷要还20年，王先生需要保险补偿未来20年的开支，因此王先生死亡风险的保险金额为150万元（7.5×20）。

上述死亡风险的保险金额只是粗略的估计，更精确的计算应考虑到利率因素，这样王先生的保险金额可能会小于200万元，也可能会高于150万元。因此，综合以上两种方法，王先生的寿险保额为150万元~200万元。当然，随着生活条件和收入水平的改变，保险金额也应随之调整。

2. 养老保险的保险金额

购买养老保险可以用预计的养老生活费，作为确定养老保障的初步参考：①确定实际需要的养老金额。首先，估计以后的年平均收入；其次，确定退休年龄；最后，估计死亡年龄。②确定养老所需的资金缺口。可以通过购买商业养老保险来获得补充养老金，占所有养老费用的20%~40%为宜。③确定实际的养老险保障金额。一般而言，高收入者可以依靠商业养老保险养老，中低收入者可以依靠社会养老保险养老，并以商业养老保险作为补充。

（四）对保险需求最迫切的人群

1. 中年人

中年人主要是指40岁以上的工薪人员，他们要考虑退休后的生活保障，就必须给自己设定足够的“保险系数”，使自己的晚年生活获得充足的物质保障。

2. 身体欠佳者

目前，我国在原有职工负担一部分医疗费、住院费的基础上，适当加大了职工负担的比例。与公费医疗相比，这对身体欠佳者无疑是不可承受的，因此他们迫切需要加入保险。

3. 高薪阶层的管理者

这部分人员本身收入可观，又有一定数量的个人财产，由于自然灾害和意外事故等的存在，他们也需要加大保险保障，使其人身和财产得到保障。

4. 岗位竞争激烈的职员

这部分职员主要是指企业的高级雇员和政府部门的公务员，他们面临比一般人更大的工作压力，且工作富于挑战性，所以他们比一般人更有危机感，更需要保险保障，从而使自己获得一种安全感。

5. 少数单身职工家庭

单身职工家庭一般无法承受太大的经济压力，因此这类家庭也迫切需要购买保险。

（五）影响保险规划的其他因素

在进行保险规划时，还应当考虑客户现有的各种保障，即是否拥有社会保障、企业福利和商业保险。社会保障是基础保障，保障全面，但保障力度不够；企业福利是在社会保障基础上的有力补充；商业保险是最终的补充，是客户根据自身的财力和实际情况购买的保障。因此，理财规划师在制订保险规划时要考虑客户是否已有社会保险和企业福利，是否已经购买了商业保险。在考虑客户的财务收入状况是否有保障需求的同时，还要考虑客户是否有投资的需求。只有全面地掌握客户的家庭信息和需求，才能制订符合客户需求的个性化的保险规划。

任务五 保险规划案例分析

为客户量身定制一套适合客户需求的保险规划，首先要充分地与客户交流，了解和掌握相关的财务信息，分析客户所处的生命周期及面临的主要风险，根据客户的财力和风险制订适合客户的保险规划。这里我们选择单身期和家庭成长期的案例加以分析。

一、单身期的保险规划案例分析

（一）背景资料

王岩高中毕业后到城市工作，今年29岁，在一家工厂工作，每月工资收入3 500元，基本上没有任何社会保障，每个月的生活支出为2 000元，能够结余1 500元。王岩现在还没有结婚，对未来充满了美好的期待。

（二）风险识别与分析

王岩是典型的单身族，没有结婚，没有孩子。除了要考虑自身所面临的意外伤害、重大疾病等风险外，王岩还要考虑自己对父母的责任。也就是说，他应该想到，自己万一出了意外，他的父母除了情感上受到伤害外，还会有经济上的损失，因此他应留一笔钱给父母。

（三）保险规划建议

根据单身族具体的实际情况和财务状况，制订不同的保险规划。对王岩来说，首先应该购买的保险是医疗险、意外伤害险和定期寿险。在条件允许的情况下，可以增加购买重大疾病保险。这几种保险都属于保障性险种，保障高、保费低。保费支出约占王岩年收入的1/10，即4 200元。这种保险规划，保费支出少，既不会影响他的日常生活，又转移了将来不确定风险带来的财务大额支出的风险。

二、家庭成长期的保险规划案例分析

（一）背景资料

张刚和张红从小青梅竹马，结婚后有一个可爱的宝宝，叫乐乐。2023年，张刚35岁，张红33岁，乐乐3岁。张刚和张红都是公司的中层管理人员，经常出差。张刚和张红的单位不仅按照国家规定为他们缴纳了比较充足的社会保险，还为他们购买了团体医疗保险，可以保障部分门诊和住院费用，以及为他们购买了意外伤害保险，保险金额为20万元。按照当地相关部门的规定，乐乐也享有社会保障，其门诊和住院费用可以由社会保障承担50%。乐乐所在的私立幼儿园也为其购买了意外伤害保险，保险金额为20万元，并附加了医疗费用保险。目前，张刚和张红的年收入均为20万元，居住在一套价值200万元的自住商品房，且已经还清了房贷。夫妇的生活比较富足，每月除了支付乐乐的入托费2 500元、生活费用2 000元外，每月养车及日常生活费用共计9 000元，夫妇每年收入的结余约24万元。他们的工作都比较忙，压力也都比较大，基本没有业余时间。

（二）风险识别与风险分析

此家庭是典型的三口之家，张刚夫妇都比较年轻，身体也健康，正处在事业和家庭的建设期。他们的家庭财力比较雄厚，有自住商品房，经济负担比较小。另外，张刚夫妇的社会保障都比较充足。更为重要的是，张刚夫妇的年收入相当，经济地位也相当，基本每个人都能够自给自足。孩子乐乐是家中唯一的纯消费者。

（三）保险规划建议

张刚夫妇每年收入的结余约24万元，而且没有房贷的压力，理论上每年应将2.4万元用于保费支出。由于张刚夫妇比较年轻，经济比较富足，因此张刚夫妇近期的保险规划应以寿险为主。首先要保障孩子能幸福地成长。根据遗属需要法，以孩子乐乐的生活费用来计算保障金额（由于张刚夫妇各自能够自给自足，因此不考虑配偶的生活费用）。考虑在最坏的情况下，即张刚夫妇双双不幸身故，为乐乐准备的生活费用。假设张刚夫妇承担乐乐从出生至大学毕业（22岁）的所有费用，乐乐每年的生活费用上涨10%，银行1年期定期存款利率为4%，按照目前我国教育费用支出水准，则需要28万元。考虑到乐乐目前的生活费用，总的保障金额应该为111万元。这个保障金额对张刚夫妇来说是可以承担的。建议张刚夫妇各购买约50万元保额的人寿保险。按照张刚夫妇现在的年龄，如果全部购买定期寿险，则单人保费支出每年为2 000元左右。在险种组合方面，建议可以选择定期寿险+终身寿险的组合，还可以购买部分投资连结保险或万能保险。因为定期寿险主要是保障，保费比较低，没有保单现金价值，而投资连结保险或万能保险既有保障功能，又有投资功能，但保费较高。所以，只要张刚夫妇能够负担这一保费，建议配置投资连结保险或万能保险。

在意外伤害和医疗保障方面，张刚夫妇面临的风险也比较大。因为死亡风险发生后，主要考虑活着的亲人在生活方面的支出。在意外伤害发生后，如果当事人没有死亡而是残疾，那么他不但收入减少了，还要增加支出。所以，在考虑意外伤害保险的保障金额时，应当考虑整个家庭的生活费用支出和教育费用支出。因此，张刚夫妇应增加意外伤害保险的保额，将每个人的意外伤害保险的保额提高到100万元，两个人的意外险保费在3 000元左右。在医疗保险方面，张刚夫妇的门诊费用和住院费用基本上都有了保障，建议购买重大疾病保险，并附加失能收入保险和百万医疗保险。

孩子乐乐面临的最大风险是意外伤害和疾病，由于幼儿园已经为乐乐购买了团体意外伤害险和医疗保险，因此张刚夫妇可以考虑为乐乐配置教育保险。

通过前面两个案例分析来看，对大多数工薪阶层的家庭来说，每一个家庭成员都面临着意外伤害、重大疾病、过早离世等风险，可以通过较少的确定的保费支出，将较大的不确定的风险转移给保险公司。如果家庭的收入较低，应先购买意外伤害险、基本医疗险、定期寿险和百万医疗险，这几种保险的特点是保费低、保障高。同时，应给家庭的经济来源者优先配置保险。如果家庭的经济来源者没有做好基本的保障，尤其是当其得了大病的情况下，就有可能导致整个家庭“因病致贫”。生活中这样的例子屡见不鲜。当家庭收入较多、较稳定时，可在考虑意外伤害保险、基本医疗保险的基础上，购买终身寿险、养老保险和收入失能保险等，还可配置既有保障功能，又有投资功能的万能保险。

总之，每个家庭都面临着不确定的风险，根据不同的生命周期及家庭的风险状况，通过保险的方式，可以将不确定的较大的损失通过确定的较少的保费支出加以转移，这样才能保证每个家庭从容地应对风险，保证家庭的生活在遭遇风险时因有保险保障而不会改变。尤其是那些收入比较低的家庭，更需要保险保障。在确定保险金额时，可以根据生命价值法、遗属需求法或保险的“双十”原则来确定，采用哪种方法要结合具体家庭情况而定。

项目小结

1.保险具有分摊损失、补偿损失、经济给付等基本职能，以及由此派生出的防灾防损、投资理财等功能。就家庭理财而言，保险具有更为丰富的功能，能够满足家庭风险保障、储蓄、资金融通、财富传承与避税、规避通货膨胀和利率变动、杠杆、收益锁定和投资等多样化的财富管理需求。

2.保险规划方案的制订，首先要分析个人或家庭面临的风险，然后根据不同的风险选择不同的保险产品配置，以达到将较大的不确定的损失用较少的确定的保费支出转移的目的。个人或家庭面临的风险主要有人身风险和财产风险两种。人身风险主要有生命风险、健康风险和意外伤害风险，对应的保险险种是人寿保险、健康保险和意外伤害保险。财产风险主要有家庭财产风险、机动车辆风险和责任风险，对应的保险险种是家庭财产保险、机动车辆保险和责任保险。

3.制订科学合理的保险规划方案，要掌握影响保险规划方案编制的因素。影响保险规划方案的因素主要有保险规划的原则、人生不同的生命周期阶段、面临的风险和收支状况、对保险需求的迫切程度，以及通货膨胀和利率变动等。

4.对个人或家庭来说，制订保险规划方案时，首先要考虑保险的保障（纯消费型险种）功能，在经济条件允许的情况下，再考虑保险的其他功能。另外，先给经济支柱购买保险（先大人，后儿童）。购买保险的顺序是先人身险，后财产险；先意外伤害保险、重大疾病保险、定期寿险和百万医疗险，后生存保险（年金保险）、两全险；最后购买既有保险功能，又有投资收益的现代新型保险。

项目训练

■ 基础知识训练

一、名词解释

保险利益　人寿保险　保险的“双十”原则

二、单项选择题

1.人身保险的保险标的是（　　）。

A.财产　　B.信用

C.民事赔偿责任　　D.人的身体和生命

2.仅要求在投保时具有保险利益的是（　　）。

A.人寿保险　　B.责任保险

C.家庭财产保险　　D.海洋运输货物保险

3.年金保险属于（　　）。

A.生存保险　　B.死亡保险　　C.健康保险　　D.生死两全保险

4.家庭中收入少、风险大的成员，应该首先购买的保险是（　　）。

A.定期寿险　　B.终身寿险　　C.死亡保险　　D.生存保险

5.随着人口老龄化和长寿时代的到来，应该购买的保险是（　　）。

A.定期寿险　　B.终身寿险　　C.死亡保险　　D.年金保险

6.在家庭中应该先给（　　）购买保险。

A.老人　　B.儿童　　C.最能赚钱的人　　D.有疾病的人

三、多项选择题

1.人身保险按照保障范围分为（　　）和健康保险。

A.人寿保险　　B.人身意外伤害保险

C.死亡保险　　D.年金保险

E.重大疾病保险

2.保险的“双十”原则是指（　　）。

A.保费支出是收入的十倍　　B.保费支出是收入的十分之一

C.保额是收入的十倍　　D.保额是收入的十分之一

E.保费支出和保额各是收入的十分之一

3.下列选项中，属于创新型险种的有（　　）。

A.定期寿险　　B.分红保险

C.万能保险　　D.健康保险

E.投资连结保险

四、判断题

1.人身保险合同不存在超额保险、不足额保险和重复保险。（　　）

2.定期寿险保费低、保障高，适合收入少而风险高的人群。（　　）

3.在制订家庭保险规划方案时，应该考虑先为家庭中的老人和儿童购买保险。（　　）

4.年金保险是一种生存保险。（　　）

五、简答题

1.保险规划的原则有哪些？

2.定期寿险的特点有哪些？

■ 实践操作训练

训练一

目的：掌握制订单身期保险规划方案的技能

内容：陈浩今年28岁，研究生毕业留在了大城市，有一份比较好的白领工作，每月税后收入为6 500元，单位还给陈浩缴纳了各种社会保险，并提供医疗保险和意外保险。目前，陈浩无购房计划，每月的生活费用支出为3 500元，每月结余3 000元。

要求：根据陈浩的背景资料，请为陈浩制订一份保险规划方案。

训练二

目的：提高制订家庭成长期保险规划方案的技能

内容：王明和王芳从小在农村一起长大并结婚，婚后一起到省城打拼。王明35岁，是一名快递员，月收入9 000元，没有任何社会保障；王芳33岁，是一名超市收银员，月收入4 000元，有社保；女儿今年8岁，小学二年级。一家三口刚刚搬进新购买的房子，有50万元的购房贷款未还，家里还有一辆捷达小轿车，价值5万元。

要求：根据背景资料，请为王明夫妇制订一份保险规划方案。

项目六 投资规划

学习目标

知识目标

★理解投资及投资规划的概念，厘清投资规划与理财规划的关系。

★熟悉投资规划的具体流程。

★掌握债券、股票、基金、银行理财产品等投资规划工具的特点、分类、收益与风险特征。

技能目标

★树立正确的投资理念。

★能够熟练运作投资工具进行投资规划。

素养目标

★能够树立正确的投资理念，遵守国家相关政策法规。

★帮助客户建立正确的投资理念，普及金融常识，提高金融素养。

案例导入

新发回温，主动权益基金“失宠”

经历了年初市场下跌，基金销售跌入冰点，随着第二季度市场回暖，基金销售也逐步升温，并超越前两年同期。但权益类基金（股票型+混合型）新发规模占比在近3年来首次不足两成。有业内人士反馈，目前含债、含权益的“固收+”产品在渠道销售方面更受欢迎。截至2024年5月30日，年内新发基金共497只，总规模达4 532.71亿元。

资料来源：作者根据相关资料编写。

提起理财，大家往往第一印象就是债券、股票、基金、黄金、银行理财产品等，将投资等同于理财，将投资规划等同于理财规划。其实，通过前面的学习我们已经了解到，投资规划只是理财规划的一部分，理财规划的各项目标都是通过一系列的规划来实现的，且大多数需要通过上述投资工具来实现。因此，投资规划在理财规划中至关重要，熟悉和掌握投资规划的流程以及各项投资工具的特点、运作原理及适用人群，有助于我们实现各项理财目标，也会进一步提升自我理财能力。

任务一　熟悉投资规划

一、投资规划概述

微课 6-1

投资规划概述

（一）投资

投资是指投资者运用自己持有的资本，来购买实际资产或者金融资产，其目的是在一定时期内预期获得资产增值，本金在未来能增值或获得收益的所有活动都可称为投资。我们一般把投资分为实物投资和金融投资两种。

实物投资包括对有形资产，如土地、机器、厂房等的投资；金融投资包括对各种金融工具，如股票、固定收益证券、金融信托、基金产品、外汇和金融衍生品等的投资。本书所讲的投资主要是金融投资。

（二）投资规划

投资规划是理财规划的一个重要组成部分，是个人和家庭对其一生或某一特定阶段或某一特定事项的现金流在不同时间、不同投资对象上进行配置，以获取与风险相匹配的最优收益的过程。

1. 投资与投资规划

投资规划不完全等同于投资。投资强调通过投资标的来创造收益，其技术性和复杂度较高，要对宏观经济环境、投资行业和具体的投资标的进行细致分析，并通过构建投资组合以达到分散风险、获取收益的目的。而投资规划侧重资产配置过程，其程序性和计划性更强，主要是利用投资过程创造的潜在收益来实现各项理财目标。

2. 理财规划与投资规划

微课 6-2

投资规划流程

投资规划是理财规划的重要组成部分。理财规划各项目标的实现最后的落脚点大部分都依赖于投资规划。例如，我们前面学过的购房规划，以及后面将要学习的子女教育规划、退休养老规划、财产分配与传承规划等，都需要投资规划来助力实现资产的保值增值，进而达到满足资金需求、实现理财目标的目的。

二、投资规划流程

对于投资和投资规划有了一个比较明确的认识后，要从整体上掌握整个投资规划的流程，将各阶段要做的工作和要实现的目标划分为五步：客户分析、资产配置、证券选择、投资执行和投资业绩评估。一般来说，投资规划的流程由理财规划师来实施并操作。

（一）客户分析

这一阶段，理财规划师通过对客户各方面信息的分析，来协助客户确定投资目标，具体包括分析相关财务信息、分析客户现有投资组合信息、分析客户的风险偏好状况。

1. 分析相关财务信息

财务信息是理财规划师为客户制订投资规划时最重要、最基本的信息。财务信息包括客户的收入支出情况、现有的资产状况、投资期限和税负状况等。

2. 分析客户现有投资组合信息

通过对客户现有投资组合信息进行分析，可以了解客户现有资产配置是否合理。例如，客户拥有的金融资产和实物资产比例各为多少？客户投资资产的流动性如何？客户的投资有无特殊偏好？客户的投资资产是否需要根据当前资本市场情况进行调整？只有通过对投资组合现状进行分析，才可以了解客户目前资产存在的问题及其改进的空间。

3. 分析宏观经济形势

在不同的宏观环境下，为同一客户制订的投资规划可能完全不同。例如，资本市场环境不同，投资者的风险与收益预期也随之不同，进而影响投资者的投资决策和动机。在牛市环境中，投资者会提高收益和风险预期，可以接受更多类型的投资策略。此时，股票、股票型基金等金融产品会受到投资者的青睐。在金融资产价格持续下跌时，投资者则会青睐短期、中期的固定收益证券等收益稳定的金融产品和稳健型投资策略。同时，投资活动本身也会受到诸多宏观变量的影响。因此，理财规划师应熟悉整体宏观经济形势，密切关注宏观经济因素，如CPI、利率、汇率、税率等指标的变化，这样才可以帮助客户制订出符合实际的投资规划。

4. 分析客户的风险偏好状况

投资最主要的是要考虑风险和收益间的权衡关系，所承受的风险水平不同，相应获得的收益也就不同。因此，投资规划的前提是要明确客户的风险偏好，这样才能制订出与客户风险偏好一致、行之有效的投资规划。

客户的风险偏好属于客户的判断性信息，从理财的角度来看，客户的风险偏好可以分为五种类型：保守型、轻度保守型、中立型、轻度进取型和进取型。不同风险偏好客户的投资组合比例不尽相同，具体标准见表6-1。

表6-1 不同风险偏好下投资组合比例

类型	资产组合	增值能力
保守型	成长性资产：30%以下 定息资产：70%以上	资产增值可能性小
轻度保守型	成长性资产：30%~50% 定息资产：50%~70%	资产有一定增值潜力
中立型	成长性资产：50%~70% 定息资产：30%~50%	资产有一定增值潜力，资产价值波动较小
轻度进取型	成长性资产：70%~80% 定息资产：20%~30%	资产有较大的增值潜力，资产价值波动较大
进取型	成长性资产：80%~100% 定息资产：0~20%	资产增值潜力较大，资产价值波动较大

接下来，根据以上信息，准确判断客户的风险承受能力和投资偏好，规划出客户可

用于投资的资金，进而协助客户确定一个可行的、合理的投资目标。

（二）资产配置

资产配置实质上是一个风险管理的过程，主要是根据客户的投资目标和对风险收益的要求，将客户的资金分配在各类资产中，并确定各类资产的资金比例，力图降低市场波动对投资组合的影响。资产配置是投资过程中最重要的环节之一，也是决定投资组合收益水平的主要因素。根据层次的不同，资产配置主要分为两个部分：注重长期目标的战略性资产配置和注重短期目标的战术性资产配置。

1. 战略性资产配置

战略性资产配置是指在较长的投资期限内，根据各资产类别的风险和收益特征以及投资者的投资目标，确定资产在现金、股票、债券、实物资产等方面应该分配的比例，确定最佳长期资产组合。一般来说，一旦确定了战略性资产配置，在较长时期内（如1年以上）不再变动和调整。战略性资产配置是实施投资规划的基础环节，是实现投资目标最重要的保障，也是组合收益的最主要来源。

2. 战术性资产配置

战术性资产配置是一个积极的管理过程，基于对短期市场波动的有效预测，根据资本市场环境及条件的变化对现有资产配置进行动态调整，从而增加投资组合收益或降低组合风险。例如，当市场利率处于高点、央行有降息预期时，预示着债券价格会随着利率的下降而上涨，这时要适时加大投资组合中债券或债券型基金的数量和比例。

（三）证券选择

这个阶段主要是对市场上可以选择的证券类投资工具进行分析，综合运用各种投资组合技术，确定各种投资工具，如债券、股票、基金、金融衍生品、银行理财产品、黄金、外汇等的比例，为客户制定出合适的投资组合。一般来说，债券、股票、金融衍生品、黄金、外汇等投资工具对投资者的专业水平要求较高，因此投资规划中经常用到的投资工具是基金和理财产品。

（四）投资执行

投资执行是指在制订理财方案的基础上执行投资规划。在执行的过程中应注意对投资策略进行监督，以便及时调整。

（五）投资业绩评估

投资规划不可能一次成型，需要不断地修正改进，每一个方案在付诸实施后都需要对其效果进行评价。宏观经济形势的变化、客户预期收支的变化以及客户风险承受能力的变化，都需要我们对投资规划进行修改。例如，随着美元加息预期的不断确定以及国际避险情绪的高涨，一般会建议客户增加外币资产（美元）的持有量。整个投资规划流程，如图6-1所示。

三、树立正确的投资理念

（一）兼顾风险与收益的理念

从理论上来讲，收益与风险是正相关的关系，即收益越高，面临的风险就越大。同时，我们要明确地认识到，任何投资都是有风险的，只是风险高低程度不同。通过分散投资只能降低非系统性风险，却不能消除系统性风险。

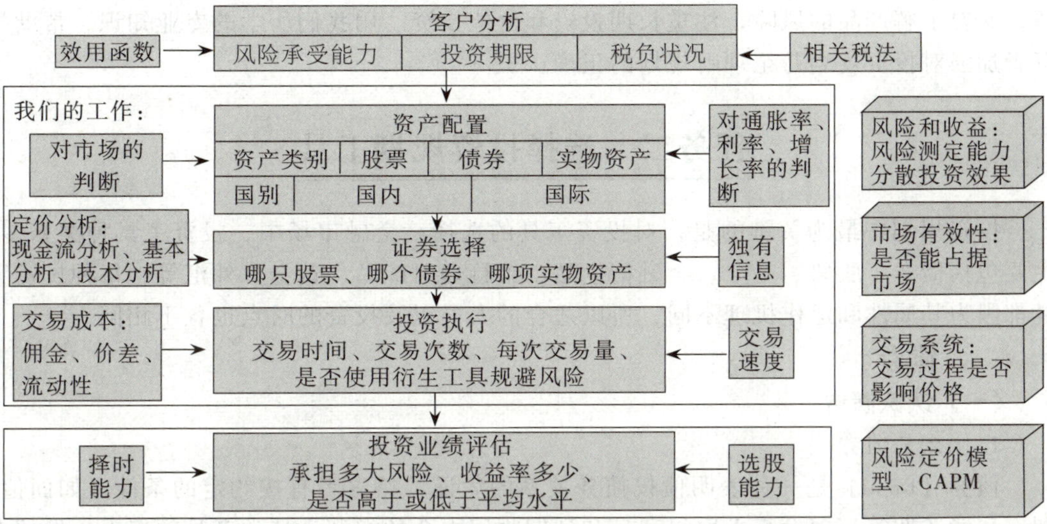

图6-1　投资规划流程图

所谓系统性风险，是指政治、经济、社会等环境因素对证券价格所造成的影响。系统性风险的特点是对整个市场上多数证券价格产生不利影响，具有普遍性，无法通过分散投资来抵消，因此系统性风险又称不可分散风险。系统性风险具体包括政策风险、利率风险、购买力风险、市场风险四类。非系统性风险，又称可分散风险，是指由某一特殊因素引起的，只对某个行业或个别公司证券产生影响的风险。例如，经营风险、信用风险、财务风险、流动性风险、操作风险和道德风险，都属于非系统性风险，可以通过投资组合来分散。

因此，在投资的过程中，要全面考虑收益与风险的平衡关系，对普通投资者来说，投资的安全性更为重要。在投资规划的过程中，应根据客户的风险偏好、风险承受能力来配置与风险匹配的投资产品，而不是一味地追求收益。

（二）长期投资的理念

任何一项投资规划的制订都是基于对该投资项目未来良好的预期，且任何投资都会有一定的投资期限，只有在较长的时间内，才可以实现长期投资的时间复利效果，进而分散资本市场多空、有价证券价格起伏的短期风险，使投资者稳定获利。因此，在进行投资规划时，应避免短线频繁操作、追涨杀跌，把握住市场的发展趋势，将一部分资金用于长期投资。

（三）价值投资的理念

众所周知，股神巴菲特是价值投资的信仰者和坚定执行者，他认为在投资时，选择优质行业、优秀企业、合理价格、长期持有、适当分散五大要点缺一不可。对普通投资者来说，虽不能完全掌握巴菲特的投资策略，但应树立价值投资的理念，即在进行投资时，应着重关注投资对象的经济价值，而不应该将收益的取得寄希望于短期价格波动带来的差价。

金融市场投资充满了风险，理财规划师不仅要学好金融相关知识，还要将正确的投资理念传递给客户。提醒他们在购买理财产品和进行其他投资时，既要关注产品的收益率，又要了解产品的风险，注重长期投资和价值投资。用我们所学的专业知识，帮助投资者加强对投资规划乃至理财规划的正确认识。

任务二 选择投资规划工具

投资规划中最为关键的是，对投资工具的选择。金融市场中，投资工具种类繁多，主要包括债券、股票、基金、金融衍生品、银行理财产品、黄金、外汇等，每种投资工具都因为其属性和运作机理不同，所以适合的人群以及投资的时点也各不相同。

一、债券

（一）认识债券

1. 什么是债券

债券（Bond）是一种表明债权债务关系的凭证，持券者有按约定的条件（如面值、利率和偿还期等）向发行人取得利息和到期收回本金的权利。持券者是债权人，发债者（如国家、地方政府、公司或金融机构）是债务人。

在所有金融工具中，债券属于债务类工具，其性质、交易和定价与其他的金融工具有很大不同。同时，债券市场是资本市场中极为重要的组成部分，债券交易在资本市场交易活动中占有很大的比重。

2. 债券的特点

债券作为一种债权债务凭证，从投资者的角度来看，具有以下四个特征：

（1）偿还性。债券的偿还性是指发行人必须按约定条件，在一定的期限内偿还本金并支付利息。因此，债券一般都会规定偿还期限。

（2）流动性。债券的流动性是指债券可以在流通市场上自由转让，具有较强的流动性。但是，债券的流动性一般与发行者的信誉和债券的期限紧密相关。

（3）安全性。债券的安全性表现为两个方面：第一，债券通常规定有固定的利率，收益比较稳定；第二，在企业破产时，债券持有者享有优先于股票持有者的企业剩余资产索取权。因此，与股票相比，债券的风险较小。需要注意的是，债券的这种安全性是相对的，并不是说债券绝对安全，没有风险。实际上，债券的价格会受到各种因素（如市场利率上升、债券信用等级下降）的影响而下跌。

（4）收益性。收益性是指债券能够为投资者带来一定的收入。债券的收益性表现为投资债券可以带来利息收入，还可以利用债券的价格变动，买卖债券，赚取差价（即资本利得）。

正是由于以上四个特点，人们把债券称为固定收益债券。当然，一种债券的上述四个特点之间也存在一定的转换关系。也就是说，一种债券不可能同时具备以上四个特点。比如，企业债券的风险高于国债，通常在期限相同的条件下，企业债券的利率高于国债利率。

3. 债券的基本要素

债券是固定收益证券的主要形式，代表拥有对未来发生的一系列具有确定数额收入的要求权，反映的是债权债务关系。因此，债券必须以一定格式的票面形式来表现。通常，债券票面上有四个基本要素：票面价值、到期期限、票面利率和发行者名称。

（1）票面价值。债券的票面价值，简称面值，是指债券发行时所设定的票面金额，它代表着发行人借入并承诺未来某一特定日期（一般为债券到期日）偿付给债券持有人的金额。目前，我国发行的债券一般是每张面值为100元人民币。

（2）到期期限。债券具有一定期限，如10年期债券、5年期债券。对投资者来说，债券的到期期限是指从债券购买日起至债券到期日为止的期限长度，又称债券的剩余期限。

（3）票面利率。债券的票面利率，又称名义利率，是债券年利息与债券面值的比率。

（4）发行者名称。发行者名称是指债券的债务主体，为债权人到期追索本金和利息提供依据。

（二）债券的种类

债券的种类繁多，可以依据不同的标准分为不同的类型。

1. 按照发行主体划分，债券可分为政府债券、金融债券和公司债券

（1）政府债券。政府债券的发行主体是政府。政府债券的信用等级最高，被公认为是最安全的投资工具。政府债券又可以进一步划分为中央政府债券、地方政府债券和政府机构债券。在我国，中央政府债券，又称国债，因其信誉好、利率优、风险小而被称为“金边债券”。

（2）金融债券。金融债券是指银行及其分支机构或非银行金融机构依照法定程序并约定在一定期限内还本付息的有价证券。金融债券的发行主体是银行等金融机构。由于金融机构一般具有雄厚的资金实力，信用度较高，因此金融债券的信用等级较高，仅次于政府债券。同时，在我国，投资者购买金融债券的利息收入免缴个人所得税。

（3）公司债券。公司债券是指公司依照法定程序发行的，约定在一定期限还本付息的有价证券。目前，我国的公司债券仅限于上市公司发行。同政府债券和金融债券相比较，公司债券具有风险大、收益高的特点，一般而言，公司债券的利息收入和资本利得需要缴纳个人所得税。

2. 按照期限长短划分，债券可分为短期债券、中期债券和长期债券

（1）短期债券。短期债券是指偿还期限在1年以内的债券。短期债券的发行者主要是企业和政府。美国政府发行的短期债券分为3个月、6个月、9个月和12个月四种。我国政府发行的短期债券分为3个月、6个月和9个月三种。

（2）中期债券。中期债券是指期限在1年以上、10年以下的债券。我国政府发行的各种国债和银行发行的金融债券，多属于中期债券。

（3）长期债券。长期债券是指期限在10年以上的债券。发行者主要是政府、金融机构和企业。

3. 按照利息支付方式划分，债券可分为零息债券和附息债券

（1）零息债券。零息债券是指债券合约未规定利息支付的债券。这类债券通常以低于面值的价格发行，到期按面值一次性支付本金。零息债券一般以短期债券居多。

（2）附息债券。附息债券是指按照债券合约规定，在债券存续期内，对持有人定期支付利息的债券。附息债券一般为长期债券，债券发行人每年或每半年按票面利率支付债券持有人利息，并到期归还本金。

4. 按照是否有抵押划分，债券可分为信用债券和抵押债券

（1）信用债券。信用债券是全凭发行者的信用而发行的债券，不需要特定的财产作为发债的抵押与担保。政府债券一般为信用债券，信用好的金融公司发行的债券也多属于信用债券。

（2）抵押债券。抵押债券是指以特定财产作为抵押而发行的债券。在发债人不能按时还本付息的情况下，债券持有人对抵押财产具有留置权，即拥有出售抵押财产来获得其未偿债权的权利。大部分的公司债都属于抵押债券。

5. 按照是否可转换划分，债券可分为可转换债券和不可转换债券

（1）可转换债券。可转换债券，又称可转债，是一种可以在特定时间、按特定条件转换为普通股票的特殊企业债券。可转换债券兼有债券和股票的特征，具有债权性、股权性和可转换性三个特点。

其中，可转换性是可转换债券的重要标志。债券持有人可以按约定的条件将债券转换成股票。可转换债券在发行时就明确约定，债券持有人可按照发行时约定的价格将债券转换成公司的普通股票。如果债券持有人不想转换，则可以继续持有债券，直到偿还期满时收取本金和利息，或者在流通市场出售变现。如果持有人看好发债公司股票增值潜力，在宽限期之后可以行使转换权，按照预定转换价格将债券转换成为股票，发债公司不得拒绝。正因为具有可转换性，可转换债券利率一般低于普通公司债券利率，企业发行可转换债券可以降低筹资成本。可转换债券类似普通债券，加上看涨期权、具有的可转换性，使得可转换债券在二级市场上的价格随着标的的股票价格变动而有巨大的变动。

（2）不可转换债券。不可转换债券是指不能转换为普通股的债券，又称普通债券。由于不可转换债券具有的没有赋予债券持有人将来成为公司股东的权利，因此其利率一般高于可转换债券的利率。

（三）债券的收益和风险

1. 债券的收益

（1）债券的收益来源。债券的收益主要来自债券的利息收入、利息再投资收入和债券的资本利得三个方面。利息收入是债券投资收入最基本的组成部分。对固定利率债券来说，这部分收益是事先确定的。利息再投资收入是指债券持有者将持有期间收到的利息用于再投资所实现的报酬。债券的资本利得是指债券买卖差价带来的收益或损失。在债券市场上，利率的变动会导致债券价格发生波动。当利率上升时，债券的价格会下降；当利率下降时，债券的价格会上升。

（2）债券收益率的计算。人们购买了债券，可能会持有至到期，也可能未到期就卖出了，还可能被发行公司提前赎回。那么，人们在持有债券的期间到底获得了多少回报呢？衡量债券投资收益的形式有很多，如债券的票面利率、当前收益率、到期收益率、持有期收益率、赎回收益率等。其中，最重要的两个指标就是到期收益率和持有期收

益率。

①到期收益率。到期收益率是指现在买进，持有至到期日这段时间债券的平均回报率。债券的到期收益率可以用理财计算器计算得出。我们接下来通过案例来进一步学习到期收益率。

【例6-1】假设持有一份面值为100元的10年期债券，发行价格为95元，票面利率为6%，每年付息一次，请问债券的到期收益率是多少？

案例解析：

利用理财计算器：FV=100，N=10，PV=−95，PMT=100×6%=6，求得I/Y=6.7。因此，债券的到期收益率为6.7%。

【例6-2】某面值为100元的10年期债券，发行价格为103元，票面利率为6%，每年付息一次，请问债券的到期收益率是多少？

案例解析：

利用理财计算器：FV=100，N=10，PV=−103，PMT=100×6%=6，求得I/Y=5.6。因此，债券的到期收益率为5.6%。

【例6-3】某面值为100元的10年期债券，发行价格为100元，票面利率为6%，每年付息一次，请问债券的到期收益率是多少？

案例解析：

利用理财计算器：FV=100，N=10，PV=-100，PMT=100×6%=6，求得I/Y=6。因此，债券的到期收益率为6%。

通过上述三个案例，我们可以发现，由于债券的发行价格和面值大小不同，导致债券到期收益率与票面利率之间的关系也不相同，因此按照债券发行价格与面值的不同，可将债券发行分为三种情况：

A.发行价格＜面值，到期收益率＞票面利率，债券折价发行。

B.发行价格＞面值，到期收益率＜票面利率，债券溢价发行。

C.发行价格=面值，到期收益率=票面利率，债券平价发行。

②持有期收益率。通常情况下，投资者并不持有债券到期，他所关心的是在他持有债券期间获得的收益率，这个收益率就是持有期收益率。持有期收益率是指现在买进，持有较长时间后，以某个价格卖出债券，在整个持有期债券的平均回报率。这个收益率也基本衡量了投资者的实际投资收入情况。若持有期间在1年以内，则可以利用下面的公式进行计算：

$$\text{持有期收益率} = \frac{\text{卖出价格} - \text{买入价格} + \text{持有期利息收入}}{\text{买入价格}} \times 100\%$$

【例6-4】投资者在2023年1月21日以100元的价格，买入某10年期面值为100元的债券，已知债券每年付息一次，票面利率为5%。2024年1月21日以103元的价格卖出，请计算债券的持有期收益率。

案例解析：

$$\text{持有期收益率} = \frac{103 - 100 + 5}{100} \times 100\% = 8\%$$

因此，债券的持有期收益率为8%。

2. 债券的风险

与其他任何投资工具一样，债券投资也有风险。债券的投资风险主要包括：

（1）利率风险。利率风险是债券投资者面临的最主要风险，这是因为债券价格波动的主要原因在于利率波动。当市场利率上升时，债券价格一般会下跌；反之，当市场利率下降时，债券的价格一般会上升。当市场利率波动不定时，债券的价格也会随之变动。

（2）购买力风险（通货膨胀风险）。债券发行者在协议中承诺付给债券持有人的利息或本金的偿还，都是事先议定的固定金额。当通货膨胀发生时，货币的实际购买能力下降，就会造成在市场上能购买的东西相对减少，甚至有可能低于原来投资金额的购买力。

（3）信用风险（违约风险）。债券的信用风险是指发行者不能履行合约，无法按期还本付息。债券信用风险的测定由信用评级机构负责，用字母来表明信用等级的高低，如标准普尔评级机构用AAA代表最高的信用等级，此类债券违约风险极低。债券的信用级别越低，信用风险越高，需要通过高回报率来进行补偿。但信用等级也仅作为参考，并不是说信用级别最高的债券就一定不会发生违约风险。

（4）流动性风险。流动性风险是指当投资者急于将手中的债券转让出去，却无法及时转让，或者及时转让时不得不在价格上打折扣，或要支付一定佣金的情况。

（5）赎回性风险。具有回收性条款的债券有被强制收回的可能。当市场利率下降、投资者按券面的名义利率收取实际增额利息时，预期收益就会遭受损失。

二、股票

（一）认识股票

股票是股份有限公司发行的表明投资者投资份额及其权利义务的所有权凭证，是股份有限公司为筹集资金而发行给各股东作为持股凭证的一种有价证券。

1. 股票的特点

（1）收益性。收益性是指股东凭其持有的股票，有权按公司章程从公司领取股息和红利。

（2）不返还性。不返还性是指持有人购买股票后就不能退股。

（3）风险性。风险性是指投资者购买股票未能获得预期收益的可能性，甚至出现股份公司破产倒闭而无法收回本金的情况。

（4）流动性。股票可以通过证券市场进行买卖交易。

2. 股票的分类

（1）按照股东权利划分，股票可分为普通股和优先股。

① 普通股。普通股是指在公司的经营管理、盈利及财产的分配上享有普通权利的股份，代表满足所有债权偿付要求及优先股股东的收益权与求偿权要求后对企业盈利和剩余财产的索取权，它构成公司资本的基础，是股票的一种基本形式，也是发行量最大、最为重要的股票。目前，在上海证券交易所和深圳证券交易所上市交易的股票，都是普通股。普通股的股票持有者按其所持有股份公司股票的比例拥有决策参与权、利润分配权、优先认购股权和剩余资产分配权等基本权利。

② 优先股。优先股是相对于普通股而言的，是股份公司发行的在分配利润和剩余财产时比普通股具有优先权的股份。与普通股相比，优先股通常预先规定股息收益率，

由于股息收益率是事先确定的，因此优先股的股息一般不会根据公司的经营情况而增减。虽然优先股不能参与股份公司的分红，但可以先于普通股获得股息。同时，优先股股东一般没有选举权和被选举权，对股份公司的重大经营无投票权，但在某些情况下可以享有投票权。如果公司股东大会需要讨论与优先股有关的索偿权，即优先股的索偿权先于普通股，仅次于债权人。

（2）按照上市地点划分，股票可分为A股、B股、H股、N股、S股。

① A股。A股，即人民币普通股，是由我国境内公司发行，境内机构和个人（不含港澳台投资者）以人民币认购和交易的普通股股票。

② B股。B股是以人民币标明面值，以外币及港元购买的股票（沪市B股用美元购买，深市B股用港元购买）。

③ H股。H股是指在内地注册，在中国香港上市的股票。H股面值以人民币作价，但以港元在中国香港证券交易所交易。

④ N股。N股是指在内地注册，在纽约上市的外资股。

⑤ S股。S股是指在内地注册，在新加坡上市的外资股。

（3）按照风险和收益标准划分，股票可分为蓝筹股、绩优股和垃圾股。

① 蓝筹股。通常将那些经营业绩较好，具有稳定的较高的现金股利支付的公司股票称为蓝筹股。

② 绩优股。绩优股是指业绩优良公司的股票。在我国，衡量绩优股的指标有每股税后利润和净资产收益率。一般而言，每股税后利润在全体上市公司中处于中上水平、公司上市后净资产收益率连续3年显著超过10%的股票，即为绩优股。

③ 垃圾股。垃圾股是指由于行业前景不好或由于经营管理不善，出现困难甚至亏损，导致股价走低、交投不活跃的一类股票。

（二）股票价格指数

投资者在进行投资时，经常会听到“今天上证指数上涨多少”之类的新闻播报。那么，什么是股票指数呢？股票指数的全称是股票价格指数，是用来衡量计算期一组股票价格相对于基期一组股票价格变动状况的指标，是股票市场总体或局部动态的综合反映。股票市场的运行往往是通过股票价格指数的变动反映出来的。根据反映范围不同，股票指数可分为综合指数和成份股指数。综合指数是以股票全部股本为基础计算指数，典型的综合指数为上证综合指数。成份股指数仅以股票流通股本为基础计算指数，如沪深300指数。

我国境内主要的股票价格指数有上证综合指数、沪深300指数、上证50指数、深证综合指数、深证成份股指数、中证500指数、上证180指数等。境内指数基金主要跟踪的标的指数为上证综合指数、上证50指数、沪深300指数和中证500指数。

1. 上证综合指数

上证综合指数，简称“上证指数”或“上证综指”，其样本股是在上海证券交易所全部上市股票，包括A股和B股，反映了上海证券交易所上市股票价格的变动情况。

上证综合指数是最早发布的指数，是以上交所挂牌上市的全部股票为计算范围，以发行量为权数的加权综合股价指数。这一指数自1991年7月15日起开始实时发布，基日定为1990年12月19日，基日指数定为100点。新上证综合指数发布以2005年12月30日为基日，以当日所有样本股票的市价总值为基期，基点为1 000点。2007年10月16日，上证综合指数达到最高点6 124.04点。

2. 上证50指数

上证50指数，简称上证50，指数代码000016，基日为2003年12月31日。上证50指数是根据科学客观的方法，挑选上海证券市场规模大、流动性好的最具代表性的50只股票组成样本股，以综合反映上海证券市场最具市场影响力的一批优质大盘企业的整体状况。这些大盘成长股具有在牛市中收益稳健、在熊市中抗跌的特性，同时这50只成份股不是一成不变的，会根据“优胜劣汰”原则每半年进行一次更新。

3. 沪深300指数

沪深300指数，是上海证券交易所和深圳证券交易所联合推出的，从上海证券交易所和深圳证券交易所的全部上市股票中选取300只权重较大且流动性好的股票，计算得出的一个综合性成份股指数。这300只股票一般是业绩比较优秀、市值较高的大盘蓝筹股，沪深300指数可以综合反映整个A股市场的状况。

拓展阅读6-1

世界著名股票指数

4. 中证500指数

中证500指数，又称中证中小盘指数，是在全部A股中剔除沪深300指数成份股及总市值排名前300名的股票后，由总市值排名靠前的500只股票组成。它综合反映了我国A股市场中一批中小市值公司的股票价格表现。

（三）股票交易规则

投资者在二级市场上进行股票交易，需要遵循以下交易规则：

1. 竞价方式与交易时间

（1）竞价方式。我国沪深交易所存在集合竞价和连续竞价两种竞价方式。

①集合竞价。集合竞价是将数笔委托报价或一个时间段内的全部委托报价集中在一起，根据不高于申买价和不低于申卖价的原则产生一个成交价格，且在这个价格下成交的股票数量最大，这个价格就作为全部委托的交易价格。开盘价就是由集合竞价产生的。②连续竞价。连续竞价是指对申报的每一笔买卖价格委托，由电脑交易系统按照以下两种情况产生成交价：一是当最高买进申报价格与最低卖出申报价格相同时，该价格为成交价格；二是当买入申报价格高于卖出申报价格时，申报在先的价格即为成交价格。

（2）交易时间。每个交易日（周一到周五，节假日除外），见表6-2。

表6-2 股市交易时间

时间	沪市	深市
9：15—9：25	开盘集合竞价时间	开盘集合竞价时间
9：30—11：30	连续竞价时间	连续竞价时间
13：00—14：57	连续竞价时间	连续竞价时间
14：58—15：00		收盘集合竞价时间

开盘竞价期间，交易所的主动撮合系统只储存而不撮合，当申报竞价时间一结束，撮合系统将根据集合竞价原则，产生该股票的当日开盘价；集合竞价结束，进入连续竞

价时间，交易所的交易主机将按照“价格优先，时间优先”原则为投资者报价进行撮合，当价格相同时，以时间先后顺序进行撮合。

2. 交易金额及涨跌幅限制

（1）交易金额。我国沪深交易所规定股票最低的委托数量为1手，即100股，每次交易必须是100的倍数。例如，2024年4月11日，万科A（000002）的交易价格为7.44元，在不考虑交易手续费的情况下，投资者至少需要744元才可以参与此次交易。同时，投资者投资股票单笔申报的最大数量不应超过100万股。

（2）涨跌幅限制。涨跌幅限制是指证券交易所为了抑制过度投机，防止市场出现过分的暴涨暴跌，而规定了当日证券交易价格在前一交易日收盘价的基础上上下波动的幅度。上海证券交易所和深圳证券交易所交易都实行价格涨跌幅限制，涨跌幅比例为10%，ST股票价格的涨跌幅比例为5%。科创板和创业板的涨跌幅比例为20%。在特殊情况下，如首次公开发行股票和增发股票上市首日，股票交易不实行涨跌幅限制。规定新股上市首日价格不得高于发行价格的144%，不得低于发行价格的64%。

三、证券投资基金

证券投资基金[①]作为国际上一种通行的组合投资方式，自19世纪60年代诞生以来，已经有一百多年的历史。我国基金业从1991年开始算起，至今已有30多年的发展。

（一）认识证券投资基金

1. 什么是证券投资基金

证券投资基金，是指通过发售基金份额，将众多不特定投资者的资金汇聚起来，形成独立财产，委托基金管理人进行投资管理，委托基金托管人进行财产托管，由基金投资人共享投资收益、共担投资风险的集合投资方式。

各国对证券投资基金的称谓有所不同，在美国它被称为“共同基金”，在英国和中国香港特别行政区它被称为“单位信托基金”，在欧洲一些国家它被称为“集合投资基金”“集合投资计划”，在日本和中国台湾地区它被称为“证券投资信托基金”。

2. 基金的当事人

基金的当事人包括基金份额持有人、基金管理人和基金托管人，其运作方式如图6-2所示。

（1）基金份额持有人。基金份额持有人即基金投资者，是基金的出资人、基金资产的所有者和基金投资回报的受益人。

（2）基金管理人。基金管理人是基金产品的募集者和管理者，其最主要的职责就是按照基金合同的约定，负责基金资产的投资运作，在有效控制风险的基础上为基金投资者争取最大的投资收益。基金管理人在基金运作中具有核心作用。在我国，基金管理人只能由依法设立的基金管理公司担任。基金管理人一般按照资产规模获得一定比例的管理费收入。

（3）基金托管人。为了保证基金资产的安全，《中华人民共和国证券投资基金法》规定，基金资产必须由独立于基金管理人的基金托管人保管。基金托管人的职责主要体

① 本书所讲的“证券投资基金”，非特别指出的均为公开募集的证券投资基金，即公募基金。

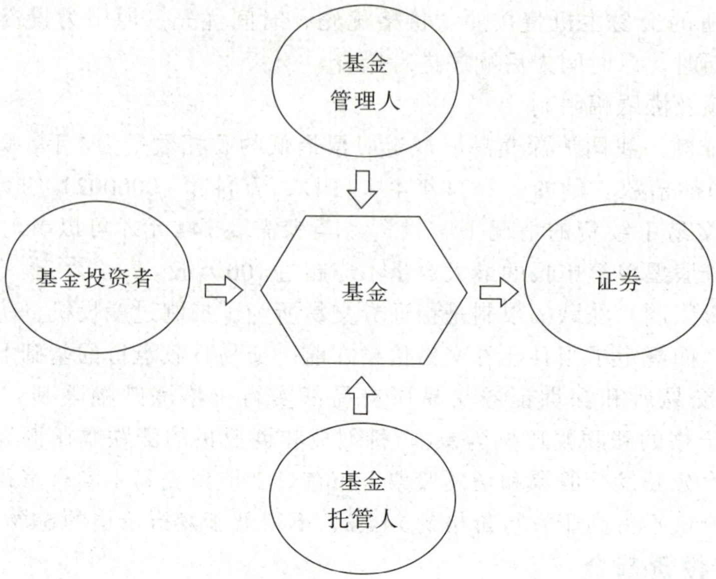

图6-2 证券投资基金的运作方式

现在基金资产保管、基金资金清算、会计复核以及对基金投资运作的监督等方面。在我国，基金托管人只能由依法设立并取得基金托管资格的商业银行或其他金融机构担任。基金托管人一般按照资产规模获得一定比例的托管费收入。

3. 基金的特点

（1）集合理财、专业管理。基金将众多投资者的资金集中起来，委托基金管理人进行共同投资，有利于发挥资金的规模优势，降低投资成本。基金由基金管理人进行投资管理和运作，基金管理人一般拥有大量的专业投资研究人员和强大的信息网络，能够更好地对证券市场进行全方位的动态跟踪与深入分析。将资金交给基金管理人管理，中小投资者也能享受到专业的投资管理服务。

（2）组合投资、分散风险。为降低投资风险，基金通过组合投资的方式进行投资运作。基金管理人通常会购买几十种甚至上百种股票，投资者购买基金就相当于用很少的资金购买了一篮子股票。因此，基金投资人可以充分享受到组合投资、分散风险的优势。

（3）利益共享、风险共担。利益共享是指投资者是基金的所有者，基金的投资收益在扣除由基金承担的费用后的盈余全部归基金投资者所有，并根据投资者持有的基金份额进行分配。风险共担是指基金管理人一般不承担投资损失，由基金投资者根据持有的基金份额比例承担投资风险。

（4）严格监管、信息透明。为切实保护投资者的利益，增强投资者对基金投资的信心，各国（地区）基金监管机构都对证券投资基金实行严格监管，并以法律形式要求基金定期进行充分及时的信息披露，如开放式基金每日公布净值、每季度披露投资组合数据、每年度披露财务数据等。

（5）独立托管、保障安全。基金管理人负责基金的投资操作，本身不参与基金财产的保管，基金财产的保管由独立于基金管理人的基金托管人负责。这种相互制约、相互监督的制衡机制为投资者的利益提供了重要保障。

(二)基金的分类

微课6-3

基金分类

1. 根据法律地位分类

不同的国家(地区)具有不同的法律环境，基金能够采用的法律形式也会有所不同。根据法律地位的不同，基金可分为公司型基金和契约型基金。

(1)公司型基金。公司型基金是依据公司章程设立和经营基金资产，在法律上是具有独立“法人”地位的股份有限公司，基金投资者是基金公司的股东。美国的绝大多数证券投资基金属于公司型基金。

(2)契约型基金。契约型基金是依照基金契约组建和经营基金资产，投资者是信托契约中规定的受益人。目前，我国公募基金全部是契约型基金。

2. 根据运作方式分类

根据运作方式分类，基金可分为封闭式基金和开放式基金。

(1)封闭式基金。封闭式基金是指基金份额在基金合同期限内固定不变，基金份额可以在依法设立的证券交易所交易，但基金份额持有人不得申请赎回的一种基金运作方式。封闭式基金和股票一样，一般在证券交易所交易。1991年成立的“珠江基金”，标志着我国首只封闭式基金的诞生。

(2)开放式基金。开放式基金是指基金份额不固定，基金份额可以在基金合同约定的时间和场所进行申购或者赎回的一种基金运作方式。开放式基金可在银行柜台和证券交易所申购和赎回。2001年9月，我国第一只开放式基金——“华安创新”诞生，使我国基金业发展实现了从封闭式基金到开放式基金的历史性跨越。

封闭式基金和开放式基金在规模、存续期限、流动性、交易方式、交易价格、费用、最小投资额、信息披露、投资策略等方面存在不同，见表6-3。

表6-3 开放式基金与封闭式基金的比较

项目	开放式基金	封闭式基金
规模	不固定，随时变化	固定不变
存续期限	一般无规定，理论上可以无限期存续	由基金合同规定，一般为10～15年
流动性	交易日可赎回，通常T+2可到账(最长时间T+7)	交易日随时卖出
交易方式	一般不上市，通过向基金管理公司和代销机构进行申购赎回	证券交易所上市流通
交易价格	按照每日基金单位资产净值	根据市场行情变化，相对于单位资产净值可能折价或溢价，多为折价
费用	收取申购费、赎回费	收取交易手续费
最小投资额	最低为1元	1手(100份)
信息披露	每日公布基金单位资产净值，每季度公布资产组合，每6个月公布变更的招募说明书	每周公布基金单位资产净值，每季度公布资产组合
投资策略	随时面临赎回压力，强调流动性管理，基金资产中要保持一定现金及流动性资产，以便应对投资者的随时赎回，要求基金管理人具有更高的投资水平	封闭式基金不可赎回，无须提取准备金，能够充分运用资金，全部资金可进行长期投资，取得长期经营绩效

3. 根据投资对象分类

根据投资对象分类，基金可分为股票型基金、债券型基金、混合型基金和货币市场基金，见表6-4。

表6-4 基金按投资对象分类的比较

项目	投资比重	特征
股票型基金	80%以上的基金资产投资于股票	高风险、高收益
债券型基金	80%以上的基金资产投资于债券	较低风险、较低收益
混合型基金	投资于股票、债券和货币市场工具，并且股票投资和债券投资的比例不符合上述规定	风险和收益均衡
货币市场基金	100%的基金资产投资于货币市场工具	低风险、低收益、高流动性

（1）股票型基金。股票型基金是指以股票为主要投资对象的基金。股票型基金在各类基金中历史最为悠久，也是各国广泛采用的一种基金类型。根据中国证监会对基金类别的分类标准：基金资产80%以上投资股票的为股票型基金。同其他类型基金相比，股票型基金收益较高、风险较大，适合风险承受能力较高的投资者，从而获取资本市场的超额收益。

（2）债券型基金。债券型基金是以债券为主要投资对象的基金。中国证监会规定：基金资产80%以上投资债券的为债券型基金。债券型基金又可分为纯债型基金和偏债型基金。纯债型基金只投资于债券市场，而偏债型基金可将一部分资金参与股票一级市场。总体来说，与股票型基金相比，债券型基金风险较低，平均收益略高于银行同期理财产品，适合风险承受能力弱、可长期持有基金的投资者。

（3）混合型基金。混合型基金是以股票和债券作为投资对象，以期通过在不同资产类别上的投资实现收益与风险之间的平衡。中国证监会规定：投资于股票、债券和货币市场工具，但股票投资和债券投资的比例不符合股票型基金和债券型基金规定的为混合型基金。混合型基金的收益和风险介于股票型基金和债券型基金之间，是资产配置的一个很好的品种。

（4）货币市场基金。货币市场基金是以货币市场工具为投资对象的基金。中国证监会规定：仅投资于货币市场工具的为货币市场基金。货币市场基金是现金规划的重要工具。

4. 根据投资目标分类

根据投资目标分类，基金可分为增长型基金、收入型基金和平衡型基金。

（1）增长型基金。增长型基金是指以追求资本增值为基本目标的基金，较少考虑当期收入，主要以具有良好增长潜力的股票为投资对象。此类基金风险大、收益高。股票型基金就是典型的增长型基金。

（2）收入型基金。收入型基金是指以追求稳定的经济性收入为基本目标的基金，主要以大盘蓝筹股、公司债、政府债券等稳定收益证券为投资对象。此类基金风险小、收益低。债券型基金是典型的收入型基金。

（3）平衡型基金。平衡型基金是指既注重资本增值又注重当期收入的基金。此类基金的风险和收益介于增长型基金和收入型基金之间。混合型基金是典型的平衡型基金。

5. 根据投资理念分类

根据投资理念分类，基金可分为主动型基金和被动型基金。

（1）主动型基金。主动型基金是通过主动管理，力求取得超越基金组合表现的基金。股票型基金、混合型基金都是主动型基金。

（2）被动型基金。被动型基金并不会主动寻求取得超越市场的表现，而是试图复制指数。被动型基金一般选取特定的指数作为跟踪对象，因此它又被称为指数基金。常见的指数基金有嘉实300指数基金、广发中证500指数基金、易方达50指数基金等。

6. 根据募集方式分类

根据募集方式分类，基金可分为公募基金和私募基金。

（1）公募基金。公募基金是指可以面向社会公众公开发售的一类基金。本书所讲的基金，均属于公募基金。

（2）私募基金。所谓私募基金，是指在中华人民共和国境内，以非公开方式向投资者募集资金设立的投资基金。与公募基金不同，私募基金只能向合格投资者募集资金，其募集对象是少数特定的投资者，一般为富裕阶层或机构投资者，投资起点较高，一般为100万元起，数量一般不超过200人（契约型基金的人数上限为200人，公司型基金的人数上限为50人），私募基金管理人、私募基金销售机构不得向合格投资者之外的单位和个人募集资金，不得通过报刊、电台、电视、互联网等公众传播媒体或者讲座、报告会、分析会和布告、传单、手机短信、微信、博客和电子邮件等方式向不特定对象宣传推介。

与公募基金相比，私募基金主要有以下特点：

①以绝对收益为目标。相对于公募基金追求相对收益的制度安排，私募基金以追求绝对收益为目标，可满足大部分投资者追求高额收益的理财需求，获得绝对收益也是投资者选择私募基金的首要因素。私募基金能够获得绝对收益，是由以下优势决定的：

首先，私募基金的投资约束相对较少。与公募基金在投资比例上的诸多限制不同，私募基金在仓位限制上比较自由，因此在市场出现大幅度波动时，私募基金可以通过大幅度降低仓位，甚至空仓的方法来回避市场风险，从而有助于投资者实现绝对收益。

其次，私募基金的投资方法更加灵活。部分私募基金在投资运作中，会借助衍生金融工具来对冲风险，甚至可以在市场下跌时利用做空机制获利，这类基金又被称为对冲基金。

②激励机制更为有效。私募基金的基金管理人的主要收益来源于激励部分，通常为投资收益的20%。与公募基金相比，私募基金的业绩与基金管理人水平密切相关，具有较好的利益一致性，从而能对基金管理人形成更有效的激励。

③流动性相对受限。与公募基金随时申购、赎回不同，私募基金在流动性方面相对受限。私募基金封闭期较长，私募基金设立后的封闭期通常在6～24个月，有的甚至长达36个月。在封闭期内，投资者不能赎回资金，只能在开放期间申购或赎回资金。私募基金一般一个月或者一个季度开放一次，影响了投资者资金的使用。

公募基金和私募基金的区别，见表6-5。

表6-5 **公募基金和私募基金的区别**

项目	公募基金	私募基金
募集对象	广大社会公众，不特定的投资者	少数特定的投资者，包括机构和个人
募集方式	公开发售	非公开发售
信息披露	严格要求，及时披露投资信息	保密性强
投资范围	严格限制：有价证券	无严格限制：股票、股权、债券、期权、期货、基金等协议约定的其他投资标的
业绩报酬	按资产规模收取管理费	一般不收取管理费，按业绩收益提成
运营目标	超越业绩比较基准	追求绝对收益和超额收益
投资门槛	10元、100元、1 000元不等	百万元起

7. 特殊类型基金

（1）基金中的基金（FOF）。FOF是指专门投资其他证券投资基金的基金，其投资组合由其他基金组成。根据《公开募集证券投资基金运作管理办法》的规定，80%以上的基金资产投资于其他基金份额的，为基金中的基金。FOF实质是混合型基金。

FOF是近年来新推出的基金品种，随着《基金中基金（FOF）审核指引》（2017年）的发布，2017年10月11日，南方全天候策略等首批6只公募FOF基金陆续成立，标志着FOF正式开始运作；《基金中基金（FOF）审核指引》（2019年，更新版）中明确了"可投资香港互认基金份额"，投资于货币市场基金的比例不得超过基金资产的15%，至此FOF基金业务逐渐步入正轨。目前，我国退休养老规划重要工具之一的养老目标基金主要采用FOF的运作模式。

（2）保本基金。保本基金是指通过一定的保本投资策略进行运作，同时引入保本保障机制，以保证基金份额持有人在保本周期到期时，可以获得投资本金保证的基金。保本基金在本质上是混合型基金。一般来说，只有持有到3年才可以保障本金。

（3）上市交易型开放式指数基金（ETF）。上市交易型开放式指数基金，又称交易所基金，是在交易所上市交易、基金份额可变的一种开放式基金。ETF最早是由加拿大提出的，在美国发展成熟。ETF一般采用被动式投资策略，跟踪某一标的市场指数，因此具有指数基金的特点。

（4）上市开放式基金（LOF）。上市开放式基金是一种既可以在场外市场进行基金份额申购、赎回，又可以在交易所（场内市场）进行基金份额交易、申购和赎回的开放式基金。LOF是我国对证券投资基金的一种本土化创新，既结合了银行等代销机构和交易所交易网络二者的销售优势，为开放式基金的销售开辟了新的渠道，又具有托管机制，可以在交易所进行申购和赎回。因此，它不会出现封闭式基金的大幅度折价交易现象。

ETF和LOF的比较，见表6-6。

表6-6 ETF和LOF的比较

相同点	不同点
二者同时结合了开放式基金和封闭式基金的特点，既能像股票一样在交易所进行买卖，又能像开放式基金一样可以申购、赎回	①ETF本质上是指数型开放式基金，是被动管理基金；LOF是普通的开放式基金，增加了交易所的交易方式，它既可以是指数型基金，也可以是主动管理型基金 ②在申购、赎回时，ETF与投资者交换的是基金份额和“一篮子”股票，而LOF则是与投资者交换现金 ③在一级市场申购、赎回时，ETF的投资者一般是较大型的投资机构和较大规模的个人投资者，而LOF没有限定 ④在二级市场的净值报价上，ETF每15秒提供一个基金净值报价，而LOF则是一天提供一个基金净值报价

（5）QDII基金。QDII是合格境内机构投资者的简写。QDII基金是指在一国境内设立，经该国有关部门批准从事境外证券市场的股票、债券等有价证券投资的基金。QDII基金可以人民币、美元或其他主要外汇货币为计价货币募集。

QDII基金是在我国人民币没有实现可自由兑换、资本项目尚未开放的情况下，有限度地允许境内投资者投资海外证券市场的一种过渡性安排。

（6）分级基金。分级基金是指通过事先约定基金的风险收益分配，将母基金份额分为预期风险收益不同的子份额，并将其中部分或全部类别份额上市交易的结构化证券投资基金。其中，分级基金的基础份额称为母基金份额，一般将预期风险收益较低的子份额称为A类份额，预期风险收益较高的子份额称为B类份额。

微课6-4

基金运作管理

（7）系列基金。系列基金是指基金发起人根据一份总的基金招募书设立多只相互之间可以根据规定的程序及费率水平转换的基金，这些基金共用一个基金合同，独立运作，子基金之间可以相互转换，因此系列基金也称“伞形基金”。

（三）基金的运作管理

1. 基金净值

（1）基金单位净值。基金单位净值是当前的基金总资产除以基金总份额。基金单位净值反映基金目前的资产增值和投资收益情况。基金每个交易日公布基金单位净值，基金单位净值是计算投资者申购基金份额、赎回资金金额的基础，也是评价基金投资业绩的基础指标。一般来说，新基金发行时的基金单位净值为1元。

（2）基金累计净值。基金累计净值=基金单位净值+基金成立后累计单位派息金额，即累计净值包含了分红、拆分份额等情况。基金累计净值反映基金自成立以来的总体收益情况。如果一只基金的单位净值等于累计净值，则表明该只基金自发行以来没有发生过分红和拆分份额的情况。表6-7反映了不同类型基金的单位净值与累计净值。

2. 认购、申购和赎回

（1）认购。投资者在开放式基金募集期间，即基金尚未成立时购买基金，被称为基金认购。购买新基金一般称为基金认购。

表6-7 不同类型基金的单位净值与累计净值

序号	基金代码	基金简称	基金类型	截止日期：2024年5月31日		
				单位净值	累计净值	成立日期
1	000955	南方产业活力	股票型	1.3756	1.3756	2015.1.27
2	202101	南方宝元债券A	债券型	2.5923	4.0543	2002.9.20
3	180012	银华富裕主题混合	混合型	4.3459	5.2989	2006.11.16
4	006886	工银养老2050混合	FOF	1.0822	1.0822	2019.3.28
5	512170	华宝中证医疗ETF	ETF	0.3240	0.3240	2019.5.20
6	160918	大成中小盘混合LOF	LOF	2.3974	6.1018	2014.4.10
7	000011	华夏大盘精选混合	混合型	13.2560	20.4120	2004.8.11
8	110003	易方达上证50指数A	指数型	1.8824	3.8324	2004.3.22

（2）申购。投资者在开放式基金合同生效后购买基金，被称为基金申购。

基金认购与基金申购略有不同，一般区别在于：①认购费一般低于申购费，在基金募集期内认购基金份额，一般会享受到一定的费率优惠。②认购份额要在基金合同生效时确认，并且有封闭期；申购份额通常在T+2日内确认，确认后的下一工作日就可以赎回。

（3）赎回。投资者卖出手中持有基金份额的行为被称为基金赎回。

3. 开放式基金申购、赎回原则

（1）未知价交易原则。投资者在申购和赎回基金时并不能及时获知买卖的成交价格。申购、赎回价格只能以申购、赎回交易时间结束后基金管理人公布的基金份额净值为基准进行计算。

（2）金额申购、份额赎回的原则。股票型基金和债券型基金的申购以金额申请，赎回以份额申请，这是适应未知价格情况下的一种最为简便、安全的交易方式。在这种交易方式下，确切的购买份额和赎回金额在买卖当时是无法确定的，只有在交易次日或更晚些时间才能获知。

4. 基金申购、赎回费用

（1）前端收费和后端收费。前端收费是指投资者在购买开放式基金时就支付申购费的付费方式。后端收费是指投资者在购买开放式基金时并不支付申购费，等到卖出时才支付的付费方式。后端收费的设计是鼓励投资者能够长期持有基金，因此后端收费的费率会随着持有基金时间的增长而递减。

拓展阅读6-2

基金名称后缀中的A、B、C

（2）收费标准。不同风险类型的基金以及同一类型基金的认购费、申购费和赎回费不尽相同。

在具体实践中，基金管理人会针对不同类型的开放式基金、不同认购金额等设置不同的认购和申购费率。一般来说，基金的认购费用低于申购费用，基金的风险越高，费率越高。例如，股票型基金的认购费率为1.2%，申购费率为1.5%，赎回费率为0.5%。债券型基金的认购费比股票型基金低，通常在1%以下。持有的时间不同，赎回费的收费标准也不同，持有时间越长，费率越低。一般来说，基金持有人持有基金超过3年赎回，免收赎回费用。货币市场基金免收申购费和赎回费。以南方产业活力基金为例，表6-8反映了不同申购金额以及持有基金不同期限享受不同的申购费率和赎回费率。

表6-8　南方产业活力基金申购、赎回费率表

申购金额区间	申购费率	持有基金份额期限	赎回费率
小于50万元	1.50%	小于2年	0.50%
大于等于50万元小于500万元	1.20%	大于等于2年小于3年	0.25%
大于等于500万元小于1 000万元	0.60%	大于等于3年	0
大于等于1 000万元	收取固定费用1 000元		

资料来源：节选自南方产业活力股票证券投资基金招募说明书。

5. 申购份额及赎回金额的计算

（1）申购份额。按照《关于统一规范证券投资基金认（申）购费用及认（申）购份额计算方法有关问题的通知》的规定，申购费用与申购份额的计算公式为：

净申购金额=申购金额÷（1+申购费率）

申购费用=申购金额-净申购金额

申购份额=净申购金额÷申购当日基金单位净值

一般规定，基金份额以四舍五入的方法保留小数点后两位或以上，由此产生误差的损失由基金资产承担，产生的收益归基金资产所有。

【例6-5】小王于1月29日投资10 000元申购某股票型基金A，已知申购费率为1.5%，申购当日基金单位净值为1.09元，请计算小王的申购手续费和申购份额。

案例解析：

净申购金额=10 000÷（1+1.5%）=9 852.22（元）

申购费用=10 000-9 852.22=147.78（元）

申购份额=9 852.22÷1.09=9 038.73（份）

因此，小王投资10 000元申购基金A，在基金单位净值为1.09元时，可申购9 038.73份基金单位。

（2）赎回金额。赎回金额的计算公式为：

赎回金额=赎回份额×赎回日基金单位净值×（1-赎回费率）

【例6-6】承接上例，半年后小王决定将该基金的全部份额都赎回，已知赎回当日基金单位净值为1.48元，赎回费率为0.5%，请计算小王可以赎回的金额。

案例解析：

赎回金额=9 038.73×1.48×（1-0.5%）=13 310.43（元）

因此，小王可以赎回的金额为13 310.43元。

6. 基金分红

基金分红可分为现金分红和红利再投资两种方式。

（1）现金分红，是指向投资者分配现金。一般来说，银行默认的分红方式就是现金分红，当投资者对资本市场不看好时，就会选择现金分红方式。

（2）红利再投资，是指将投资者分得的收益再投资于基金，并折算成相应数量的基金份额。当投资者看好资本市场时，就会选择红利再投资方式。这种方式需要投资者向银行提出申请，将现金分红方式改为红利再投资方式。

那么，是不是分红的基金比不分红的基金收益更高呢？我们通过一个案例进行阐述。

案例：小李持有100份的基金M，基金M的单位净值为1.5元，在不考虑各项手续费的情况下，小李持有的基金总资产为150元（100×1.5），基金M的分红方案为每份分红0.5元。

当采用现金分红方式时，小李银行账户会分得50元（100×0.5）。此时，小李是不是多得了50元，总资产为200元（150+50）呢？其实不然，一般在基金分红之后，基金净值会下跌，下跌的幅度与基金分红数额相等。因此，基金M在分红后，基金净值也下降至1元（1.5−0.5）。此时，小李的总资产为150元（100×1（基金账户）+50（银行账户）），其总资产并未发生变化，只是银行账户中多了50元的现金红利，而基金账户相应地减少了50元。

当采用红利再投资方式时，多分的50元不存放在银行账户中，而是按照新的基金净值1元继续申购基金，在不考虑申购费的情况下，新增基金份额为50份（50÷1），即小李基金账户中的基金份额为150份（100+50），总资产为150元（150×1），总资产没有发生任何变化。

通过上述案例我们可以看到，无论是现金分红还是红利再投资，并不是基金公司给予投资者的奖金或红包，只不过把原本属于投资者的钱从左口袋移到了右口袋，如图6-3所示。

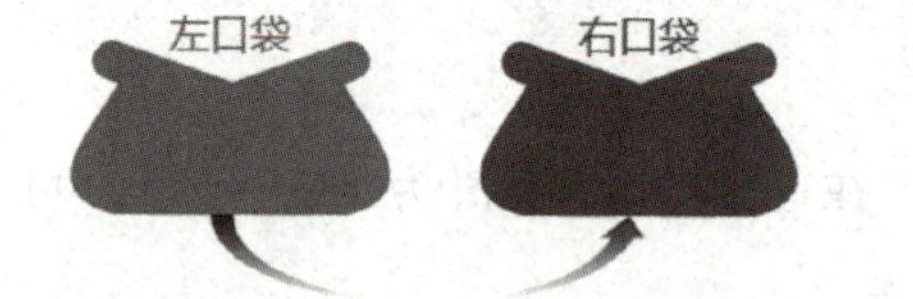

分红 —— 基金净值在做减法

分红前单位净值	分红	分红后单位净值
1.5元	0.5元	1.5 - 0.5 = 1.0 元

如果投资者拥有 100 份基金份额（选择现金分红）

分红前	分红后	
基金账户	银行账户	基金账户
150元	50元	100份×1.0元/份 = 100元

投资者的总体收益并没有变化

图6-3　基金分红把投资者的钱从左口袋移到右口袋

（四）基金交易主要渠道

基金交易渠道可分为基金公司网站交易、商业银行柜台及网上交易、证券公司网上交易和第三方平台基金交易。除银行柜台属线下交易外，其他渠道大部分为线上交易。

1. 基金公司网站交易

各大基金公司都设有自己的网络直销平台，投资者可以在基金公司官方网站或手机端App上直接购买该基金公司的基金产品。以南方基金公司为例（如图6-4所示），投资者可直接登录网站首页，在开通基金账户、绑定银行卡、设置基金交易密码后就可以进行基金的认购、申购和赎回。基金公司网站交易的优点是：①申购费率优惠力度大，有的基金申购甚至可以做到免申购费率；②基金申购、赎回周期较短，便于投资者的资金周转，提高资金使用效率。其缺点是：基金公司一般只销售自家的开放式基金，如在南方基金公司网站和手机端App渠道，只能购买南方基金旗下的各类型基金。若想购买其他基金公司的基金，就只能注册其他基金公司网上交易账户或下载其他基金公司手机端App。这对基金管理造成很大的不便。

图6-4 南方基金网站

2. 商业银行柜台及网上交易

商业银行柜台曾经是基金交易的主要渠道，最高时一度占到90%的比例。目前，各家商业银行均开通了网上基金交易模式，通过网上银行和手机银行均可进行基金交易。以中国银行为例（如图6-5所示），投资者可以通过中国银行网上银行和手机银行开立基金账户，绑定中国银行借记卡后即可进行基金交易，通过筛选基金公司、基金类型来购买市面上大部分的开放式基金。商业银行网上交易渠道的主要优点是可以购买多家基金公司的基金产品。其缺点是：①手续费相对较高。例如，中国银行规定，通过网银进行基金申购的，手续费8折；通过手机银行进行基金申购的，手续费6折。而其他网上渠道，如第三方平台可以做到手续费1折。②基金申购、赎回周期比其他方式要长。在基金赎回方面，股票型基金一般为T+4或T+5到账；债券型基金一般为T+2或T+3到账；货币市场基金流动性最高，一般为T+1或T+2到账。

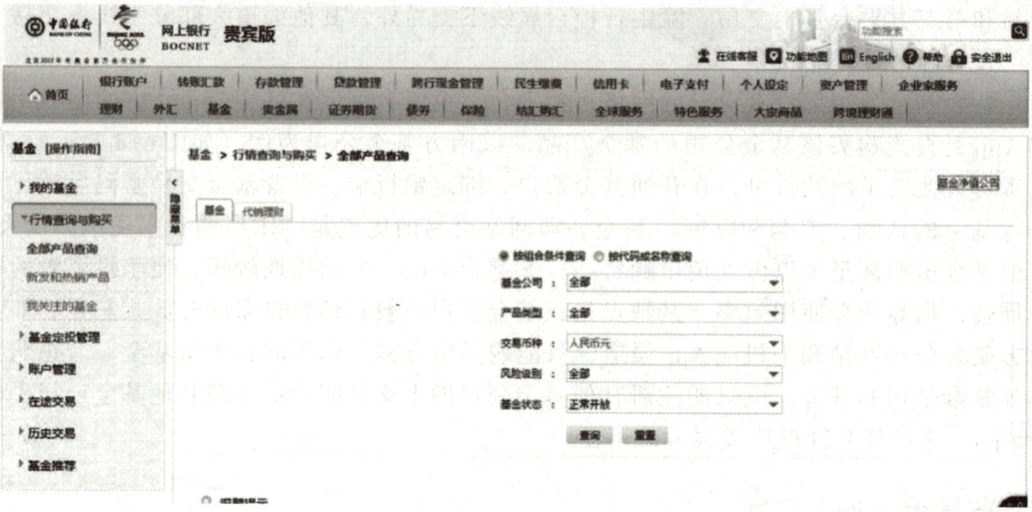

图6-5　中国银行网上银行

3. 证券公司网上交易

证券公司的网上交易平台和手机端App，也是重要的基金交易渠道。投资者开户并绑定银行卡后，可直接进行基金交易（如图6-6所示）。与银行网上交易渠道相比，证券公司网上交易具有以下优势：①专业化的投资理财服务。基金是在证券市场上进行操作的，而证券公司对证券行情把握以及对基金产品的选择更具专业性，能给予投资者更合理的建议。②基金交易方便快捷。证券公司与基金公司之间都有实时联网的交易通道，因此基金申购、赎回的周期较短，提高了资金的使用效率。③在证券公司网上交易平台上可以购买封闭式基金，这是其他交易平台做不到的。

图6-6　中银证券网上交易平台

动画6-1

基金名字的秘密（一）

动画6-2

基金名字的秘密（二）

4. 第三方平台基金交易

随着网上基金销售许可的放开，各大互联网平台也开辟了基金交易渠道。例如，天天基金网、支付宝等都可以进行基金申购、赎回以及基金定投等业务。投资者通过天天基金网不仅可以进行基金交易，还可以直接查询各类基金档案、基金收益排名、基金资讯等，可获得一站式基金服务（如图6-7所示）。同时，第三方平台基金交易的手续费较低，一般为1折。

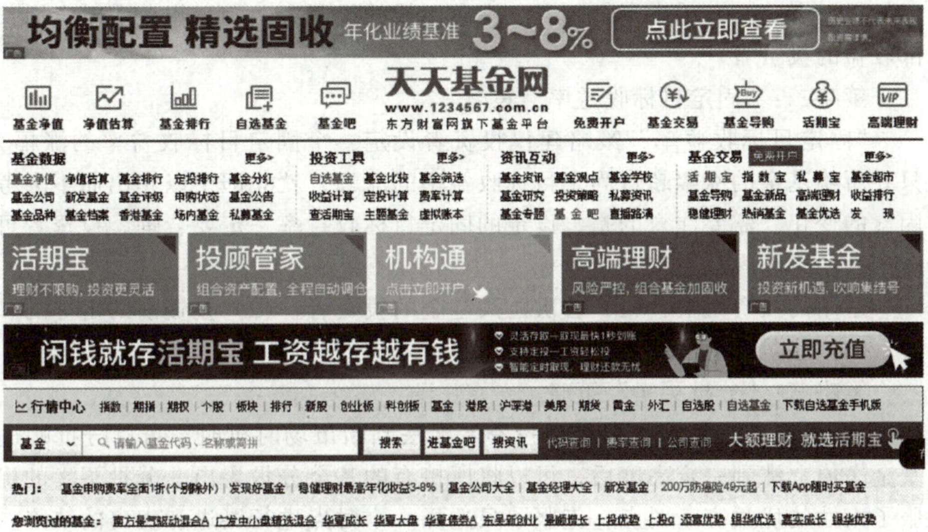

图6-7 基金网上交易平台

例如，支付宝不仅推出了以货币市场基金为主的“宝宝类”理财产品，还开通了基金交易网络平台，通过支付宝App可以申购、赎回各种类型的基金产品，可以每日查询基金账户的收益状况，是年轻一代投资基金产品的主要平台（如图6-8所示）。

图6-8 支付宝基金交易平台

（五）基金的投资策略

策略一："买入并持有"策略。

"买入并持有"策略主要是鉴于优质基金值得长期持有，且在牛市时波段操作的机会减少。同时，基金回报率的高低取决于未来的增长潜力，而不是价格。因此，不建议投资者频繁交易基金，而是应该长期持有。

适用的投资人群：（1）"基龄"较长的投资者；（2）不擅长波段操作、波段操作亏钱的投资者；（3）手中资金闲置、不急用钱的投资者；（4）想获取基金增长所带来的全部收益的投资者。

策略二："固定目标收益率"策略。

"固定目标收益率"策略建议投资者设定一个固定目标收益率的涨幅为获利目标，只要所购基金的涨幅超过固定目标收益率的涨幅，就立即予以卖出而不去考虑其他相关因素的变化。需要注意的是，设定的固定目标收益率一定要合理，投资者可以参考所投资产品的平均收益率来设定目标。

适用的投资人群：（1）首次购买基金的投资者；（2）投资前约定好的、理性的投资者；（3）注重净值波动的投资者。

策略三："分批买卖"策略。

"分批买卖"策略主要是当投资者无法判断市场时机时，可以分批购进基金，而当基金净值上涨到一定高度后，可以将所持有的基金分批售出。分批买卖的优势在于：克服了人性的优柔寡断弱点，克服了只选择一个时点进行买进和卖出的缺陷。

适用的投资人群：（1）投资金额比较大的投资者；（2）对波段操作比较感兴趣的投资者；（3）对资本市场比较有主见，且对自身基金投资比较有信心的投资者。

策略四："定期定投"策略。

"定期定投"策略是每隔一段固定时间，不论市场行情如何波动，都会定期买入固定金额的基金。当基金净值走高时，买进的份额数较少；当基金净值走低时，买进的份额数较多。长期累积下来，投资者在成本摊薄的同时，风险自然也会降低。

适用的投资人群：（1）想降低投资风险的投资者；（2）没有时间进行投资理财的上班一族；（3）做长期理财规划的幸福家庭；（4）强迫自己储蓄的年轻一族。

四、银行理财产品

（一）认识银行理财产品

1. 什么是银行理财产品

银行理财产品是商业银行在对潜在目标客户群分析研究的基础上，针对特定目标客户群开发、设计并销售的资金投资和管理计划。在理财产品的投资过程中，银行只是接受客户的授权管理资金，投资收益与风险由客户或客户与银行按照约定方式承担。银行理财产品是商业银行综合理财服务的一部分。

2. 我国银行理财产品的市场发展历程

2004年7月，国内首个人民币理财产品在光大银行诞生，标志着中国"理财元年"的开启。2018年4月，"资管新规"出台，理财行业全面整顿。我国的银行理财产品市场经历了萌芽、起步、规范、深化发展和转型五个阶段。

第一阶段：萌芽阶段（2005年11月以前）。

2004年，中国光大银行推出了我国首个针对个人客户的人民币理财产品——“阳光理财B计划”，开启了中国的“理财元年”，当时理财产品的募集资金主要投向央行票据等。随后，国内各大商业银行纷纷效仿光大银行，推出了各自的理财产品。但这一阶段理财产品发售数量较少，产品类型比较单一，资金规模也较小。

处于萌芽阶段的理财业务从一开始就隐藏着一些问题和隐患。例如，理财产品大多通过利率管制套利来获取利息收入，这使得各家商业银行用预期收益率作为理财营销用语，刚性兑付由此产生，这为之后理财产品向净值型产品转化设置了障碍。同时，这一阶段以银信合作的信贷类理财产品野蛮生长，理财产品通过资金池来运作、理财期限错配等问题日益严重，为日后的监管埋下了隐患。

第二阶段：起步阶段（2005年11月—2008年6月）。

国内外经济形势发生剧烈震荡，各项经济措施陆续出台，客观上刺激了我国商业银行理财业务的快速发展，理财产品从形式上不断创新，市场的参与主体也趋于多元化。这一阶段的主要特点是理财产品数量飙升、产品类型日益丰富和产品余额屡创新高。《商业银行个人理财业务管理暂行办法》和《商业银行个人理财业务风险管理指引》的发布，标志着商业银行个人理财业务监管框架逐步确立。

第三阶段：规范阶段（2008年7月至2011年12月）。

受全球性金融危机影响，理财产品零收益（负收益）和展期事件不断暴露，法律法规密集出台。同时，我国银行理财产品的发行数量和规模呈几何级数增长，投资方向不断丰富，结构类型日益精细化，合作模式不断拓展，产品的风险控制措施也在不断优化。

第四阶段：深化发展阶段（2012年至2017年12月）。

在这一阶段互联网金融理财业务得到了快速发展。2013年，支付宝推出的“余额宝”一炮而红，随之而来的是互联网巨头们纷纷发布“钱包”系列理财产品，致使大量理财资金由商业银行流向了互联网金融。同时，随着《商业银行理财产品销售管理办法》的发布，以及银行理财登记制度的实施，银行理财在产品销售规范化方面得到了全面地提高。

第五阶段：转型阶段（2018年至今）。

2018年4月，“资管新规”的发布，开启了我国资产管理业务的“严监管”时代，整个理财行业将在日趋规范的环境下运行，公平竞争。同时，“资管新规”也打破了原有银行理财业务刚性兑付、资金池运作等模式，推动银行理财产品从预期收益型产品向净值型产品转型，回归“受人之托、代客理财”的资产管理业务本源。

（二）银行理财产品的分类及特点

《商业银行理财业务监督管理办法》对银行理财产品从不同维度进行分类管理。

1. 根据募集方式的不同，银行理财产品可分为公募理财产品和私募理财产品

（1）公募理财产品，是指商业银行面向不特定社会公众公开发行的理财产品。公募理财产品的购买起点为1万元人民币。

（2）私募理财产品。私募理财产品是指商业银行面向合格投资者非公开发行的理财产品。合格投资者是指具备相应风险识别能力和风险承受能力，投资于单只理财产品不低于一定金额且符合下列条件的自然人、法人或者依法成立的其他组织：

① 具有2年以上投资经历，且满足家庭金融净资产不低于300万元人民币，或者家庭金融资产不低于500万元人民币，或者近3年本人年均收入不低于40万元人民币；

② 最近1年年末净资产不低于1 000万元人民币的法人或依法成立的其他组织；

③ 国务院银行业监督管理机构规定的其他情形。

私募理财产品的投资范围由合同约定，可以投资于债券类资产和权益类资产等。权益类资产是指上市交易的股票、未上市企业股权及其受（收）益权。

2. 根据投资性质的不同，银行理财产品可分为固定收益类理财产品、权益类理财产品、商品及金融衍生品类理财产品和混合类理财产品

（1）固定收益类理财产品。固定收益类理财产品是指以存款、债券等债券类资产作为主要投资对象的理财产品。固定收益类理财产品也可以投资其他类型资产，但存款、债券等债券类资产的比例不得低于80%。

（2）权益类理财产品。权益类理财产品是指主要投资于权益类市场的理财产品，该类理财产品投资股票、未上市公司企业股权等权益类资产的比例不低于80%。当前，部分商业银行推出的投资于权益类资产的FOF理财产品、私募理财产品等，均属于该类型理财产品。

（3）商品及金融衍生品类理财产品。商品及金融衍生品类理财产品是指主要投资于商品及金融衍生品等领域的理财产品，且相关资产的投资比例不低于80%。

（4）混合类理财产品。混合类理财产品通常投资于多种资产组成的资产组合，可投资于债权类资产、权益类资产、商品及金融衍生品类资产，且任意一类资产的投资比例不超过80%。相比其他理财产品，混合类理财产品在投资范围、投资比例上更加灵活。其主要特点有：

① 组合投资可以进一步分散风险，避免某一大类资产配置过于集中在单一市场风险中，同时可享受跨市场的投资收益；

② 赋予产品发行主体较大的主动投资管理权限，较大限度地发挥了银行在资产管理及风险防控方面的优势，资产管理团队可以根据市场状况及时调整投资组合的构成；

③ 混合类理财产品在大类资产配置上可进可退，灵活度更大。

3. 根据运作方式的不同，银行理财产品可分为封闭式理财产品和开放式理财产品

（1）封闭式理财产品。封闭式理财产品是指有确定的到期日，且自产品成立日至终止日，投资者不得进行认购或者赎回的理财产品。

（2）开放式理财产品。开放式理财产品是指自产品成立日至终止日，理财产品的份额不固定，投资者可以按照协议约定，在开放日和相应场所进行认购或者赎回的理财产品。

（三）银行理财产品构成要素

1. 理财产品关系人

（1）产品发行人。产品发行人是发行理财产品并募集资金，主导理财产品的开发、

销售、资金管理、信息披露与收益分配的金融机构。产品发行人可委托其他机构代理承担部分职责，如委托其他机构进行产品设计、投资管理、市场推广等。

（2）产品投资人。产品投资人通常是指购买理财产品，依照合同约定享有投资收益，并承担相应风险的主体。

（3）产品托管人。产品托管人是受产品发行人委托，保管委托资产，执行资金清算、会计核算，提交托管和财务报告，并履行其他相关职责的金融机构。

2. 理财产品投资期限和投资门槛

（1）理财产品投资期限。理财产品投资期限包括产品期限、产品推介期、提前终止或展期、理财收益计算期间等。

① 产品期限是指产品从成立到终止清算日间存续的时间。目前，银行理财产品的期限以1年期以下的居多。“资管新规”发布后，90天以内的封闭式理财产品将被逐渐取消。

② 产品推介期是指从开始销售到销售终止的时间，对于封闭式产品，一般都不超过1个月。开放式产品在其存续期均可进行产品推介。

③ 提前终止或展期是指产品发行方通常拥有提前终止权，理财产品说明书对提前终止或展期事项的条件有明确的规定。

④ 理财收益计算期间是指从产品成立日起至到期日止。在销售期内，客户的资金存放在银行活期账户里，只计活期利息，不计理财收益，从到期日到资金实际到客户账户的时间也只计活期利息或不计息。

（2）理财产品投资门槛。理财产品的投资门槛，即投资起点，是指投资者购买理财产品时的最低出资金额。《商业银行理财业务监督管理办法》第三十条规定：商业银行发行公募理财产品的，单一投资者销售起点金额不得低于1万元人民币。商业银行发行私募理财产品的，合格投资者投资于单只固定收益类理财产品的金额不得低于30万元人民币，投资于单只混合类理财产品的金额不得低于40万元人民币，投资于单只权益类理财产品、单只商品及金融衍生品类理财产品的金额不得低于100万元人民币。

3. 理财产品风险

（1）风险来源。风险来源包括市场风险、政策风险、法律风险、管理风险、流动性风险（大多数理财产品不允许客户提前支取本金，当客户需要资金时，无法将资产及时变现）、产品不成立风险、产品提前终止风险、兑付延期风险等。

（2）风险评级。《商业银行理财业务监督管理办法》规定，商业银行董事会和高级管理层应当充分了解理财业务及其所面临的各类风险，根据本行的经营目标、投资管理能力、风险管理水平等因素，确定开展理财业务的总体战略和政策，确保具备从事理财业务和风险管理所需要的专业人员、业务处理系统、会计核算系统和管理信息系统等人力、物力资源。

（3）风险揭示。商业银行理财产品宣传材料应当在醒目位置提示客户：“理财产品过往业绩不代表其未来表现，不等于理财产品实际收益，产品有风险，投资须谨慎。”客户购买理财产品时，在风险揭示书中必须抄写“本人已经阅读风险揭示，愿意承担投资风险”这段话，并签字确认。购买理财产品实行“双录”。所谓理财产品“双录”，就是对银行销售专区的每个理财产品、其他代销产品销售过程进行录音录像同步监控。“双录”标准一般必须涵盖六个要素，即产品的名称、编号、期限等关键要素，产品主要风险，产品匹配度，客户权益须知，客户对上述内容的确认语句，以及销售人员的销售合规承诺。

（四）银行理财产品净值化

微课6-5

银行理财产品净值化

2018年的“资管新规”给银行理财产品带来最大的变化就是从预期收益型产品向净值型产品转型，打破了原有银行理财业务刚性兑付、资金池运作等模式。

1. 净值型理财产品

所谓净值型理财产品，是指产品发行时未明确预期收益率，产品收益以净值的形式展示，投资者根据产品的实际运作情况，享受浮动收益的理财产品。净值型理财产品又可分为封闭式净值型理财产品和开放式净值型理财产品。

（1）封闭式净值型理财产品。

封闭式净值型理财产品是指产品期限固定，定期披露净值，投资者只能在产品到期时赎回。

产品实行净值化管理，以定期公布的净值增长变化来表达产品的收益变化，同时配以业绩比较基准来帮助投资者了解产品的风险收益属性。以某银行发行的395天封闭式净值型理财产品为例（见表6-9），其业绩比较基准为4.0%，如果到期日公布产品净值为1.06，那么与初始净值1元相比，理财产品实际年化收益率为6%，按照超额业绩报酬50%比例收取业绩报酬，则投资者实际的理财收益率为5.0%。这样投资者的实际投资收益需要产品到期时根据产品业绩测算得出，而不是在产品发行时直接在产品说明书中说明。

表6-9　某银行封闭式净值型理财产品部分条款

产品收益类型	非保本浮动收益型
产品运作模式	封闭式净值型产品
投资目标	以灵活的资产配置策略力争超越业绩基准的收益水平
理财产品份额面值	1元
理财产品存续期限	395天（实际产品期限受制于提前终止条款）
业绩比较基准	业绩比较基准用年化收益率表示，投资者认购本理财产品时，业绩比较基准为4.0%（年化）；业绩比较基准仅用于评价投资结果和测算业绩报酬，不代表管理人对本理财产品的收益承诺或保障
超额业绩报酬	若理财产品到期或提前终止时，理财产品份额的收益超出业绩比较基准，对于超出部分，则按照50%的比例收取超额业绩报酬

（2）开放式净值型理财产品。

开放式净值型理财产品是指产品存续期内定期开放，投资者可根据产品实际情况在开放期内申购和赎回，见表6-10。

表6-10 某银行开放式净值型理财产品部分条款

产品收益类型	固定收益类
产品运作模式	开放式净值型产品
募集方式	公募发行
本金及理财收益（如有，下同）	本理财计划的收益特征为非保本浮动收益类，不保障本金且不保证理财收益；本理财计划的收益随投资收益浮动，投资者可能会因市场变动等而遭受损失，且不设止损点；在理财计划对外投资资产正常回收的情况下，扣除理财计划税费和理财计划费用等相关费用后，计算理财产品的可分配收益
业绩比较基准	A份额：首个投资周期年化3.95%； C份额：首个投资周期年化3.95%； D份额：首个投资周期年化3.95%。 本产品为净值型产品，业绩表现将随市场波动，具有不确定性。业绩比较基准不代表本理财计划的未来表现和实际收益，或管理人对本理财计划进行的收益承诺。投资者不应该将业绩比较基准作为持有本理财计划份额到期的综合投资收益参考值。 理财计划存续期间，管理人有权根据市场情况对业绩比较基准进行调整，该调整将通过《产品说明书》中“信息披露”约定的方式进行信息披露。如未披露调整，则以上一个投资周期的业绩比较基准为准

2. 银行理财产品净值化转型

“资管新规”改变了惯有银行理财产品的表达方式，不得承诺保本保息，不得宣传产品的预期收益率，而是采用“类基金”产品的净值化管理方式，以单位净值来表达理财产品运作过程，并给予金融机构一定的过渡期，到2020年年底净值型产品将全面替代收益类理财产品，2020年受新冠疫情影响，将过渡期延至2021年年底（部分银行净值化转型最晚可放宽至2025年）。相关数据显示，截至2023年2月，理财产品净值化率已超过95%，较“资管新规”发布的数据提高了80.4个百分点。已批准设立理财子公司31家，开业30家，发行理财产品共计22.2万亿元，占市场全部理财产品的80%。

随着理财产品净值化的推进，未来市场上保本理财产品会越来越少，直至清零。作为接受理财专业知识培训的投资者，我们的理财意识需要从储蓄向自负盈亏的投资转变，要更清楚自身的风险承受能力，从风险等级、投资类型、资产配置和历史净值等方面来选择银行理财产品，提高投资规划的实效性。

五、其他投资

（一）黄金

黄金作为全球性的资产投资工具，不仅能够较好地抵御通货膨胀，具有很好的保值功能，还能够进行双向操作，在市场上涨和下跌时均可盈利。因此，在构建投资组合时，黄金是很好的投资工具。

1. 国内黄金主要投资渠道

（1）实物黄金投资。实物黄金是指个人通过银行柜台购买的金条、金块等实物黄金。作为财富储藏和资产保值的有效工具，实物黄金具有品种丰富、实物交割、便于收藏等特点，适合长期投资来抵御通货膨胀所带来的资产贬值。

银行实物黄金主要分为金条、金币和金饰品三类。①金条。金条来源于古代的货币流通，更多应用于收藏和投资领域，全球各大银行及金融机构都储备和流通有自己署名的金条，如上海黄金交易所标准金条。金条分为盎司金和克金，国际上通用的是400盎司（12.5千克）的金条。②金币。从投资和收藏的角度来看，世界上的金币可分为普通金币和纪念金币两种。普通金币是主要用于黄金投资的法定货币，又称投资金币或纯金币，如我国的熊猫金币、孔雀开屏金币，美国的鹰洋金币，澳大利亚的袋鼠金币，加拿大的枫叶金币等。纪念金币是一国的中央政府或银行，为某一纪念题材而限量发行的具有一定的重量、成色和面值，并铸成一定形状的铸金货币。与普通金币相比，它是一种有特殊标志的金币，主要分为奖章式金币和特殊纪念意义的金币。③金饰品。金饰品的投资意义要比金条和金币小很多，其主要体现的是观赏价值。金饰品的加工费用和工艺费用较高，使得价格相对于黄金而言溢价较高，因此金饰品不适合做黄金投资。

（2）纸黄金交易。纸黄金交易是指个人凭证式黄金投资，投资者的买卖交易记录只在个人预先开立的“黄金存折账户”上体现，而不涉及实物黄金的提取，它的报价类似于外汇业务，即跟随国际黄金市场的波动情况进行报价，客户可以通过把握市场走势，低买高抛，赚取差价。

相对于实物黄金，纸黄金交易更为方便快捷，交易成本较低，适合专业投资者进行中短线的操作。纸黄金提供美元金和人民币金两种交易模式，并采用T+0的交割方式，可以当天购买、当天卖出，资金实时到账，便于做日内交易。

（3）黄金T+D交易。黄金T+D交易是指由上海黄金交易所推出的现货延期交易，具有T+0交易、双向交易和保证金交易的特点。同时，上海黄金交易所的黄金T+D品种有做空机制，适合专业的投资者进行投资。

（4）黄金期权。黄金期权是买卖双方具有在未来以约定的价格购买一定数量标的的权利。2019年12月20日，黄金期权在上海期货交易所正式挂牌交易，黄金期权采用欧式期权的行权方式，合约标的物为黄金期货合约（1 000克），分为看涨期权和看跌期权两种，适合专业的投资者进行投资交易。

2. 影响黄金价格的主要因素

影响黄金价格的因素很多，如黄金供求、美元走势、通货膨胀、国际油价、政治局势、本地利率、股市行情，以及各国央行黄金储备的增减等，都对黄金价格走势产生影响。

（1）黄金供求。黄金价格是基于供求关系的。当黄金的产量大幅度增加时，黄金价格会受到影响而回落；反之，黄金价格就会在供小于求的情况下上涨。

（2）美元走势。黄金以美元计价，美元汇率是影响黄金价格波动的重要因素之一。一般来说，二者呈负相关关系，黄金市场上存在美元涨则黄金跌、美元降则黄金扬的规律，如图6-9所示。但在某些特殊时段，尤其是黄金走势非常强或非常弱时，黄金价格也会摆脱美元指数走势的影响。

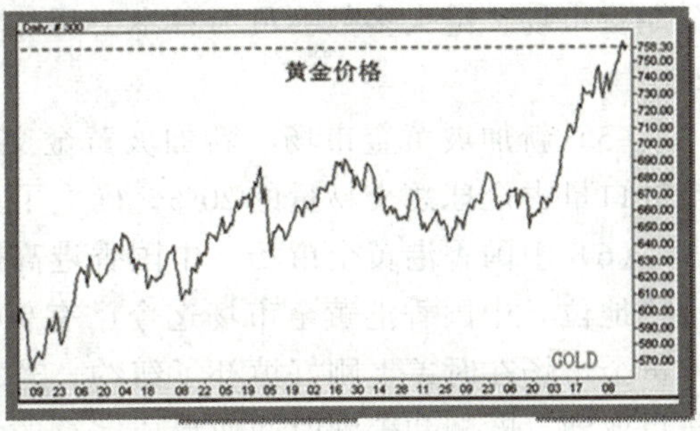

图6-9 美元指数和黄金价格对比

（3）通货膨胀。通货膨胀率越高，货币购买力就越弱，货币贬值，以黄金作为保值的需求变大，黄金价格越高。因此，黄金价格与通货膨胀正相关。美国的通货膨胀率最容易影响黄金价格的变动。

（4）国际油价。石油价格与黄金存在正相关关系。黄金本身是通货膨胀之下的保值品。石油价格上涨意味着通货膨胀会随之而来，黄金价格也会随之上涨。

（5）政治局势。黄金具有很强的避险功能，一旦金融市场出现信用危机，市场资金会更倾向回撤黄金市场寻求避险保值。因此，国际上重大的政治、战争事件都会影响黄金价格。

（6）本地利率。在利率偏低时，投资黄金更有利，黄金需求增加，黄金价格上涨；反之，在利率上涨时，利息增加，黄金的投资价值下降，黄金价格下跌。

（7）股市行情。股市行情对黄金价格的影响体现在投资者对经济发展前景的预期上。一般来说，如果大家普遍对经济前景看好，资金大量流入股市，则黄金价格下跌；反之，如果股市下挫，则黄金价格上涨。

（8）各国央行黄金储备。当各国央行增加黄金储备时，黄金价格上涨；反之，当各国央行减少黄金储备时，黄金价格下跌。

3. 世界黄金交易中心

目前，世界上已经形成七大黄金交易中心。

（1）伦敦黄金市场。英国伦敦黄金市场堪称世界最古老的黄金交易市场，已有300多年的历史。1804年，伦敦取代荷兰阿姆斯特丹成为世界黄金交易的中心，1919年，伦敦黄金市场正式成立。目前，伦敦仍是世界上最大的黄金交易市场。

（2）苏黎世黄金市场。瑞士苏黎世由于其银行业雄厚实力的支持，20世纪30年代就已成为世界黄金交易中心之一。自20世纪60年代起，苏黎世成为世界第二大黄金交易市场，在瑞士三大银行——瑞士银行、瑞士信贷银行和瑞士联合银行的共同努力下，使得苏黎世不仅成为世界上最大的黄金中转站，还是世界上最大的私人黄金存储中心。

（3）纽约和芝加哥黄金市场。美国黄金市场以做黄金期货交易为主，自1974年12月31日黄金非货币化以后，黄金期货迅速发展，美国纽约商品交易所和芝加哥商品交易所发展成世界上最大的黄金期货交易中心，两大交易所对黄金期货市场的黄金价格影响较大。

（4）东京黄金市场。东京黄金市场成立于1982年，是日本政府正式批准的唯一黄金期货市场，绝大多数会员为日本公司。日本黄金期货市场的黄金交易量相当于纽约的2/3。

（5）新加坡黄金市场。新加坡黄金交易所成立于1978年11月，1992年新加坡的黄金进口量占全球总交易量的20%，确立了新加坡在黄金交易上的重要地位。

（6）中国香港黄金市场。中国香港高度发达的首饰制造业使其在世界黄金市场具有重要地位。中国香港黄金市场迄今已有90多年的历史，由于中国香港优越的地理条件，其黄金市场在时差上刚好填补了纽约、芝加哥市场收市和伦敦市场开市前的空当，可以连贯亚洲、欧洲和美洲时间而形成完整的世界黄金市场，使得伦敦五大金行、瑞士三大银行等纷纷进入中国香港设立分公司，促使中国香港成为世界主要的黄金市场之一。

（7）上海黄金交易所。上海黄金交易所经国务院批准于2002年10月30日正式运行，由中国人民银行组建。

（二）外汇

1. 外汇定义

外汇是以外币表示的用来清偿国际债权债务关系的支付手段和工具。在《中华人民共和国外汇管理条例》中，外汇包括以下内容：（1）外国货币，包括纸币、铸币，如美元、英镑、欧元、日元等；（2）外币支付凭证，包括票据、银行存款凭证等；（3）外币有价证券，包括政府债券、公司债券、股票等；（4）特别提款权；（5）其他外汇资产。

国际上，可以自由兑换的货币主要有美元、欧元、英镑、日元、瑞士法郎、港元、加拿大元、新加坡元、澳大利亚元、瑞典克朗、丹麦克朗。

2. 外汇标价方法

（1）汇率。外汇的价格称为汇率，是将一个国家的货币折算成另一个国家货币时使用的比率，即以一种货币表示的另一种货币的价格。

（2）外汇标价方法。在国际汇兑中，外汇汇率具有双向表示的特点。它既可以用本币表示外币价格，又可以用外币表示本币价格。

①直接标价法。直接标价法是指用一单位的外国货币作为标准，折算成一定数量的本国货币表示的汇率。例如，中国银行的外汇牌价：美元/人民币=1/6.89。

与直接标价法相对应的汇率是外汇汇率，当1单位外币可兑换本币增加时，外汇汇率上升，外币升值，本币贬值；反之，当1单位外币可兑换本币减少时，外汇汇率下降，外币贬值，本币升值。

②间接标价法。间接标价法是指用1单位的本国货币作为标准，折算成一定数量的外国货币表示的汇率。例如，纽约银行的外汇牌价：美元/人民币=1/6.89。

3. 外汇投资渠道

外汇分为现汇和现钞两种。现汇是指由国外汇入或从国外携入的外汇票据，通过转账的形式汇入个人存款账户中，现汇可直接汇往境外，也可直接兑换成人民币。现钞是指外币现金或以外币现金存入银行的款项，现钞可以兑换成人民币，但不可直接汇往境外，需经银行钞买汇卖兑换成现汇再汇往国外。我国的外汇投资是将现汇和现钞分开账户进行投资。

（1）普通外汇投资。包括外汇存款和外汇理财产品。

①外汇存款。外汇存款分为外币储蓄存款和外汇结构性存款。目前，我国境内商业银行可办理外币存款的货币种类有美元、欧元、英镑、日元、加拿大元、澳大利亚元、港元、瑞士法郎，少数银行可储蓄新加坡元、韩元和瑞典克朗。

外币储蓄存款按照存款对象性质不同分为甲、乙、丙三种。其中，甲种外币储蓄存款为单位外币存款，乙种、丙种外币储蓄存款为个人外币存款。外币储蓄存款由于风险低、收益稳定，一直以来是投资者主要的投资渠道。外汇结构性存款是指在普通外币存款的基础上嵌入某种金融衍生工具，通过与利率、汇率、指数等的波动情况挂钩或与某实体的信用情况挂钩，从而使存款人在承受一定风险的基础上获得较高收益的外汇存款产品。通过选择权与固定收益相结合，使其投资报酬与标的关联资产的价格波动产生联动效应，从而达到一定程度上保障本金或获得较高投资收益率的效果。

②外汇理财产品。外汇理财产品是近几年比较流行的投资渠道，从投资收益角度分为固定收益型外汇理财产品和浮动收益型外汇理财产品。固定收益型外汇理财产品结构简单，一般来说，收益高于同期外币储蓄存款，但客户不可提前终止投资。浮动收益型外汇理财产品比较复杂，此类产品可以分别与利率、汇率、黄金价格挂钩，甚至可以和几个指标同时挂钩，其预期收益率的高低取决于挂钩指标的附加条件能否实现。若满足附加条件，则可获得较高收益率；若由于市场变化导致附加条件不能满足，产品最终收益率可能低于固定收益产品，甚至低于普通储蓄存款利息。

（2）外汇实盘交易。外汇实盘交易是通过不同币种之间买卖转换，从汇率的涨跌中获取收益，是外汇投资的常用手段。外汇市场可24小时交易，外汇实盘交易采用保证金交易和T+0交易制度，外汇实盘交易风险较大，外汇行情的波动会使本金和收益受到损失。

（3）外汇期权。外汇期权是常见的一种期权产品，其交易对象是一项将来可以买卖某种外币的权利。在一笔外汇期权交易中，期权买方支付一笔期权费给卖方（银行），从而获得一项可于到期日按预先确定的汇率（执行价格），用一定数量的一种货币买入（或卖出）另一种货币的权利，到期时期权的买方根据市场情况来决定是否执行这项权利。目前，国内商业银行只有中国银行和中国建设银行开展了外币期权业务。

任务三 投资规划案例分析

针对具体的投资规划方案，理财规划师一般会沿着客户分析、资产配置、证券选择、投资实施、投资评价这一整体思路来进行。其中，客户分析环节对投资方案的有效性起到了决定性作用。在客户分析的基础上，理财规划师还会根据每一位客户的特征与需求为其量身定制投资方案，即适合客户的资产配置与品种选择，最后才是方案的实施以及投资评价。下面将以案例来具体阐述投资规划方案的设计。

案例：王先生今年35岁，在一家软件公司做工程师，妻子刘女士与王先生同龄，是一名大学老师，育有一个9岁的儿子，上小学四年级。目前，三口之家居住在120平方米、总价为220万元的房子里，家庭可用金融资产为40万元。由于王先生夫妇没有任何投资经验，因此将10万元存入银行（1年期定期存款），30万元购买了180天的银行理财产品。王先生夫妇的年收入合计25万元，每年支出15万元。在不考虑通货膨胀的情况下，请根据资料为王先生家庭做一份投资规划，同时帮助王先生家庭实现短期、中期和长期的理财目标。

（1）客户分析。

理财规划师经过和王先生夫妇的充分沟通，对其财务和非财务信息进行了分析，王先生夫妇都是比较稳健的投资者，风险承受能力适中。此类型投资者在渴望一定收益的同时，不愿意承受较大的风险，仅可承受一定程度的投资波动，希望自己的投资风险小于市场的整体风险，在实现当期收入的同时，实现资产的增值，并愿意根据理财目标进行资产配置。同时，王先生家庭正处于家庭和事业的成长期，这个时期的家庭特点是家庭成员固定，家庭主要收入逐渐增加，而支出随着家庭各项需求的增加也随之增加，可积累的资产逐年增加，但由于上有老下有小，家庭风险承受能力适中。另外，王先生除了打算在2年内为妻子购买一台车外，暂时没有任何其他规划。理财规划师根据王先生家庭所处的生命周期和家庭具体情况，帮助其梳理理财目标。

①紧急备用金：应对家庭日常开支和意外支出。

②短期目标：2年内购买30万元轿车。

③中期目标：9年后的子女教育金。

④长期目标：25年后的退休养老金储备。

（2）资产配置。

由于王先生家庭的风险承受能力适中，不愿冒太大的风险，根据各项目标的时间顺序和金额需求，因此理财规划师主要采用基金组合的方式为其家庭做资产配置，投资比例为货币市场基金5%、债券型基金30%、股票型基金65%。同时，根据市场具体情况进行短期调整，以此来增加获取收益的机会或降低资产配置的风险。

（3）证券选择及投资实施。

理财规划师对王先生家庭的投资规划优先选用资产管理工具作为配置品种，即各类基金产品组合。通过对市场上各类股票型、混合型、指数型和债券型基金收益与风险的分析，理财规划师为王先生家庭选取2只债券型基金、3只混合型基金、3只股票型基金和1只指数型基金作为投资组合进行资产配置。

产品选取说明：

①债券型基金组合中，尽量选取纯债型和偏债型基金进行组合搭配，而不要只选一种类型。

②在中期和长期目标组合中，应优先配置股票型、混合型和指数型基金，并且一次性购买和基金定投相互配合，基金定投的意义在于长期投资的时间复利效果，进而分散了股市多空、基金净值起伏的短期风险，使投资者稳定获利。同时，选取基金3~5年收益率作为参考。

③用波动率和最大回撤率来衡量基金的风险。波动率越大，表明风险越大；最大回撤率越大，表明风险控制能力越差。因此，尽量选取这两个指标都比较小的基金作为子女教育规划和退休养老规划的工具。同时，由于部分基金采用基金定投的投资策

略，相比较一次性投资而言，基金定投通过分期投资来分散股市多空的风险，因此通过基金定投方式投资的基金可以忍受更大的波动率和最大回撤率。而夏普比率表示每承担一单位风险，预期可以获得多少超额收益。因此，夏普比率越大，说明基金性价比越高。

（4）投资评价。

理财规划并不是一成不变的，理财规划师会根据具体产品的表现和王先生家庭财务状况的变化作出适当的调整。因此，每过一段时间都会对产品组合的具体表现进行跟踪管理，剔除表现差的基金产品，加大表现优秀的基金产品仓位。同时，作为创新型公募基金产品——养老目标基金，以追求养老资产的长期稳健增值为目的，但目前市面上的基金均属于业内首发，主要根据生命周期假说构造下滑曲线，因此随着时间的推进，基金会自动增加低风险资产的配置，风险收益水平会逐渐降低，投资趋于稳健。理财规划师应将基金的特点和走势详细告知客户，并根据客户的实际需求进行调整。

项目小结

1. 投资规划是理财规划的一个重要组成部分，是个人或者家庭对其一生或某一特定阶段或某一特定事项的现金流在不同时间、不同投资对象上进行配置以获取与风险相匹配的最优收益的过程。

2. 理财规划是要从整体上掌握整个投资规划的流程，对于各阶段要做的工作和要实现的目标划分为五步：客户分析、资产配置、证券选择、投资实施和投资业绩评估。

3. 投资规划中最为关键的就是对投资工具的选择，投资工具包括债券、股票、基金、银行理财产品、黄金、外汇等。

4. 证券投资基金，是指通过发售基金份额，将众多不特定投资者的资金汇聚起来，形成独立财产，委托基金管理人进行投资管理，基金托管人进行财产托管，由基金投资人共享投资收益、共担投资风险的集合投资方式。其中，股票型基金、债券型基金、混合型基金、货币市场基金、指数型基金在日后的理财工作中最为常用。

5. 理财产品是商业银行在对潜在目标客户群分析研究的基础上，针对特定目标客户群开发设计并销售的资金投资和管理计划。2018年“资管新规”的发布，给银行理财产品带来最大的变化就是从预期收益型产品向净值型产品转型，打破了原有银行理财业务刚性兑付、资金池运作等模式。

项目训练

■ 基础知识训练

一、名词解释

证券投资基金　纸黄金

二、单项选择题

1.（　　）是根据客户的财务目标和可用投资额，以及风险承受能力等实际情况来确定投资目标，并通过资产配置、投资组合、证券选择等技术，结合具体的投资策略来实现投资目标。

A.投资规划　　B.退休养老规划　　C.现金规划　　D.消费支出规划

2.在基金投资相关的各个机构中，基金资金托管人由（　　）担任。

A.证券公司　　B.基金管理公司　　C.信托投资公司　　D.商业银行

3.同时投资于股票和债券的基金称为（　　）。

A.股票型基金　　B.债券型基金　　C.混合型基金　　D.货币市场基金

4.关于投资规划流程的顺序，正确的是（　　）。

A.客户分析—资产配置—证券选择—投资执行—投资业绩评估

B.客户分析—证券选择—资产配置—投资业绩评估—投资执行

C.客户分析—证券选择—资产配置—投资执行—投资业绩评估

D.资产配置—客户分析—证券选择—投资执行—投资业绩评估

5.（　　）是指以存款、债券等债券类资产作为主要投资对象的理财产品。

A.固定收益类理财产品　　B.权益类理财产品

C.商品及金融衍生品类理财产品　　D.混合类理财产品

6.（　　）是指个人凭证式黄金，投资者的买卖交易记录只在个人预先开立的“黄金存折账户”上体现，而不涉及实物黄金的提取。

A.实物黄金　　B.纸黄金　　C.黄金T+D　　D.黄金期权

7.（　　）是通过不同币种之间买卖转换，从汇率的涨跌中获取收益，是外汇投资的常用手段。

A.外汇实盘交易　　B.外币储蓄存款　　C.外汇理财　　D.外汇期权

三、多项选择题

1.基金按照份额是否可以赎回，可分为（　　）。

A.开放式基金　　B.指数型基金

C.股票型基金　　D.封闭式基金

E.混合型基金

2.开放式基金的申购、赎回原则有（　　）。

A.金额申购　　B.份额申购

C.金额认购　　D.金额赎回

E.份额赎回

3.投资规划流程中的客户分析阶段包括（　　）。

A.分析相关财务信息　　B.分析客户现有投资组合信息

C.分析宏观经济形势　　D.分析客户的风险偏好状况

E.分析投资工具特点

4.基金的“买入并持有”策略适合（　　）。

A.“基龄”较长的投资者

B. 不擅长波段操作，波段操作亏钱的投资者

C. 首次购买基金的投资者

D. 想获取基金增长带来的全部收益的投资者

E. 投资前约定好的、理性的投资者

5. 关于理财产品投资门槛的说法，正确的有（ ）。

A. 商业银行发行公募理财产品的，单一投资者销售起点金额不得低于5万元人民币

B. 合格投资者投资于单只固定收益类私募理财产品的金额不得低于30万元人民币

C. 合格投资者投资于单只混合类私募理财产品的金额不得低于40万元人民币

D. 合格投资者投资于单只混合类私募理财产品的金额不得低于50万元人民币

E. 合格投资者投资于单只权益类私募理财产品的金额不得低于100万元人民币

6. 影响黄金价格走势的主要因素包括（ ）。

A. 黄金供求 B. 美元指数走势

C. 通货膨胀 D. 石油价格

E. 政治局势

四、判断题

1. 投资规划不完全等同于投资。投资强调创造收益，而投资规划则强调实现目标。（ ）

2. 当投资者对资本市场未来不看好时，就会选择现金分红。（ ）

3. 组合的分散化投资只能降低系统性风险，而不能消除非系统性风险。（ ）

4. 沪深300指数，是上海证券交易所和深圳证券交易所联合推出的，从上海和深圳证券交易所的全部上市股票中选取300只权重较大且流动性好的股票，计算得出的一个综合性成份股指数。（ ）

5. 如果一只基金的单位净值等于累计净值，则表明该只基金自发行以来没有发生过分红和拆分份额的情况。（ ）

6. 黄金以美元计价，美元汇率是影响黄金价格波动的重要因素。一般来说，二者呈正相关关系。（ ）

■ 实践操作训练

训练一

目的：掌握基金申购份额和赎回金额的计算方法

内容：李明投资50 000元申购某混合型基金A，已知申购费率为1.5%，申购当日基金单位净值为2.15元。若持有1年后，李明想将手中全部基金份额赎回，已知赎回当日基金单位净值为2.89元，赎回费为0.5%。

要求：（1）请计算李明的申购手续费和申购份额。

（2）请计算李明可赎回的金额及此次投资的收益率。

训练二

目的：掌握投资规划流程和方法

内容：小刘今年28岁，大学毕业后在一家保险公司做销售，由于表现出色，年收

入可保持在15万元左右，消费支出为每年6万元，小刘打算3年后与女友结婚。女友小张是一名幼儿园老师，年薪5万元。他们打算2年后购置100平方米的新房，小刘生活的二线城市，现在房屋均价为10 000元/平方米，且房价上涨动力不足。小刘现有积蓄5万元，小刘的父母为其准备了购房首付款30万元，由于没有投资经验，小刘将30万元的房屋首付款存入银行（2年期定期存款）。

作为保险公司的销售员，小刘为自己购买了充足的保险，但对投资不是很了解。他听朋友说基金不错，也想尝试一下，于是想请理财规划师帮助自己挑选适合的基金。

要求：请根据以上资料，为小刘制订一份投资规划方案，帮其实现理财规划目标。

项目七 子女教育规划

学习目标

知识目标

★了解子女教育规划的必要性。

★熟悉子女教育规划的特点和原则。

★掌握子女教育规划的各种理财工具的特点及运用原理。

技能目标

★正确分析客户子女教育规划需求。

★以特定客户为目标，能够对目标客户家庭的教育需求作出分析和判断。

★能够选择合适的理财产品进行教育规划设计，并制订相应的子女教育规划方案。

素养目标

★了解我国的教育体系和教育政策。

★树立正确、科学的教育价值观。

★培养良好的理财习惯。

案例导入

中国教育财政家庭调查报告 2021（节选）

改革开放 40 多年来，中国基础教育的政策目标已经从“有学上”转变为“上好学”。九年义务教育全面实现，义务教育的结构性质量有明显提高，学生的学习效果有了明显提升，为高等教育发展、人力资本累积和国民经济发展打下了坚实基础。经过几十年的高速增长，中国经济已进入新常态，2019 年经济增长率从 1992 年的 14.2% 降至 27 年来的最低点 5.95%。今后一个时期，宏观经济增长将继续保持这一趋势，中央和地方财政收入将面临更大挑战，各级教育经费保障压力将进一步增加，其中学前教育和高中教育投入最为薄弱。与此同时，快速的城市化进程加剧了现有的城乡差距。虽然城乡在学校基础设施和资金方面的差距已大大缩小，但在教师素质、课程内容和课后服务等方面仍存在差距。快速城市化还造成了大量留守儿童和流动儿童，加剧了旧有的城乡教育不平等鸿沟，对教育和子女抚养制度提出了新的挑战。

过去40多年中，全球范围内收入不平等程度呈不断上升的趋势。在收入差距扩大和高等教育回报率上升的双重影响下，家庭在育儿上的投入不断增加，对优质教育资源的竞争日益激烈。中高收入群体试图通过增加对子女的教育投入来维持自身原本的优势，而中低收入群体也希望通过对子女教育的投入来获得向上流动的机会。教育资源和机会不平等仍将存在。随着校外培训机构的迅速发展，出现了“校内减负、校外增负”“教师减负、家长增负”的问题。2018年2月，教育部办公厅等四部门发布《关于切实减轻中小学生课外负担 开展校外培训机构专项治理行动的通知》，开展了校外培训机构专项治理工作。2018年12月底，教育部等九部门联合印发《中小学生减负措施》（减负三十条），从学校办学行为、校外培训机构管理、家庭教育监护等方面，针对如何减轻学生学业负担作出规定并提出建议。对校外培训机构的监管力度持续加大，学校作为教育主阵地的作用不断被强调。然而，基础教育阶段的均衡化与高等教育阶段的分层发展模式，使得家庭仍然有动力不断通过增加教育的校内和校外投入，以获得更高的升学竞争力和更多选择权。

资料来源：魏易.中国教育财政家庭调查报告2021［M］. 北京：北京大学出版社，2023.

根据教育对象不同，教育规划可分为个人教育规划和子女教育规划两种。个人教育规划在消费的时间、金额等方面具有不确定性，而子女教育规划则对家庭财务支出影响较大，是个人家庭理财规划的核心。同时，子女教育又进一步分为基础教育和大学教育。由于大学教育费用较高，相应地进行理财规划的需求也较大，因此本项目主要基于大学费用需求来进行子女教育规划。

任务一　掌握子女教育规划原理

微课7-1

子女教育规划原理

在知识经济的时代，子女教育成为每个家庭的核心问题，子女教育支出也成为家庭总开支中的重要部分。如何为子女筹集一笔充足的教育经费已成为父母的心头大事。2007—2008年，我国先后取消了农村和城市的义务教育阶段的学杂费用，但随着教育需求的不断扩大，家庭筹集子女教育经费的压力依然在不断增长，教育支出已经成为家庭的一项重要支出。为了保证子女教育可以按照预期顺利进行，家长必须尽早进行规划。

一、子女教育规划的必要性

（一）子女教育规划的意义

当今社会，上到国家下到企业，对优质人才的需求都在不断增大。同时，有数据显示，劳动者的文化程度越高，薪资水平就越高，收入增长也越快。事实上，受过良好教育的人，无论在收入还是地位上，一般都会高于没有受过良好教育的同龄人。从这个角度来看，教育投资是个人财务策划中最富有回报价值的一种，它几乎没有负面的效应。“一定要对人力资本、对教育进行投资，它带来的回报是强有力的。变化的中国需要增加人力资本投资。”2000年，当诺贝尔经济学奖得主詹姆斯·赫克曼在北大一次演讲中曝出教育投资回报率高达30%时，很多人开始领略到这项投资的魅力。这也使得教育在一定程度上具有社会分配与社会分层的功能，所以接受良好的教育已经成为提高自身本领和适应市场变化的重要条件。越来越多的人期望通过更高水平的教育来获得政治、经济、文化与社会利益，以此来改变自己或子女现有生活状态。较高的教育预期加上日渐增加的教育支出，使教育规划成为个人理财规划中的一项重要内容。

（二）教育费用逐年上涨

北京大学中国教育财政科学研究所针对家庭教育支出做了全国家庭数据调查并于2023年发布，数据显示从家庭的教育支出水平来看，一个孩子从学前教育到大学本科毕业平均花费一个家庭23.3万元。其中，家庭支出水平最低的家庭，教育支出约18万元，家庭支出水平中等的家庭，教育支出约22.4万元，而家庭支出水平最高的家庭，教育支出约42.4万元。从家庭教育负担水平来看，家庭教育支出占人均可支配收入的比例为40%，农村为56.1%，城镇为36.2%。

通常，我们用教育负担比（计算公式：教育支出÷家庭年税后收入×100%）来衡量教育开支对家庭生活的影响，较合理的教育负担比为30%。例如，李先生家庭的1年教育支出为35 000元，家庭年税后收入为80 000元，计算可得李先生家庭的教育负担比为43.75%（35 000÷80 000×100%）。由于李先生家庭的教育负担比远高于30%，这会影响到家庭的其他安排，因此像这样的家庭应提前进行教育资金规划。

就子女教育规划而言，无论是中小学阶段还是大学阶段，必须确保在适龄的时间准备出所需的费用。与理财的其他规划不同，子女教育规划不能因为教育金的缺乏而推迟孩子上学的时间，正是这点特殊性，也使得子女教育规划缺乏时间弹性和费用弹性。因此，科学、合理地规划子女教育对一个孩子、一个家庭乃至整个社会都具有重要的现实意义。

二、子女教育规划的特点

（一）子女教育金缺乏时间弹性

与其他理财规划相比，子女教育规划最明显的特点是子女教育金的准备缺乏弹性，其中之一就是指时间无弹性。例如，在购房规划方面，如果购房者能力有限，又不想降低居住标准，那么可以通过延迟购房时间来增加资金积累的年限，待资金积累足够再买房。然而，在子女教育规划方面，子女在适龄的时间要选择对应的学校读书，这个时间是不以家长的意志为转移的。

（二）子女教育金缺乏费用弹性

子女教育规划缺乏弹性的表现之二是费用无弹性。例如，在退休养老规划方面，如果人们资金有限，可以通过适当降低退休后生活费用标准来满足养老金需求，也是可以正常生活的。然而，在子女教育规划方面，不同阶段所要承担的教育费用是相对固定的，如果教育金准备不足，将会导致子女教育无法顺利进行。

（三）面临通货膨胀的影响

子女教育规划是一个漫长的过程，人们必须考虑通货膨胀对教育费用的影响，这决定着未来几年，甚至几十年的教育投资费用的增长率。因此，在做子女教育规划时，我们要确保提前准备的教育资金不仅要抵御通货膨胀带来的风险，还要应对教育费用逐年增长的需求，这样才能保证满足未来子女教育所需资金。

（四）子女资质无法事先预测

在整个教育阶段，由于子女的资质无法事先预测，为了实现教育目标，应准备充足的教育金。例如，孩子有绘画天赋，需要接受更系统的艺术培训等。这些情况将使得家庭在原有教育计划的基础上，增加更多的教育资金作为支撑，才能保证子女教育顺利完成。

三、子女教育规划的原则

（一）目标合理

在制订子女教育规划时，应结合自身经济条件、子女资质等情况科学合理地设定目标，切勿盲目追求，不仅耽误子女的教育，还会对正常的家庭生活造成巨大影响。例如，夫妻双方均为工薪阶层，通过子女教育规划可以帮助孩子顺利在国内完成本科学习，如果在经济条件尚未提升的情况下，设定子女高中阶段就去国外读书直至硕士毕业，则这一目标对家庭整体经济的影响是巨大的。

（二）提早规划

基于子女教育金缺乏弹性的特点，子女教育金必须提前进行规划。理财专家指出，如果从小学开始培养，一直到大学（国内大学）毕业，一个孩子的平均开销应该在20万元至50万元之间。这些费用属于阶段性高支出，需要事先准备，不然以常规收入将难以应付。

（三）定期定额

与家庭收入相比，子女教育的费用都是阶段性高支出且应提前规划，所以我们应养成“日积月累”的好习惯，通过定期定额的方式完成子女教育金的积累，如采取基金定投的方式，通过预估时间、所需金额和预期收益，每期投入相同额度的资金完成教育金积累，供子女教育使用。

（四）稳健投资

由于子女教育规划具有时间无弹性、费用无弹性的特点，因此在准备子女教育金时应采取稳健投资，不可过于激进冒险，否则一旦发生亏损或未达到预期收益，将影响子女教育所需的资金。

四、子女教育规划的分类

按照子女教育阶段的不同以及教育需求的不同，可以将子女教育规划分为家庭必要性支出和家庭选择性支出两个方面。

（一）家庭必要性支出

家庭必要性支出主要是指子女在学校学习期间，家庭应当向学校缴纳的合理费用。虽然国家已经在义务教育阶段承担了大部分的费用，但随着子女受教育层次的提高，在非义务教育阶段家庭所需要付出的学费及其他费用也会更多。

（二）家庭选择性支出

家庭选择性支出主要是指家庭为了让子女享受到更优质的教育资源和教育服务所需要支付的费用，属于自我扩张型、发展型教育投入。这类费用一般包括选择名校教育的择校费、适合特长或个性发展的培训费用、提升学习成绩的辅导费用、额外购买图书及学习工具的相关费用等。

任务二　选择子女教育规划工具

一、教育资金的主要来源

一般来说，教育支出最主要的资金来源于家庭自身的资产和收入。除此之外，还有以下四种其他来源。

（一）国家教育资助

为了保证家庭经济困难的学生可以顺利完成学业，目前我国针对不同的教育阶段建立了较为完善的政策体系，即以政府为主导，学校和社会积极参与的国家教育资助体系（见表7-1），实现了“三个全覆盖”，即各个学段全覆盖、公办民办学校全覆盖、家庭经济困难学生全覆盖。

表7-1　　国家教育资助体系

教育阶段	政策指引	主要措施
学前教育	按照“地方先行、中央补助”原则，各地因地制宜确定学前教育资助政策	政府资助：对普惠性幼儿园在园家庭经济困难儿童，特别是建档立卡家庭儿童、低保家庭儿童、特困救助供养儿童、孤儿和残疾儿童进行资助
		幼儿园资助：幼儿园从事业收入中提取一定比例的经费，用于减免收费、提供特殊困难补助等
		社会资助：引导和鼓励社会团体、企事业单位及个人等捐资，帮助家庭经济困难儿童、孤儿和残疾儿童接受普惠性学前教育
义务教育	实施“两免一补”和营养改善计划	免学杂费：全部免除义务教育阶段所有学生学杂费
		免费教科书：对义务教育阶段所有学生免费提供教科书
		家庭经济困难学生生活补助：补助城乡家庭经济困难学生生活费。其中，寄宿生补助标准为小学生每生每年1 000元，初中生每生每年1 250元；非寄宿生补助标准为小学生每生每年500元，初中生每生每年625元
		营养改善计划：为国家试点地区农村义务教育阶段学生提供营养膳食补助。补助标准为每生每年800元。地方因地制宜实施营养餐地方试点

续表

教育阶段	政策指引	主要措施
普通高中教育	以国家助学金、建档立卡等家庭经济困难学生免学杂费为主，以地方政府资助和学校、社会资助为补充	国家助学金：资助普通高中家庭经济困难学生，平均资助标准为每生每年2 000元
		免学杂费：免除公办和政府教育行政管理部门依法批准的民办普通高中建档立卡等家庭经济困难学生（含非建档立卡的家庭经济困难残疾学生、农村低保家庭学生、农村特困救助供养学生）学杂费
		地方政府资助：部分地区出台地方性奖学金、助学金、专项免费等政策
		学校资助：学校从事业收入中提取一定比例的经费，用于减免学费、设立校内奖助学金和特殊困难补助等支出
		社会资助：积极引导和鼓励企业、社会团体及个人等面向普通高中设立奖学金、助学金
中等职业教育	以国家奖学金、国家助学金和免学费为主，以地方政府资助、学校和社会资助等为补充	国家奖学金：国家对全日制中等职业学校二年级（含）以上学生中学习成绩优异、技能表现突出的学生进行奖励，每年奖励2万名学生，奖学金标准每生每年6 000元
		国家助学金：资助中等职业学校全日制学历教育正式学籍一、二年级在校涉农专业学生和非涉农专业家庭经济困难学生。平均资助标准每生每年2 000元
		免学费：对中等职业学校全日制学历教育正式学籍一、二、三年级在校生中所有农村（含县镇）学生、城市涉农专业学生、家庭经济困难学生、民族地区学校就读学生和戏曲表演专业学生（其他艺术类相关表演专业学生除外）免除学费
		地方政府资助：在落实国家奖学金、国家助学金和免学费政策的基础上，部分地区出台地方性奖学金、助学金、免学费等政策
		学校资助：中等职业学校从事业收入中提取一定比例的经费，用于学费减免、校内奖助学金、特殊困难补助和勤工助学等
		社会资助：社会团体、企事业单位及个人面向中等职业学校学生设立奖学金、助学金等
普通高等教育	“奖贷助勤补免+绿色通道”等多元混合资助	国家奖学金：奖励特别优秀的全日制本专科生，每年奖励6万名，每生每年8 000元，颁发国家统一印制的荣誉证书。奖励特别优秀的全日制研究生：硕士生3.5万名，每生每年2万元；博士生1万名，每生每年3万元，颁发国家统一印制的荣誉证书

续表

教育阶段	政策指引	主要措施
普通高等教育	“奖贷助勤补免+绿色通道”等多元混合资助	国家励志奖学金：奖励资助品学兼优的家庭经济困难的全日制本专科生，每生每年5 000元
		国家助学金：资助家庭经济困难的全日制本专科生（含预科生），平均资助标准为每生每年3 300元。资助全日制研究生的基本生活支出。中央高校硕士研究生每生每年6 000元，博士研究生每生每年15 000元；地方所属高校研究生国家助学金资助标准由各省（自治区、直辖市、计划单列市）财政部门会同教育部门确定，硕士研究生每生每年不低于6 000元，博士研究生每生每年不低于13 000元
		“三助”岗位津贴：设置研究生“三助（助研、助教、助管）”岗位，并提供“三助”津贴
		学业奖学金：研究生学业奖学金的覆盖面、等级、具体标准和评定办法由各高校确定，标准不超过同阶段研究生国家奖学金标准的60%
		国家助学贷款：家庭经济困难学生可申请办理国家助学贷款，解决学费和住宿费，每生每年最高不超过8 000元，在校期间利息由国家承担，贷款年限及利率按国家相关规定执行。国家助学贷款分为生源地信用助学贷款和校园地国家助学贷款，家庭经济困难学生可向户籍所在县（市、区）的学生资助管理机构咨询办理生源地信用助学贷款，或向高校学生资助部门咨询办理校园地国家助学贷款
		校内资助：学校设立校内奖学金、助学金、困难补助、伙食补贴、校内无息借款、学费减免等，利用事业收入资金以及企业、社会团体和个人捐助资金实施校内资助
		绿色通道：家庭经济特别困难的新生如果暂时筹集不齐学费和住宿费，则可在开学报到期间，通过高校开设的“绿色通道”先办理入学手续。入学后，高校资助部门根据学生具体情况开展困难认定，采取不同措施给予资助

资料来源：数据采自全国学生资助管理中心（http：//www.xszz.cee.edu.cn/index.php/lists/109.html）。

（二）工读收入

工读收入是指子女上学期间通过假期和课余时间打工获得的收入。工读收入可以作为教育资金的来源之一，但由于子女教育规划在时间和费用方面缺乏弹性，因此并不建议将工读收入作为教育资金的主要来源。

（三）教育贷款

除国家助学贷款之外，教育贷款还有生源地信用助学贷款、高校利用国家财政资金对学生办理的无息贷款和一般性商业助学贷款三种，见表7-2。

表7-2 教育贷款的区别

类别 项目	国家助学贷款	生源地信用助学贷款	学生无息贷款	一般性商业助学贷款
贷款经办机构	政府通过招标方式确定国家助学贷款经办银行	国家开发银行	学生所在学校	商业银行
贷款对象	无力支付学费、住宿费和生活费的全日制本专科生、研究生和第二学士学位学生	已经开通生源地助学贷款省市的家庭经济困难学生	同国家助学金（但不包括实行专业奖学金制度的学生）	年满18周岁，具有完全民事行为能力的在校大学生、研究生
贷款利息	在校期间，利息由财政全额贴息。学生毕业后贷款利息由借款人自行承担	在校期间，利息由财政全额贴息。学生毕业后贷款利息由借款人自行承担	无息	贷款利率按照中国人民银行规定的同期同档次贷款利率执行
贷款担保	无担保信用贷款	学生及其家长（或其他法定监护人）可组成共同借款人。担保人或有效资产抵押、信用户评定等证明	采用信用担保形式，由学生家长担保	采用保证担保、抵押担保、质押担保形式
学校介入程度	学校负责协助经办银行办理	学校负责协助经办银行办理	完全由学校负责	学校只负责证明学生的学生身份及其在校表现
贷款额度	原则上全日制本专科生每人每学年最高不超过8 000元，全日制研究生每人每学年最高不超过12 000元	贷款额度每人每学年不超过8 000元，且为1 000到8 000之间的整数	贷款额度=基本学习生活费用-奖学金	原则上不得超过受教育人在校就读期间所需学杂费和生活费用总额的80%
贷款期限	毕业后视就业情况，在1~2年内开始还贷，6年内还清，贷款期限最长不得超过10年	按全日制本专科学制年限（在校生按学制剩余年限）最长加10年确定，借款期限最长不超过14年	最长为毕业后6年内	各商业银行规定的期限不同，一般为1~6年，最长不超过10年（含10年）

（四）出国留学贷款

出国留学贷款，是指银行向出国留学人员或其直系亲属或其配偶发放的，用于支付其在境外读书所需学杂费和生活费的外汇消费贷款。目前，出国留学贷款只采用商业性贷款。借款人应持有拟留学人员的国外留学学校出具的入学通知书或其他有效入学证明，且留学贷款的额度不超过国外留学学校录取通知书或其他有效入学证明上载明的报名费、1年内的学费、生活费及其他必需费用的等值人民币总和，最高不超过50万元人民币。出国留学贷款期限一般为1~6年，最长不超过6年。贷款利率按照中国人民银行规定的同档次贷款利率执行，一般没有利率优惠。

二、子女教育规划工具

就子女教育规划的工具而言，要以安全性为主，风险不宜过高。一般来说，教育规划工具可分为短期教育规划工具和长期教育规划工具。

（一）短期教育规划工具

短期教育规划工具包括各种贷款（如学校贷款、政府贷款、银行贷款、资助性机构贷款）和资产变现两大类。由于子女教育的时间和费用均无弹性，如果客户家庭没有提前储备好教育金，又想保证子女继续完成学业不受影响，则可以借助银行贷款、变卖资产等方式完成资产变现，在较短的时间内筹集所需的教育资金。贷款以本项目所提到的国家助学贷款、生源地信用助学贷款、学生无息贷款和一般性商业助学贷款为主，而资产变现则需要按照各个家庭实际情况进行确定，如变卖房子、车子等固定资产，或者变卖股票、债券等金融资产等。

虽然短期教育规划工具能够弥补教育金的缺口，但从理财的角度来看，并不建议在子女教育规划中过度依赖短期教育规划工具。因为这将使子女教育的顺利进行存在一定的不确定性，同时资产变现也会使得家庭资产缩水，所以应做好提前规划，通过运用长期教育规划工具，完成教育资金的积累。

（二）长期教育规划工具

1. 教育储蓄

教育储蓄，是指个人按国家有关规定在指定银行开户，存入规定数额资金，用于教育目的的专项储蓄，是一种专门为学生支付非义务教育所需教育金的专项储蓄。教育储蓄采用实名制，开户时，储户要持本人（学生）户口簿或身份证，到银行以储户本人（学生）的姓名开立存款账户。到期支取时，储户须凭存折及有关证明一次支取本息。

（1）开户对象。教育储蓄的开户对象为在校小学四年级（含四年级）以上的学生。

（2）实名制度。教育储蓄采用实名制，办理开户时，须凭符合条件的学生本人户口簿（户籍证明）或居民身份证等有效实名证件到储蓄机构以学生本人的姓名开立存款账户。

（3）起点金额。教育储蓄存期分为1年、3年、6年。教育储蓄50元起存，每户本金最高限额为2万元。

（4）存款利率。1年期、3年期教育储蓄按开户日同期同档次整存整取定期储蓄存款利率计息；6年期按开户日5年期整存整取定期储蓄存款利率计息。另外，如果教育储蓄在存期内遇利率调整，仍按开户日利率计息。

（5）服务特色。税收优惠，按照国家相关政策的规定，教育储蓄的利息收入可凭有关证明享受免税待遇；积少成多，适合为子女积累学费，培养理财习惯。

（6）比较优势。一是家庭可以为其子女（或被监护人）接受非义务教育（即九年义务教育之外的全日制高中、大中专、大学本科、硕士和博士研究生）在储蓄机构通过零存整取方式积蓄资金；二是符合规定的教育储蓄专户，可以享受整存整取利率的优惠；三是教育储蓄存款的利息免征个人所得税。

微课 7-2

教育储蓄与教育保险

2. 教育保险

教育保险，又称教育金保险、子女教育保险、孩子教育保险，是以为孩子准备教育基金为目的的保险。教育保险是储蓄型险种，既有强制储蓄的作用，又有一定的保障功能。

（1）教育保险分类。从保险产品的保障期限来看，教育保险主要分为终身型和非终身型。前者一般考虑到孩子一生的变化，几年一返还，年龄小时可以用作教育金，年老时可以用作养老金，保障一生；后者一般属于真正的专款专用型的教育金产品，即保险产品完全是根据孩子教育阶段进行设计，通常会在孩子进入高中或大学两个重要时间节点开始每年返还保险金，最后在孩子大学毕业或创业阶段再一次性返还一笔保险金以及账户价值，确保孩子在每一个受教育的关键阶段都能获得一笔稳定的资金支持。

（2）教育保险的优点。

① 投保范围广。教育保险的保险对象可以是0周岁（出生满30天且已健康出院的婴儿）至17周岁的少儿，有些保险公司的教育金保险所针对的对象为出生满7天至满14周岁的少儿。

② 理财分红。教育保险能够在一定程度上抵御通货膨胀和利率波动的影响，会定期派发分红，一般采取分多次给付的方式，回报期相对较长。

③ 强制储蓄。父母可以根据自己对孩子未来受教育的预期和未来受教育水平的高低设定投保的险种和金额，一旦教育保险计划建立，就必须每年存入约定金额的保险费，从而保证这个储蓄计划能够完成。

④ 保费豁免。保费豁免是指保单的投保人如果不幸身故或因严重伤残而丧失缴纳保费的能力，保险公司将免去其以后要缴纳的保费，而受益人可以领到与正常缴费一样的保险金。一旦投保人发生保障条件内的风险事件，如身故或者全残，不能完成孩子的教育金储备计划，保险公司将豁免所有未交保费，保险公司豁免未来保费之后，保单原应享有的权益不变，保障孩子未来受教育的费用不受影响。

（3）教育保险的缺点。

① 持续周期长，短期不可提前支取。目前，我国已普及九年义务教育，加之高中和大学教育，并且每个孩子受教育的时间也相对不断延长，这些教育总金额是比较庞大的，短期不可提前支取。

② 专款专用，资金流动性较差。子女教育要设立专门账户，与其他款项明确区分，子女受教育的时间和费用都相对固定，导致其资金流动性较差。

③ 早期退保会遭受损失。教育保险具有保险产品的特性，一旦过了犹豫期再想退保，就会损失大部分缴纳保费的资金。因此，在投保教育保险时，一定要清楚保险产品的长期性，量力而行。

（4）投保建议。

① 先重保障后重教育。教育保险主要是为孩子未来教育费用提供保障，虽然教育保险也可以为投保人和被保险人提供疾病和意外伤害等方面的保障，但其所涉及的范围和保障力度与意外保险、重大疾病险等是有本质区别的。家长在为孩子投保时，不能忽略其他险种的保险，而将所有保障寄托于教育保险。

② 重视保费豁免条款范围。在购买教育保险时要清楚了解保费豁免的条款范围，在购买主险时，应同时购买豁免保费附加险。这样一来，万一投保人（父或母）因某些原因无力继续缴纳保费时，对孩子的保障也继续有效。

③ 选择投资功能的险种。教育保险存入年限较长，一般大于10年，且保费通常比较高，资金一旦投入，需要按合同约定定期支付保费给保险公司，属于一项长期强制储蓄。在购买教育保险时，家长应该选择具有投资功能的险种，可以在提供保障的同时带来收益。

微课 7-3

基金定投

3. 基金定投

拓展阅读7-1

定投的魅力

基金定投是定期定额投资基金的简称，即投资者委托基金销售机构在约定时间从投资者指定的基金账户上自动完成约定金额的扣款，自动申购约定基金产品的一种长期投资方式。例如，根据自身的资金状况，选择每月10日定投股票型基金A，每次扣款金额为1 000元，这就形成了一次基金定投。因此，学习基金定投这一概念需要掌握三个关键词：约定时间、约定金额、约定基金。

定期定额的主要目的是达成中长期的理财目标，因此能够维持中长期稳健回报的基金最适合定期定额投资。基金具有长期获利稳定、风险低、申购容易的特征。它有两大好处：一是不用费心选择进场时机、自动达到涨时少买跌时多买，使平均成本降低。海外实证研究显示，每次都在市场最高点买进，与每次都在最低点买进，长期下来，二者的报酬率相差不到10%。二是有时间复利效果，持之以恒的利滚利将有意想不到的效果。

（1）基金定投与一次性基金投资的区别。基金定投指的是在固定的时间点以同等金额分批买入基金份额，而一次性基金投资指的是用所有资产全部买入基金后，后续不再进行买入基金的操作。与一次性基金投资相比，基金定投不仅可以在不同时间节点进行购买，还可以均衡成本，分散市场风险，引导投资人进行长期投资、平摊投资成本。我们通过下面的案例演示来详细说明基金定投与一次性基金投资的区别。

【例7-1】2023年6月1日，客户孙先生打算出资12 000元购买某股票型基金A，已知该基金当日单位净值为1元。现有两种投资方式供客户选择：一是一次性购买；二是定投方式，每月1日定投1 000元，连续定投1年。请思考这两种投资方式有何区别？

案例解析：

基金的价格每天都在波动，为了将一次性基金投资和基金定投方式做区分，可以假设从2023年6月1日起至2024年5月1日，每月1日该股票型基金的价格为1元、0.9元、0.8元、0.7元、0.6元、0.5元、0.5元、0.6元、0.7元、0.8元、0.9元、1元。

我们先来看一次性基金投资情况：在不考虑申购和赎回手续费的情况下，2023年6

月1日，基金单位净值为1元，孙先生出资12 000元购买，账户基金份额为12 000份。在购买基金后大家都希望基金净值能够上涨，这样可以赚取收益，但事与愿违，1个月后基金净值下跌到0.9元，该客户遭受了10%的损失。如果遇到基金一直下跌（如图7-1所示），最低跌到了0.5元，则客户会遭受50%的损失。因此，如果择时不当，一次性购买基金的风险是很大的，即使1年后基金净值涨回到1元，客户进行赎回，此次投资客户不仅没有赚到任何收益，还要经历基金净值下跌的风险。

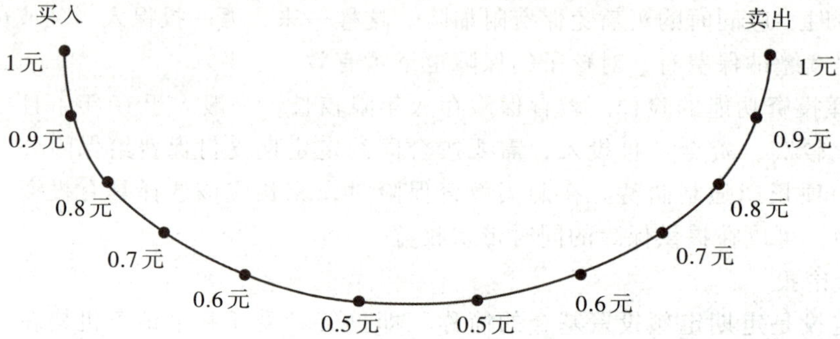

图7-1 基金A价格波动曲线

再来看基金定投情况：客户将12 000元分12个月进行投资，每月投资1 000元，在不考虑申购和赎回手续费的情况下，第1个月客户账户中基金份额为1 000份，同样1个月后基金净值下跌到0.9元，虽然客户遭受了10%的损失，但与一次性投资 12 000元相比，1 000元赔10%仅为100元。而且客户在基金净值为0.9元时也购买了该基金，由于净值下跌，其账户中的份额为1 111.11份，见表7-3。随着每月下跌，基金净值越低，同样的申购金额所申购的基金份额越多。例如，当净值为0.5元时，1 000元可申购2 000份基金份额，这样1年下来基金定投账户一共积攒了16 912.70份基金份额。同样在基金净值回归1元后卖掉，客户赚取了4 912.7元。因此，在震荡的基金行情中，与一次性基金投资相比，基金定投赚取收益的概率会更大。

表7-3 基金A在不同净值下基金份额的情况

定投次数	定投金额（元）	基金净值	基金份额
1	1 000	1	1 000.00
2	1 000	0.9	1 111.11
3	1 000	0.8	1 250.00
4	1 000	0.7	1 428.57
5	1 000	0.6	1 666.67
6	1 000	0.5	2 000.00
7	1 000	0.5	2 000.00
8	1 000	0.6	1 666.67

续表

定投次数	定投金额（元）	基金净值	基金份额
9	1 000	0.7	1 428.57
10	1 000	0.8	1 250.00
11	1 000	0.9	1 111.11
12	1 000	1	1 000.00
合计	12 000		16 912.70

图7-2是著名的基金定投微笑曲线，曲线的前半段基金价格不断下跌，曲线的后半段基金价格不断上涨 。基金定投微笑曲线的基本思路是通过持续的投入实现最终的获利。如果市场走出一波先下跌后回升的行情，在这个过程中，投资者一直坚持投资、扣款，那么在市场低迷时就能够以较低的成本获得筹码，摊薄成本，当市场回升时，投资者即可获得盈利。

图7-2　基金定投微笑曲线

（2）基金定投的特点。

① 定期投资，积少成多。在银行端，单只基金定投的购买起点为100元，在基金第三方平台如支付宝、天天基金网，单只基金定投的购买起点更是低至10元。这一特点决定包括学生在内的所有投资者均有机会参与基金定投。通过定期投资，长期持有的方式，实现资产积累。

② 自动扣款，手续简便。在设定基金定投购买日期时，投资者可以选择每月、每周、每日（工作日）等方式进行扣款。设定完毕后每期自动扣款，无须重复操作。

③ 平均投资，分散风险。基金定投的资金不是一次性投入而是按期投入，这样可以有效均摊投资成本，分散投资风险。

④ 长期投资，复利获益。基金定投的意义在于长期投资的时间复利效果，进而分散了股市多空、基金净值起伏的短期风险，使投资者稳定获利。

（3）决定基金定投收益的因素。决定基金定投收益高低的因素有很多，如基金经理的能力、选择基金的类型、市场行情的变动等。但有三个因素最为关键，分别是投资时间的长短、定投品种的选择和定投的金额。

① 投资时间的长短。在基金定投中，时间是最重要的因素。定投时间长短与投资者的心态息息相关。投资者要有一个良好且积极的心态，在定投前就要做好长期持有的准备和心理建设。心态越好，越容易坚持，这样才可能等待股市上涨带来的高额收益。

② 定投品种的选择。不是所有的基金产品都适合定投，通过【例7-1】的基金定投

演示我们可以看到，只有基金净值波动比较大，才可以在净值下跌中获得较多的份额，平摊基金成本，待基金净值上涨时获利。因此，股票型基金、混合型基金、指数型基金这类净值波动较大、风险较高的基金才适合做基金定投。

③ 定投的金额。在其他条件相同的情况下，定投的金额越多，到期获得的收益就越多。但定投的金额一定要根据投资者个人情况确定。对于刚刚参加工作的年轻人，收入有限，定投的金额可以相应设定少一些。当自己有了一定的财富积累，就可以把定投金额调高，加大投资。

（4）基金定投购买建议。如果选择基金定投为子女教育费用提供支持，则需要注意以下几点：

① 趁早投资。基金定投时间越长，复利效果越显著，所形成的财富也就越多。所以，如果选定基金定投方式筹集子女教育金，则要趁早开始。

② 长期投资。为了降低整体投资风险，基金定投需要坚持长期投资，这样才能平衡好整体的市场波动，从而获利。

③ 重视基金净值低时的阶段。金融产品价格走势高低起伏，在基金净值处于低点时，意味着同样的资金可以买进较多的基金份额，等股市行情转好后会获得较为丰厚的回报。

④ 选择波动大的基金做定投。客户家庭选择基金做定投时，需要考虑不同基金的特性。由于基金定投的优势体现在价格波动中，因此股票型基金、混合型基金和指数型基金适合做基金定投，而像货币市场基金、价格较为平稳的基金产品则不适合做基金定投。

在基金市场上，长期定投真的能够获利吗？答案是肯定的，但是有一个前提，定投基金的净值不能长期在低位徘徊。以定投比较权威的沪深300指数基金为例，截取时间从2013年5月11日到2018年5月11日，假设投资者每月11日购买500元的银华沪深300指数分级（161811），时间上跨越了2015年的牛市和2016年的熊市，还有2017年股市较为平稳的阶段，定投期限比较久。定投5年之后共投资30 000元，年化持有收益率为21.15%。

拓展阅读7-2

万向信托——子女教育信托案例分享

4. 子女教育信托

子女教育信托是指由信托委托人（即父母、长辈或子女本人）和信托受托人（即信托机构）签订信托合同，委托人将财产（一般为金钱）转入受托人信托账户，由受托人依约管理运用。通过信托机构专业管理及信托规划的功能，定期或不定期给付信托财产予受益人（子女），作为其养护、教育及创业之用，以确保其未来生活。

设立子女教育信托具有多方面的积极意义：

（1）鼓励子女努力奋斗。在设立教育信托时，可以给孩子制定相应的预定目标，孩子只有在实现目标后，才能领取信托资金，这样不仅可以激励孩子努力学习，还可以帮助孩子建立良好的价值观念。

（2）防止子女养成不良嗜好。青少年往往不具备足够的自控能力，特别是对海外留学的青少年而言，直接拥有大量资金容易发生滥用的巨大风险，通过信托定期支付孩子的各种相关费用，可以保证孩子的学习、生活开支，降低滥用资金风险的可能性。

（3）从小培养理财观念。教育信托使孩子的学习、生活方面的开支一直与银行、信托机构紧密联系，这对孩子的学习、生活起到监督作用的同时，有助于孩子理财意识和观念的养成。

微课 7-4

子女教育信托工具

（4）规避家庭财务危机。教育信托具有独立性，独立于委托人其他财产之外，父母经济一旦发生意外或造成欠债，教育信托资金可实现风险隔离不受追债清算的影响，保证了子女将来的学业和工作。

（5）专业理财管理。教育信托一般是要委托给资历雄厚的金融机构和投资理财领域的专业理财规划师进行经营、管理的，这保证了信托财产可以得到最好的规划与配置，进而保证子女将来的学业与生活。

任务三　制订子女教育规划方案

一、子女教育规划流程

子女教育规划流程为设定投资目标、规划投资组合、执行与定期检讨（如图 7-3 所示）。

微课 7-5

子女教育规划案例分析

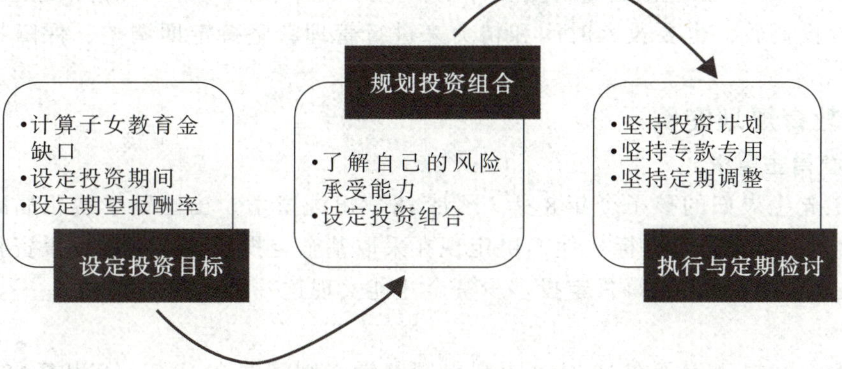

图7-3　子女教育规划流程

（一）设定投资目标

在制订子女教育规划时，理财规划师和客户首要考虑的关键问题是如何科学设定投资目标。客户需要结合自身家庭实际情况和对子女的合理预期进行考量，一般包括计算子女教育金缺口、设定投资期间和设定期望报酬率三个方面。

1. 明确子女的受教育模式以及目前所需的费用

每个家庭根据社会发展需求、自身的情况和孩子的自身特点，科学地制定子女的受教育模式。例如，我国大多数孩子会选择“幼儿园—小学—初中—高中—大学”这样的模式完成教育规划；有的家庭会希望孩子在大学毕业后继续深造或者出国读书。无论是哪一种模式，都要全面、科学地设定资金储备金额和理财目标。

2. 设定通货膨胀率，计算未来教育所需费用

一般而言，教育费用的增长率要高于通货膨胀率，所以在计算未来子女教育所需的

费用时，可以在通货膨胀率的基础上提高2~3个百分点。例如，目前通货膨胀率为5%，则教育费用增长率为7%~8%，以此来计算未来子女教育所需的费用。

3. 计算目前所需投资金额和资金缺口

根据对未来教育费用的贴现计算，可以得到目前一次性投资，或者未来分次投资所需的大致资金金额，以此来保障未来教育资金的需求。如果通过计算得知目前所具备的资金无法满足未来的教育费用，则可以通过增加投资或者降低教育目标的方式来调整。

（二）规划投资组合

当明确了教育金缺口后，可以根据家庭的实际情况来选择适当的金融工具进行投资，一般包括了解自己的风险承受能力和以此来设定投资组合两个方面。就金融工具而言，风险与收益是成正比的。按照子女教育规划的原则，家庭应该选择一些定期、定额、风险较小的理财工具，在不加重经济负担的情况下做一些小额、长期、目标明确的科学投资，以达到积攒子女教育金的目的。假如没有足够的时间或者本金，又不想降低教育目标，则要选取一些高收益的金融产品。

（三）执行与定期检讨

子女教育规划需要客户提前规划并长期执行，为了保证子女教育规划目标的实现，理财规划师往往要求客户尽量做到坚持投资计划，坚持专款专用。当客户按照设定的投资组合规划进行投资后，也要投入时间和精力来进行管理，坚持定期调整，保障投资收益。

二、子女教育规划案例

（一）已知教育金需求

【例7-2】王先生夫妇的孩子今年8岁，预计18岁出国留学，出国留学费用届时一共需要100万元，为实现教育目标，他们决定现在采取基金定投的方式。假设投资报酬率为8%，请问王先生夫妇需要每月定投多少资金才能实现这一目标？

案例解析：

如果王先生夫妇想让孩子在18岁时顺利出国留学，则需要在10年（8岁至18岁）之间准备好100万元。利用理财计算器：P/Y=12，N=12×10=120，I/Y=8，FV=1 000 000，求得PMT=-5 466.09。因此，王先生夫妇需要每月定投5 466.09元，才能实现这一教育规划目标。

【例7-3】张先生夫妇的孩子今年10岁，预计18岁出国留学，出国留学费用届时一共需要80万元，现有出国留学启动资金15万元，为实现教育目标，他们决定现在采取基金定投的方式。假设投资报酬率为6%，请问张先生夫妇需要每月定投多少资金才能实现这一目标？

案例解析：

如果张先生夫妇想让孩子在18岁时顺利出国留学，则需要在8年（10岁至18岁）之间准备好80万元，目前已有15万元。利用理财计算器：P/Y=12，N=12×8=96，I/Y=6，PV=-150 000，FV=800 000，求得PMT=-4 541.93。因此，张先生夫妇需要每月定投

4 541.93元，才能实现这一教育规划目标。

（二）未知教育金需求

【例7-4】文先生夫妇的孩子今年10岁，预计18岁上大学，目前大学每年学费为1.6万元，预计学费每年上涨5%（假设入学后学费及生活费增长为0），文先生夫妇想为孩子设立一个教育基金，每年年末投入一笔固定的资金，直到孩子上大学为止。假定年投资收益率为9.4%，请问文先生夫妇每年应投入多少资金才能实现这一目标？

案例解析：

（1）测算孩子上大学时每年的学费。文先生夫妇的孩子8年后上大学，目前学费为1.6万元/年，并以5%的增长率增长。利用理财计算器：N=8，I/Y=5，PV=16 000，求得FV=23 639.29。因此，在文先生夫妇的孩子上大学时每年的学费为23 639.29元。

（2）测算教育资金总需求。一般来说，在进行子女教育规划时，应在孩子上大学时点将未来4年的大学费用都筹集好，且根据货币时间价值，子女教育金在使用时也应产生收益。同时，由于学费为每学期期初缴纳且金额相等，因此应设置期初年金。在9.4%的投资收益率的条件下，可以将每年学费贴现到上大学的时点。利用理财计算器：设期初年金（BGN），N=4，I/Y=9.4 ，PMT=−23 639.29，求得PV=83 053.28。因此，在孩子上大学时，文先生夫妇至少应该准备83 053.28元，才能保障孩子顺利完成学业。

（3）测算每年定投金额。文先生夫妇计划每年年末投入固定资金，直至孩子上大学为止，那么文先生夫妇可连续投资8年（10岁至18岁），在投资收益率为9.4%的情况下需要在8年后积累出83 053.28元。利用理财计算器：N=8，I/Y=9.4，FV=83 053.28，求得PMT=−7 422.40。因此，文先生家庭需要每年定投7 422.40元，才能实现这一教育规划目标。

【例7-5】张先生夫妇的孩子今年5岁，预计18岁出国留学，目前出国留学每年学费为10万元（大学共4年），预计学费每年上涨3%（假设入学后学费及生活费增长为0），张先生夫妇现有出国留学启动资金20万元，其余计划每月月初投入一笔资金以积累孩子的教育费用，假设收益率为6%，请为张先生制订一份子女教育规划。

案例解析：

（1）测算孩子上大学时每年的学费。张先生夫妇的孩子13年后（5岁至18岁）出国留学，目前学费为10万元/年，并以3%的增长率增长。利用理财计算器：N=13，I/Y=3，PV=100 000，求得FV=146 853.37。因此，在孩子出国留学时每年的学费为146 853.37元。

（2）测算教育资金总需求。利用理财计算器：设期初年金（BGN），N=4，I/Y=6，PMT=−146 853.37，求得PV=539 394.18。因此，在孩子出国留学时，张先生夫妇至少应该准备539 394.18元，才能保障孩子顺利完成学业。

（3）测算每月定投金额。张先生现有出国留学启动资金20万元，其余计划每月月初投入固定资金，在投资收益率为6%的情况下，需要在13年后积累出539 394.18元。利用理财计算器：设期初年金（BGN），P/Y=12，N=12×13=156，I/Y=6，PV=−200 000，FV=539 394.18，求得PMT=−439.29。因此，张先生夫妇需要每月月初定投439.29元，才能实现这一教育规划目标。

项目小结

1. 子女教育规划是为了保证客户实现子女教育目标，满足子女教育所需资金而提早开始积极实施的理财方案。

2. 子女教育具有时间无弹性、费用无弹性、子女资质无法事先预测等特点，因此必须提早进行子女教育规划。

3. 子女教育规划原则包括目标合理、提早规划、定期定额、稳健投资四个方面。应结合自身情况提早规划，养成“日积月累”的好习惯，不可过于激进冒险。

4. 子女教育规划适用的理财工具包括教育储蓄、教育保险、基金定投以及子女教育信托，其中基金定投是子女教育规划常用的理财工具。

5. 子女教育规划流程为设定投资目标、规划投资组合、执行与定期检讨。

项目训练

■ 基础知识训练

一、名词解释

保费豁免　基金定投

二、单项选择题

1. 在子女教育规划中，基于（　　）原则，理财规划师不可因筹资的压力选择风险高的投资工具。

A. 目标合理　　B. 提前规划　　C. 定额定投　　D. 稳健投资

2. 教育储蓄存款的最高限额为（　　）万元。

A.1　　B.2　　C.3　　D.5

3.（　　）是指由父母委托一家专业信托机构帮忙管理自己的一笔财产，并通过合同约定这笔财产用于支付将来孩子教育和生活费用。

A. 子女教育信托　　B. 投资基金　　C. 政府债券　　D. 教育保险

4. 关于教育保险的说法，错误的是（　　）。

A. 保险客户范围广泛　　B. 有些教育保险可以分红

C. 具有强制储蓄功能　　D. 计息比较灵活

5. 家庭合理的教育负担比为（　　）。

A.10%　　B.20%　　C.30%　　D.40%

三、多项选择题

1. 除客户自身收入和资产外，教育资金的主要来源有（　　）。

A. 亲友借贷　　B. 教育贷款

C. 工读收入　　D. 奖学金

E. 政府教育资助

2. 与教育储蓄相比，教育保险的优点包括（　　）。

A. 范围广　　B. 特定情况下可豁免所得税

C. 可分红　　D. 强制储蓄

E. 收益高

3. 子女教育规划应遵循的原则有（　　）。

A. 目标合理　　B. 提前规划

C. 定期定额　　D. 稳健投资

E. 随时规划

4. 设立子女教育信托的积极意义在于（　　）。

A. 鼓励子女努力奋斗　　B. 防止子女养成不良嗜好

C. 从小培养理财观念　　D. 规避家庭财务危机

E. 专业理财管理

5. 子女教育规划的特点包括（　　）。

A. 缺乏时间弹性　　B. 缺乏费用弹性

C. 面临通货膨胀影响　　D. 子女资质无法事先预测

E. 教育费用固定不变

四、判断题

1. 工读收入也是教育资金的来源之一，所以在做教育规划时可以将工读收入计算在内。（　　）

2. 按照子女教育阶段的不同和教育需求的不同，可以将教育规划分为家庭必要性投资和家庭选择性投资。（　　）

3. 单只基金定投的购买起点为100元。这一特点决定包括学生在内的所有投资者均有机会参与基金定投。（　　）

4. 基金定投的意义在于长期投资的时间复利效果，进而分散了股市多空、基金净值起伏的短期风险，使投资者稳定获利。（　　）

5. 由于子女资质无法预料，因此子女教育金无须事先准备。（　　）

■ 实践操作训练

训练一

目的：掌握子女教育规划基本流程

内容：田先生夫妇的孩子今年8岁，预计18岁出国留学，出国留学费用届时一共需要60万元，为此田先生夫妇聘请理财规划师为其制订子女教育规划。假设投资回报率为6%。

要求：（1）田先生夫妇现需要一次性准备多少启动资金，才能实现这一留学计划？

（2）如果采用基金定投的方式，则田先生夫妇需要每月定投多少资金，才能实现这一留学计划？

（3）如果每月月初参与基金定投，则田先生夫妇需要定投多少资金，才能实现这一留学计划？

训练二

目的：掌握计算子女教育金缺口

内容：高先生夫妇的孩子今年10岁，预计18岁上大学，目前大学每年学费为1.6万元，预计学费每年上涨5%（假设入学后学费及生活费增长为0，大学共4年）。目前，高先生夫妇有2万元的教育启动金，假设投资回报率为8%。

要求：（1）高先生夫妇的孩子上大学时的每年学费是多少？

（2）高先生夫妇需要在孩子上大学时准备多少教育金？（考虑资金使用的收益性，且学费为每学期期初缴纳）

（3）高先生夫妇想为孩子设立一个教育基金，每年年末投入一笔固定的资金，直到孩子上大学为止，那么高先生夫妇每年应投入的资金是多少？

项目八 退休养老规划

学习目标

知识目标

★了解退休养老规划的必要性。

★熟悉我国的社会保险制度以及养老金三支柱体系。

★掌握商业养老保险、养老目标基金、养老理财等养老规划工具的特点及运作原理。

技能目标

★能够解读国家退休养老政策。

★正确分析客户退休养老需求。

★可以灵活运用退休养老工具，制订退休养老规划方案，并根据不同生命周期及宏观环境变化调整退休养老规划方案。

素养目标

★培养学生能够正确解读我国养老相关政策的能力。

★通过我国养老三支柱体系介绍，使学生了解我国基本社会保障无法满足养老需求现状，提早树立自我养老的理念。

案例导入

渐进式延迟法定退休年龄

延迟退休是近几年社会普遍关注的热点话题。从人口老龄化加快、社保基金收支压力增大以及养老金待遇较低等角度出发，延迟退休已是大势所趋。2021 年 3 月 11 日，第十三届全国人民代表大会第四次会议批准的《中华人民共和国国民经济和社会发展第十四个五年规划和 2035 年远景目标纲要》第四十五章第三节中明确提出，按照小步调整、弹性实施、分类推进、统筹兼顾等原则，逐步延迟法定退休年龄，促进人力资源充分利用。作为一项复杂的公共政策，延迟退休方案与就业政策、养老金等方面的制度改革紧密联系在一起，在实施过程中尤其要把握好渐进式推进节奏，还要采取综合性的配套措施，减少社会阻力。从全球经验来看，各国延迟退休政策的实施都不是孤立而行的，合理的制度设计是前提，激励机制的引入是关键，政策引导和信息宣传则是重要保障。

目前，我国采取“渐进式延迟法定退休年龄”，这是一项就业政策的变化，也是一项养老金领取制度的变革。延迟退休政策设计涉及精算公平和激励中性两个基本原则，其前提是建立就业和养老金领取的激励相容机制。为此，需要通过引入弹性退休制度，加大对延迟退休待遇的奖励，建立友好型老年就业制度等措施，制定切实可行的改革方案，并把握好渐进式推进节奏，加强政策引导和宣传，采用综合性配套改革措施，化解社会风险。

资料来源：房连泉.渐进式延迟法定退休年龄的可行方案［J］. 人民论坛，2023（14）：58-62.

在本书的项目五风险管理与保险规划中，我们讲到人生无常，会面临两个偶然，即意外和疾病，虽无法回避，但是我们可以通过为家庭和个人配置意外险和重大疾病险，使得家庭和个人的财务状况回到出险前的状态。同时，我们每个人还会面临一个必然，即衰老。退休后能否享受自立、尊严、高品质的晚年生活对于每个人都非常重要，因此退休养老规划是个人理财规划中必不可少的部分。

任务一　了解退休养老规划的必要性

一、人口老龄化

微课8-1

退休养老规划的必要性

21世纪是人口老龄化的时代。目前，世界上所有发达国家都已经进入老龄化社会。我国自1999年宣布进入老龄化社会以来，人口老龄化速度加快。国家统计局数据显示，截至2023年年底，我国60岁及以上人口达29 697万人，占全国人口的21.1%，其中65岁及以上人口21 676万人，占全国人口的15.4%。国民的养老负担日益沉重，实现“老有所养”，已成为当前及今后迫切需要解决的社会问题。

（一）人口老龄化定义及衡量标准

在了解人口老龄化之前，让我们先来了解一下我国的人口结构。现实经济生活中，一国的人口结构可大体分为未成年人口（0~15岁）、劳动力人口（16~59岁）和老年人口（60岁及以上，国外一般以65岁及以上为标准）三类。那么，什么是人口老龄化呢？所谓人口老龄化，是指总人口中因年轻人口数量减少、年长人口数量增加而导致的老年人口比例相应增长的动态。人口老龄化有两个方面的含义：一是老年人口相对增多，在总人口中所占比例不断上升；二是社会人口结构呈现老年状态，进入老龄化社会。

按照国际通用标准，在一个国家或地区人口结构中，60岁以上老年人口所占比例达到10%，或65岁以上人口所占比例达到7%，即界定为老龄化国家或地区。

（二）我国人口老龄化的主要特征

1. 老龄化规模大、发展速度快

由于我国人口基数较大，我国是世界上老年人口最多的国家，也是目前世界上唯一的老年人口过2亿的国家，我国老年人口占全球老年人口总量的20%。2000年全国老龄工作委员会办公室发布《中国人口老龄化发展趋势预测研究报告》，指出从2001年到2100年，我国的老龄化发展趋势可分为三个阶段：

第一阶段：快速老龄化阶段（2001—2020年）。

这一阶段我国平均每年增加596万老年人口，年均增长速度达3.28%，大幅超过总人口年均0.66%的增长速度；到2020年，老年人口达到2.48亿，老龄化水平为17.17%。而实际数据表明，我国2019年年底老年人口（60岁以上）就已达到2.53亿，老龄化水平为18.1%，已超出预测水平，人口老龄化进程明显加快。

第二阶段：加速老龄化阶段（2021—2050年）。

随着我国第二次生育高峰人群（1963—1972年）进入老年（如图8-1所示），中国老年人口数量开始加速增长，平均每年增加620万人。同时，由于总人口逐渐实现零增长并开始负增长，人口老龄化将进一步加速。到2050年，老年人口的总量将超过4亿，其中每3个人中将有1个老人，老龄化水平推进到30%以上。

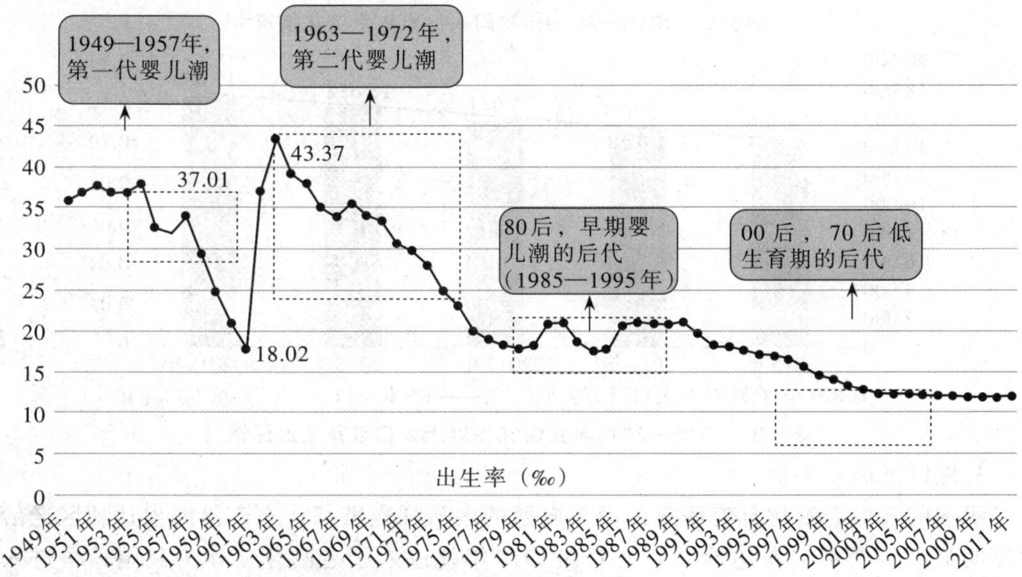

图8-1　我国人口结构效应分析图

第三阶段：稳定的重度老龄化阶段（2051—2100年）。

报告预测：到2051年，中国老年人口规模将到达峰值4.37亿，约为少儿人口数量的2倍。这一阶段，老年人口规模将稳定在3亿~4亿，老龄化水平基本稳定在31%左右。

2. 人口老龄化伴随着“高龄化”和“少子化”

随着经济的发展和医疗水平的进步，人们的预期寿命也随之稳步提升。1956—2019年，我国人口预期寿命从49.2岁增长到77.4岁，预计到2040年，我国人口预期寿命将达到81.9岁，每10年增长约2.5岁。联合国人口司以80岁为界，进一步将老年人口划分为低龄老人和高龄老人，我国高龄老年人口正以每年5.4%的速度增长，预计到2050年，80岁及以上老年人口将达到9 448万，占老年人口的21.78%。2051—2100年，80岁及以上老年人口将保持在8 000万~9 000万，占老年人口的比重也将保持在25%~30%，我国将进入一个高龄老龄化的平台期。

同时，由于计划生育的长期推行，我国人口老龄化还伴随着“少子化”。2019年，中国出生人口降至1 465万，出生率为10.48‰，自2016年起连年下降（如图8-2所示），而反观65岁及以上人口为1.76亿，占总人口的12.6%，比例逐年攀升（如图8-3所示）。

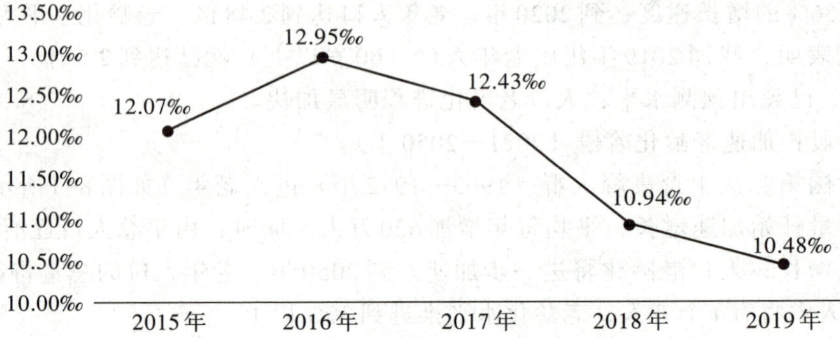

图8-2　2015—2019年我国人口出生率变化情况

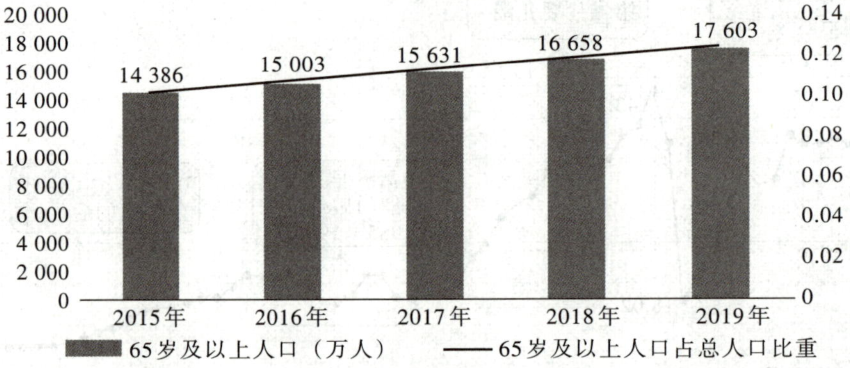

图8-3　2015—2019年我国65岁以上人口数量及占比情况

3. 地区发展不平衡

我国的人口老龄化具有明显的由东向西的区域梯次特征，东部沿海发达地区老龄化程度明显高于西部欠发达地区。上海在1979年就进入了老龄化，作为我国最早进入老龄化的城市，比全国进入老龄化时间早了20多年，与最迟进入老龄化的宁夏（2012年）相比，时间跨度长达33年。

4. 城乡倒置显著

发达国家的人口老龄化历程表明，城市人口老龄化水平高于农村，而我国的人口老龄化情况正相反，农村的人口老龄化水平高于城镇，预计这种城乡倒置的情况将一直持续到2040年。预计到21世纪后半叶，城镇老龄化水平才会超过农村，并逐渐拉开差距。这是我国人口老龄化不同于发达国家的重要特征之一。

5. 老龄化超前于现代化，“未富先老”“未备先老”问题凸显

从历史经验上来看，发达国家是在基本实现现代化的条件下进入老龄化社会的，属于“先富后老”或“富老同步”。与欧美及日本等发达国家的“先富后老”不同，我国的人口老龄化面临着“未富先老”和“未备先老”的双重挑战，即未在思想、物质、制度上做好充分的准备就迎来了人口快速老龄化。数据显示，同样是老年人口占比达到12.6%，美国在1990年实现，其人均国内生产总值约为2.4万美元；日本在1992年实现，其人均国内生产总值为3.1万美元；韩国在2015年实现，其人均国内生产总值为

2.7万美元；而我国在2019年实现，人均国内生产总值为1.09万美元，这说明我国支撑老年人需求的经济和物质基础还十分薄弱。老龄化趋势的深化和人均GDP处于低位之间的矛盾，直接导致我国老人退休后的养老保障水平较低。因此，我们应提前做好养老准备。

二、传统养老方式受到挑战

在传统养老观念上，“养儿防老”是老年人实现养老生活保障的主要渠道。随着中国人口老龄化社会加速发展，在此过程中，家庭小型化、高龄化、空巢化、失能化等问题日益凸显，传统的家庭养老模式受到冲击，人们逐渐认识到“养儿防老”已经难以满足年老时的生活需求。同时，中国独生子女政策形成的“4-2-1”家庭结构对传统养老模式也提出挑战，四位老人的养老对子女产生极大的经济压力。因此，传统的家庭养老转变为社会养老是必然趋势。同时，还需通过金融化的养老储备来应对人口老龄化带来的挑战。

三、基本社会保障无法满足养老需求

目前，我国居民退休后的养老金主要来自国家基本养老保险，但仅靠领取国家基本养老保险是无法满足退休后的养老需求的。

一方面，由于国家基本养老保险具有广覆盖、保基本的特点，仅能保障居民退休后的基本养老生活，加上我国社会养老保险采取现收现付制（即当期缴纳的养老金即刻派发给已退休人员）的筹资模式，养老金累计余额逐年递减，尤其是在老龄化加速、生育率下降的大背景下，基本养老保险的可持续性受到了很大的挑战；另一方面，我国城镇职工养老金替代率较低。养老金替代率是指劳动者在退休后的养老金领取水平与退休前工资收入水平的比值，是衡量劳动者退休前后生活保障水平差异的基本指标之一。养老金替代率越高，表明退休后可享受的生活品质越高。世界银行给出的理想养老金替代率为70%，国际劳工组织建议养老金替代率最低标准为55%，而近年来，我国城镇职工养老金替代率持续走低，仅为40%左右。

任务二　掌握退休养老规划基础知识

一、社会养老保险

（一）社会养老保险含义

微课8-2

社会养老保险概述

社会养老保险制度于1881年在德国首创。所谓社会养老保险，是国家和社会根据一定的法律和法规，为解决劳动者在达到国家规定的解除劳动义务的劳动年龄界限，或因年老丧失劳动能力退出劳动岗位后的基本生活而建立的一种社会保障制度。这一概念包括以下三层含义：

（1）社会养老保险是在法定范围内的老年人完全或基本退出社会劳动生活后才自动发生作用的。

（2）社会养老保险的目的是保障老年人的基本生活需求，为其提供可靠的生活来源。

(3) 社会养老保险是以社会保险为手段来达到保障的目的。社会养老保险由国家立法强制实行，企业和个人都必须参加，同时兼具互济性与社会性。

(二) 社会养老保险基本原则

1. 保障基本生活

社会养老保险广覆盖、保基本的特点决定了其主要目的是保障劳动者退休后的基本生活。这一原则更多地强调社会公平，对低收入阶层更为有利。

2. 公平与效率相结合

社会养老保险的待遇水平既要体现社会公平，又要体现个体之间的差别，在维护社会公平的同时强调其促进效率的作用。

3. 权利与义务相对应

目前，大多数国家在社会养老保险制度中都实行权利与义务相对应的原则，即参保人员只有履行缴纳保险费的义务，在退休时才可按规定领取养老保险金。

4. 管理服务社会化

按照政事分开的原则，政府委托或设立社会机构来管理养老保险事务和基金。要建立独立于企业、事业单位之外的养老保险制度，就必须对养老金实行社会化发放并依托社区开展退休人员的管理服务工作。

5. 分享社会经济发展成果

在社会消费水平普遍提高的情况下，退休人员的实际生活水平相对下降。因此，社会养老保险制度建立了养老金调整机制，使退休人员的收入水平随着社会经济的发展和职工工资水平的提高而不断提高，以分享社会经济发展的成果。

(三) 社会养老保险模式

社会养老保险模式的划分为两种：按照基金筹资模式划分和按照资金征集渠道划分。

1. 按照养老保险基金筹资模式划分，可分为现收现付式、完全基金式、部分基金式三种模式

(1) 现收现付式。现收现付式是指当期的缴费收入全部用于支付当期的养老金开支，不留或只留很少的储备基金。从资金角度来看，由于上一代人并没有积累养老储备基金，其养老金全部需要下一代人的缴费筹资，因此现收现付式养老模式实际上是将当期在职人员缴纳的养老金收缴后用于当期退休人员养老金支付的方式，主要依赖代际间的收入转移，是一种靠后代养老的保险模式。世界上大多数建立养老保险制度的国家，如美国、法国、德国、英国、瑞士和智利等国的养老保险制度建立之初都是现收现付式。

(2) 完全基金式。完全基金式是指当期缴费收入全部用于当期缴费的受保人建立养老储备基金，储备基金的目标是满足未来向全部受保人支付养老金的资金需要。同现收现付式相比，完全基金式是一种自我养老的保险模式，各代人之间不存在收入转移，每一代人都靠自己工作期间缴纳的保险费所积累起来的养老储备金来维持老年生活。

(3) 部分基金式。部分基金式是介于现收现付式和完全基金式之间的一种筹资模式，当期缴费的一部分用于应付当年的养老支出，另一部分用于为受保人建立养老储备

基金。部分基金式是自我养老和后代养老相结合的保险模式。

2. 按照养老保险资金征集渠道划分，可分为国家统筹养老保险模式、强制储蓄养老保险模式和投保资助养老保险模式

（1）国家统筹养老保险模式。在此模式下，养老保险所需全部资金均来自国家财政拨款，而不向劳动者本人征收任何社会养老保险费用，即保险资金来源于国家一方。国家统筹养老保险模式由苏联创设，后为东欧各国、蒙古国、朝鲜以及我国在改革开放以前采用。

（2）强制储蓄养老保险模式。在此模式下，养老基金来自企业和劳动者两方，国家不进行投保资助，仅给予一定的政策性优惠。这种社会自我保障的做法要求企业和劳动者的投保效率较高，这样才可以获得充足的养老基金。因此，强制储蓄养老保险模式必须在经济发展速度较快且水平较高的情况下才能实行。只有少数发展中国家实行这一制度，这一制度在新加坡取得了成功。新加坡现在不仅实现了不依靠国家财政拨款的养老基金，而且积累了一笔十分丰厚的社会公积金，在保证退休者晚年养老生活需求的前提下，实现了养老保险资金的良性运行。

（3）投保资助养老保险模式。在此模式下，由国家、企业和劳动者三方共同出资筹集养老基金。这也是世界上大多数国家实行的养老保险模式。美国是投保资助养老保险模式的典型代表。我国自20世纪90年代起对养老保险制度实行改革以来采取的也是这种模式。

二、我国的养老保险制度

（一）我国社会基本保险制度

《中华人民共和国社会保险法》（以下简称《社会保险法》）总则中明确规定，国家建立基本养老保险、基本医疗保险、工伤保险、失业保险、生育保险等社会保险制度，保障公民在年老、疾病、工伤、失业、生育等情况下依法从国家和社会获得物质帮助的权利。上述五项保险构成了我国基本的社会保险制度，如图8-4所示。

微课8-3

我国基本养老保险制度

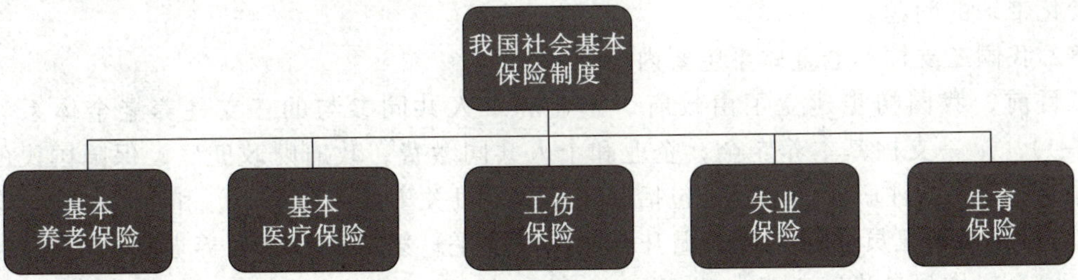

图8-4 我国社会基本保险制度

1. 基本养老保险

基本养老保险是国家立法强制筹集养老保险资金并形成养老金，当参保人退休后支付退休金，以帮助其抵御满足老年需求支付不足产生的财务风险的制度安排，是以一定的替代水平满足老年阶段部分消费能力和支付水平的一项社会保险制度。基本养老保险由用人单位和职工个人共同缴费，单位缴费费率为20%，个人缴费费率为8%。

2. 基本医疗保险

基本医疗保险是为补偿劳动者因疾病风险造成的经济损失而建立的一项社会保险制

度。通过用人单位和个人缴费，建立医疗保险基金，参保人员患病就诊发生医疗费用后，由医疗保险经办机构给予一定的经济补偿，以避免或减轻劳动者因患病、治疗等所带来的经济风险。基本医疗保险费由用人单位和职工个人共同缴费，单位缴费费率为6%~10%，个人缴费费率为2%。随着经济的发展，用人单位和职工缴费费率可做相应调整。个人缴费全部计入个人账户，即“医保卡”，单位缴费一般用于建立统筹基金，由各地方基本医疗保险基金管理中心管理。

3. 工伤保险

工伤保险是因工作原因受到事故伤害或者罹患职业病，且经工伤认定的，可享受工伤保险待遇，对工伤损失给予一定的经济补偿。

4. 失业保险

失业保险是指国家通过立法强制实行的，由社会集中建立基金，对因失业而暂时中断生活来源的劳动者提供物质帮助，进而保障失业人员失业期间的基本生活，促进其再就业的制度。失业保险由用人单位和职工个人共同缴费，二者缴费合计费率为1%。

5. 生育保险

生育保险是在劳动者因生育子女而导致劳动力暂时中断时，给予的经济支持。工伤保险和生育保险由企业单方缴费，实行浮动费率，二者之和在1.5%左右。

（二）我国三支柱模式养老金体系

1. 三支柱模式历史背景

三支柱模式是目前国际上普遍采用的养老金制度模式。在20世纪80年代，全球人口老龄化逐步加剧，在当时很多主流国家实行的以现收现付式为主的养老金制度面临着财务平衡难以持续、国家财政负担不断加重等情况，老年人的生活面临较大的挑战。在这样的背景下，世界银行在总结了智利等国家养老金改革经验的基础上，于1994年10月发布《防止老龄危机——保护老年人及促进增长的政策》的报告，提出了三支柱养老金改革模式的建议，其核心在于通过多个模式的不同养老金支柱来应对单一制度内老龄化带来的问题。

2. 我国三支柱养老金体系主要内容

目前，我国初步建立了由政府、企业和个人共同参与的三支柱养老金体系（见表8-1）：第一支柱基本养老金，企业和个人共同缴费，政府财政兜底，保障国民的基本养老；第二支柱职业养老金，包括职业年金（机关事业单位员工）和企业年金（企业员工），雇主和雇员共同参与，提升养老保障水平；第三支柱个人养老金，个人缴费，增强自我养老能力。

拓展阅读8-1

我国三支柱养老金体系发展现状

第一支柱：基本养老金。

基本养老金，即基本养老保险，其保障国民的基本养老。我国的基本养老保险按照保障对象不同，划分为城镇职工基本养老保险和城乡居民基本养老保险。前者主要为在城镇各类企事业单位正式就业并签有劳动合同协议的职工提供养老保障；后者主要适用于农村居民，也包括在城镇地区没有参加城镇职工基本养老保险的人员。本书主要对城镇职工基本养老保险做详细介绍。

表8-1 **我国三支柱养老金体系**

项目	第一支柱 基本养老金	第二支柱 职业养老金	第三支柱 个人养老金
具体制度	城镇职工基本养老保险 城乡居民基本养老保险	职业年金、企业年金	个税递延商业养老保险 其他商业养老保险 养老目标基金、养老理财产品（待纳入）
保障目标	基础生活保障	基本生活品质	提升生活品质
缴费主体	企业和个人，财政兜底	企业和个人	个人
缴费性质	强制	自愿+强制	自愿
收支模式	“统账结合”部分积累制	完全积累制	完全积累制
税收政策	税前列支	税前列支	税收递延（符合条件）

（1）城镇职工基本养老保险。

我国的企业职工基本养老保险制度是根据国务院颁布的《关于建立统一的企业职工基本养老保险制度的决定》（国发〔1997〕26号）建立起来的。

按照《社会保险法》的规定，职工（国家机关及事业单位人员和各类城镇企业职工）应当参加基本养老保险，由用人单位和职工共同缴纳基本养老保险费。

城镇职工基本养老保险的适用范围：在城镇就业并与用人单位建立劳动关系的职工，用人单位在与职工签订劳动合同的同时，应为职工办理参保手续。当农民进城务工与用人单位签订劳动合同后，用人单位应为其办理城镇职工基本养老保险。

（2）城镇职工基本养老保险的资金筹集。

城镇职工基本养老保险主要由企业和职工个人缴费负担，财政负责弥补社会养老保险计划赤字。基本养老保险实行社会统筹与个人账户相结合的运行方式。

①企业缴费。根据国家有关法律和政策，企业必须依法参加社会养老保险计划，并依法缴纳养老保险费，具体规定如下：

一是企业供款基数是企业缴费工资总额，最新规定费率为16%，计入社会统筹账户。

二是企业供款享有免税待遇，可以在缴纳企业所得税之前列支，且按月向社会保险经办机构或税务部门缴纳。

②个人薪酬扣除。企业员工必须依法参加社会养老保险计划，并依法缴纳养老保险费。保险费由所在企业代扣代缴，并在缴纳个人所得税前列支，所缴费用全部计入个人账户并归属个人所有。对个人薪酬进行养老保险缴费扣除的基本方法如下：

个人缴费额 = 经过核定的本人缴费基数×费率

缴费基数：个人缴费基数是经过核定的上年度本人月平均工资。缴费基数最高为所在地职工上年度月平均工资的300%，最低为所在地职工上年度月平均工资的60%。无法确定月工资收入的，以上年度所在地职工月平均工资为缴费基数。

费率：我国基本养老保险个人缴费费率为8%。

例如，若经过核定某企业员工甲的缴费基数为4 000元，则其个人缴费额为320元（4 000×8%），由甲所在的企业代扣代缴，并在缴纳甲的个人所得税前列支，所缴费用全部计入个人账户并归甲所有。因此，我们可以看出个人基本养老保险缴费金额的多少主要取决于每个人的缴费基数。

（3）城镇职工基本养老保险的资产管理。

资产管理是对城镇职工基本养老保险缴费资金和累积资金及其他资产的管理，采用社会统筹账户和个人账户相结合的制度模式进行管理。

①社会统筹。社会统筹是为确保支付基础养老金而设立的公共财务收支系统。主要有以下四个特征：第一，资金来源于企业缴费以及财政补贴等，以支定收；第二，资金由社会保险基金经办管理机构统一管理，专款专用，任何单位和个人不得挪用；第三，社会统筹基金主要用于发放现在退休人员的基础养老金，采用根据当年支出金额调整当年缴费基数和比例的方法，基本上保持收支平衡或者略有结余；第四，社会互济，风险分担。

微课 8-4

养老保险金领取

②个人账户。个人账户是个人名下的为缴纳养老保险费和支付个人养老金而设立的权益记录。主要有以下四个特征：第一，资金来源于个人缴费和投资收益；第二，实现完全积累制；第三，资金归个人所有，可以携带和继承；第四，个人账户资金需要专业化、市场化运营，并产生收益，实现资金的保值增值。

个人养老保险账户积累额=个人缴费积累额+投资运营收益

（4）城镇职工基本养老金领取。

①领取养老金的条件。养老金的领取要同时满足两个条件：一是达到法定年龄并办理退休手续；二是缴费年限（含视同缴费年限）累计满15年。

②养老金计发办法。2005年，国务院《关于完善企业职工基本养老保险制度的决定》（国发〔2005〕38号）进一步完善了养老金计发标准，规定职工退休时每月领取的养老金由两个部分组成，即基础养老金和个人账户养老金。基本养老金的计算公式为：

基本养老金=基础养老金+个人账户养老金①

基础养老金=（当地上年度职工月平均工资+本人指数化月平均缴费工资）÷2×缴费年限×1%

本人指数化月平均缴费工资=当地上年度职工月平均工资×本人平均缴费指数

个人账户养老金=个人账户储存额÷计发月数

由此可以看出，在缴费年限相同的情况下，基础养老金的高低取决于个人平均缴费指数。个人平均缴费指数就是在养老金缴费阶段，自己实际的缴费基数与社会平均工资之比的历年平均值。由于职工缴费基数以60%和300%作为下限和上限，因此个人平均缴费指数的取值为0.6~3，退休时由当地社保部门确认。

我们一起看两个案例：

案例1：王先生25岁参加基本养老保险，60岁退休，累计缴费年限35年，退休时当地上年度职工月平均工资为6 000元，经社保部门确认他的平均缴费指数（实际中习

① 对于在国发〔1997〕26号文件实施前参加工作并决定在该文件实施后退休的参保人员，由于其个人账户积累很少，因此在基础养老金和个人账户养老金的基础上，再发给过渡性养老金，这部分本教材不做具体介绍。

惯直接称本人指数化缴费工资）为2，由此可计算出王先生的基础养老金。

基础养老金=（6 000+6 000×2）÷2×35×1%=3 150（元）

个人账户养老金是由个人账户支付的养老金。计发月数由国务院有关文件规定（见表8-2）。例如，如果55岁退休，那么计发月数为170；如果60岁退休，那么计发月数为139。

表8-2　**城镇企业职工国家基本养老保险计发月数表**

退休年龄	计发月数	退休年龄	计发月数	退休年龄	计发月数
40	233	51	190	62	125
41	230	52	185	63	117
42	226	53	180	64	109
43	223	54	175	65	101
44	220	55	170	66	93
45	216	56	164	67	84
46	212	57	158	68	75
47	208	58	152	69	65
48	204	59	145	70	56
49	199	60	139		
50	195	61	132		

王先生退休时的基本养老保险个人账户积累额为350 000元，60岁退休对应的计发月数为139，由此可计算出个人账户的养老金。

个人账户的养老金 =350 000÷139=2 517.99（元）

因此，王先生退休时每月可领取的基本养老金为5 667.99元（3 150+2 517.99）。

案例2：假定甲、乙、丙三位男职工均在60岁退休，退休时当地上年度职工月平均工资为4 000元。甲的个人指数化缴费工资为最低档0.6，乙的个人指数化缴费工资为社会平均值1，丙的个人指数化缴费工资为最高档3。当三人累计缴费年限均为15年时，甲、乙、丙三人每月领取的基础养老金是多少；当三人累计缴费年限均为40年时，甲、乙、丙三人每月领取的基础养老金是多少。

根据相关公式计算，可得：

①当累计缴费年限为15年时：

甲的基础养老金=（4 000+4 000×0.6）÷2×15×1%=480（元）

乙的基础养老金=（4 000+4 000×1）÷2×15×1%=600（元）

丙的基础养老金=（4 000+4 000×3）÷2×15×1%=1 200（元）

②当累计缴费年限为40年时：

甲的基础养老金=（4 000+4 000×0.6）÷2×40×1%=1 280（元）

乙的基础养老金=（4 000+4 000×1）÷2×40×1%=1 600（元）

丙的基础养老金=（4 000+4 000×3）÷2×40×1%=3 200（元）

这个案例可以帮助我们更好地理解国家基本养老保险制度中公平和效率相结合的原则。从效率的角度来看，社会平均工资以当地平均工资收入反映社会经济发展水平，社会平均工资越高，领取的养老金越高。养老金缴费指数是参保期间缴费额度与当地社会平均工资比值的平均值，指数越大，缴费贡献越大，相应地在领取时个人指数化缴费工资越高，领取的养老金也就越多。参保时间越长，个人账户积累额越多，对社会统筹贡献越大，领取的养老金越多。在效率的基础上，国家基本养老保险制度也兼顾了公平，在鼓励多缴多得的同时，通过与社会平均工资求算术平均值，提高了收入较低群体的养老金。

③基本养老金替代率。我们学会了计算个人基本养老金的领取金额，那么个人养老金领取和地区养老金支付水平的高低用什么指标来衡量呢？我们通常将基本养老金替代率作为衡量基本养老金计划支付水平的重要评价标准。基本养老金替代率是指基本养老金对某项收入的替代比例。根据替代目标的不同，分为以下三种：

一是缴费工资替代率。

缴费工资替代率=基本养老金÷指数化缴费工资×100%

二是社会平均工资替代率。

社会平均工资替代率=地方平均基本养老金÷地方社会平均工资×100%

三是个人退休前工资替代率。

个人退休前工资替代率=基本养老金÷退休前工资×100%

【例8-1】刘女士24岁参加基本养老保险，55岁退休，累计缴费年限31年，退休时当地上年度职工月平均工资为5 500元，经社保部门确认她的平均缴费指数即本人指数化缴费工资是1.5，刘女士退休时基本养老保险个人账户积累额为250 000元，个人账户计发月数为170，已知刘女士退休前的工资为7 000元。要求：（1）请帮助刘女士测算退休后可领取的基本养老金；（2）如果当地退休人员领取的平均基本养老金为3 000元，请计算当地的社会平均工资替代率；（3）计算刘女士的个人退休前工资替代率。

案例解析：

（1）计算退休后可领取的基本养老金。

基本养老金=（5 500+5 500×1.5）÷2×31×1%+250 000÷170=2 131.25+1 470.59=3 601.84（元）

（2）计算当地的社会平均工资替代率。

社会平均工资替代率=3 000÷5 500×100%=54.55%

（3）计算刘女士的个人退休前工资替代率。

个人退休前工资替代率=3 601.84÷7 000×100%=51.45%

通过此案例我们可以看出，真正能够反映基本养老保险金对个人收入影响的是个人退休前工资替代率。越是高收入者，其个人退休前工资替代率越低，见表8-3。

表 8-3 收入与退休前工资替代率的关系

个人	工资/社平工资	现在工资（元/月）	实际基本养老金（元/月）	实际替代率	理想替代率	理想养老金（元/月）	理想-实际每月缺口
A	1倍	4 672	2 369.61	50.71%	65%	3 037	667
B	3倍	14 016	5 707.23	40.70%	65%	9 110	3 403
C	5倍	23 360	5 707.23	24.40%	65%	15 184	9 477
D	10倍	46 720	5 707.23	12.20%	65%	30 368	24 661
E	15倍	70 080	5 707.23	8.10%	65%	45 552	39 845

资料来源：全国老龄工作委员会.中国人口老龄化发展趋势预测研究报告［R］. 北京：全国老龄工作委员会，2006.

④养老金领取情况。

对于养老金的领取，有以下四种情况：

A.职工在达到国家规定的退休年龄时，可以按月领取基本养老金。职工未达到国家规定的退休年龄的，不得提前提取基本养老金。

B.职工变动工作单位时，基本养老保险可以随同转移。

C.出国（境）定居人员可领取基本养老金。

D.职工或退休人员死亡后，基本养老保险个人账户余额由其指定的受益人或法定继承人一次性领取。

第二支柱：职业养老金。

我国的第二支柱职业养老金是第一支柱基本养老金的重要补充，主要包括针对机关事业单位员工的职业年金和针对企业员工的企业年金。本书主要对企业年金制度进行详细介绍。

职业年金是事业单位和行政单位为雇员或公职人员提供的补充养老保险的总称，是在国家统一监督、指导下，仅限于事业单位及政府机关依据自身实际情况，由公职人员和事业单位共同缴费组成养老保险费，为公职人员提供退休收入保障的养老金保险制度。缴纳职业年金所需费用由单位和工作人员个人共同承担。单位缴纳职业年金费用的比例为本单位工资总额的8%，个人缴费比例为本人缴费工资的4%，由单位代扣。单位和个人缴费基数与机关事业单位工作人员基本养老保险缴费基数一致。

企业年金，又称企业退休年金、企业补充养老保险，是指企业及其雇员在依法参加基本养老保险的基础上，依据国家政策和本企业经济状况建立的，旨在提高雇员退休后生活水平、对国家基本养老保险进行重要补充的一种养老保险形式。与强制性的基本养老保险制度相比，企业年金由企业根据相关法律法规和自愿原则建立，采取市场化管理方式，政府参与较少，但会给予一定的税收优惠政策。

（1）企业年金的特征。

①非营利性。企业年金的设立以对企业职工提供保障或福利为目的，只有经济效益好的企业才具备建立和发展企业年金的客观条件。因此，同基本养老保险相比，企业年

金的覆盖面较窄，是基本养老保险的重要补充。

②政府鼓励。虽然企业年金是自愿行为，但由于它可承担一部分社会保障作用，因此政府积极鼓励有条件的企业设立企业年金并给予一定的税收优惠。

③市场化运营。企业年金实行市场化运营，由企业自主选择专业金融机构来实施企业年金的运营管理，账户资金可以通过市场运作达到保值增值的目的。

（2）企业年金的重要作用。

①减轻国家养老负担。企业年金作为第二支柱养老金的重要支撑载体，可以在一定程度上提高职工退休后的养老金待遇水平，解决由于退休前工资替代率逐年下降而造成的职工退休前后的较大收入差距问题，弥补基本养老金保障水平的不足，减轻国家养老负担。

②增强企业凝聚力和竞争力。企业年金是企业为员工提供的一项额外福利，作为激励机制的一部分，企业年金的分配方案可根据各自企业的实际情况进行多样化、差别化调整，并可与效率工资制度相结合，这样不仅可以调动员工的积极性，增强员工的凝聚力与向心力，还可以帮助企业稳定职工队伍，保障职工利益。

③推动资本市场发育，促进经济发展。企业年金采取完全积累的基金模式，筹集到的资金会进入资本市场进行投资运作来实现基金的保值增值。因此，企业年金是资本市场中长期稳定的资金来源，企业年金入市能够合理配置资源，促进有效资本形成，拉动经济增长。

（3）我国的企业年金计划。

①企业年金的资金筹集。同基本养老金的资金筹集来源于国家、企业、个人三方不同，企业年金的资金筹集来源于企业和个人。

A.企业年金所需费用由企业和职工个人共同缴纳。企业年金的缴费比例是弹性的，由企业和职工在规定范围内协商确定，其中企业缴费每年不超过本企业职工工资总额的8%，企业和职工个人缴费合计不超过本企业职工工资总额的12%。

B.企业年金实行完全积累，为每个参加企业年金的职工建立个人账户，按照国家有关规定投资运营，企业年金基金投资运营收益并入企业年金基金。

②企业年金的领取。企业年金的领取有以下四种情况：

A.职工在达到国家规定的退休年龄时，可以从本人企业年金个人账户中一次性或定期领取企业年金。职工未达到国家规定的退休年龄的，不得从个人账户中提前提取企业年金。

B.职工变动工作单位时，企业年金个人账户可以随同转移。

C.出国（境）定居人员的企业年金个人账户资金，可根据本人要求一次性支付给本人。

D.职工或退休人员死亡后，企业年金个人账户余额由其指定的受益人或法定继承人一次性领取。

③企业年金的税收政策。在企业年金缴费和领取阶段均享受不同的税收政策。

A.缴费阶段。自2019年1月1日起，对于个人缴费部分，依照《企业年金办法》《机关事业单位职业年金办法》缴付的企业年金、职业年金，可在综合所得计缴个人所得税时，在收入额中全额扣除。

对于企业缴费部分，企业依法缴付年金暂不征收个人所得税，可在企业所得税前限额扣除。由于企业依法缴付的企业年金计入个人账户由个人受益，其实质是企业对职工支付不能当场兑现的工资薪金，应当计入职工的工资薪金所得并依法计税。同时，依据《财政部税务总局关于个人所得税法修改后的有关优惠政策衔接问题的通知》（财税〔2018〕164号）的规定，个人达到国家规定的退休年龄，领取的企业年金不并入综合所得，全额单独计算应纳税款。

B.领取阶段。2019年1月1日后，对于个人达到国家退休年龄，依法领取的年金，按照财税〔2018〕164号文件的规定，不需并入综合所得，全额单独计算应纳税款。对于个人因出国（境）定居而一次性领取的年金个人账户资金，或个人死亡后其指定受益人或法定继承人一次性领取的年金个人账户余额，依照财税〔2018〕164号文的规定，适用综合所得税率表计算纳税。

④企业年金基金的管理模式。我国的企业年金基金管理采用“信托+委托”的模式运作。企业委托人与受托人依据《中华人民共和国信托法》建立信托关系，再由受托人依据《中华人民共和国民法典》（以下简称《民法典》）分别与账户管理人、托管人、投资管理人建立委托关系，委托第三方管理运营企业年金基金。

目前，我国企业年金计划大多采用“全拆分”或“2+2”两种模式。“全拆分”模式，是指受托人、投资管理人、账户管理人和托管人分别由四个独立的、具有相应企业年金运作管理资质的机构来担任。“2+2”模式，是指受托人、投资管理人、账户管理人和托管人这四个角色分别由两家机构来承担，且这两家机构必须分别拥有受托人和投资管理两项资格。

第三支柱：个人养老金。

微课8-5

第三支柱个人养老金

第三支柱个人养老金是政府通过各项财税政策支持，引导全体经济活动人口建立的以养老为目的、个人自愿参加并主导的积累型养老金制度[①]，是我国多层次养老保障体系的重要组成部分，也是最灵活和最有效率的部分。与美国第三支柱个人养老金在三支柱中占比超过30%相比，我国第三支柱个人养老金自1991年养老金改革提出“个人储蓄型养老保险”之后，多年来一直停留在理论阶段。2018年5月1日，在上海、福建和苏州工业园区三地开始实施个人税收递延型商业保险试点工作，标志着我国的第三支柱个人养老金由理论研究走向政策实践。

所谓税收递延型商业养老险，是指由保险公司承保的一种商业养老保险，纳税人购买符合条件的商业养老保险，可以在个人所得税前扣除一定额度，对养老金账户积累阶段的增值收益免税，在个人领取时再按规定缴纳个人所得税。这种税收模式又被称为EET。按照美国等发达国家的经验，领取阶段的税收负担应当低于缴费和投资阶段的税收优惠，以此来吸引国民为自己的老年积累资产。

---

① 董克用．建立和发展中国特色第三支柱个人养老金制度［J］．社会保障，2019（3）：34-36.

拓展阅读8-2

中国保险行业协会发布《中国养老金第三支柱研究报告》

虽然第三支柱养老金是一项国家养老金制度而非某种养老金产品，是在财税政策支持下建立的面向个人的养老金制度，包括制度设计、市场化运作、风险管理等多个环节，但其发展离不开金融产品和金融服务的支撑。2019年6月，中华人民共和国人力资源和社会保障部与财政部联合发文称，我国养老金第三支柱拟采用账户制，建立统一的信息管理平台，符合规定的银行理财、商业养老保险、基金等金融产品都可成为第三支柱产品，实现个人养老金的保值增值。因此，重点掌握保险、理财、基金这些养老规划重要工具，是学好第三支柱个人养老金制度的前提，可为后面退休养老规划的实际运作打下基础。

（1）商业养老保险。

2017年6月29日，国务院办公厅印发《关于加快发展商业养老保险的若干意见》，为发挥商业保险在养老领域的作用提供政策支持，明确提出保险公司为客户提供以养老风险保障和养老资金管理为内容的服务和产品，促进养老服务多层次供给和养老基金多渠道储备。要求保险市场提供保障性强、满足长期或终身领取要求的商业养老年金保险，发挥商业养老保险资金长期投资的优势。

①商业养老保险的含义。商业养老保险是商业保险的一种，它以人的生命或身体作为保险对象，在被保险人年老退休或保期届满时，由保险公司按合同规定支付养老金。具体来说，商业养老保险是以获得养老金为主要目的的长期人身险，它是年金保险的一种特殊形式，又称退休金保险，是社会养老保险的重要补充。商业养老保险的被保险人在缴纳一定保费后，就可以从一定的年龄开始领取养老金。因此，尽管被保险人在退休后收入下降，若可以领取商业养老金，其仍然能保持退休前的生活水平。

②商业养老保险（年金保险）的特点。商业养老保险作为主要的年金保险品种，特点如下：

A.被保险人从约定养老年龄（比如50周岁或者60周岁）开始领取养老金，可按月领也可按年领，或一次性领取。对于按年领或按月领者，养老金保证按一定年限（如10年）给付，如果在这一年限内死亡，受益人则可继续领取养老金至年限期满。

B.如果养老金领取一定年限后被保险人仍然生存，保险公司每年给付按一定比例递增的养老金，一直给付，直至死亡。

③选择商业养老保险应考虑的因素。选择养老保险产品一般主要考虑两个因素：价格因素和非价格因素。由于我国保险监管机构对保险公司产品实行条款备案制度，因此各保险产品之间价格因素差别不大。这样非价格因素就成为我们选择保险产品的关键。非价格因素包括保险公司的偿付能力、服务质量、机构网络、民调评价和经营特长等。因此，我们在选择保险产品时，与其说是在选择保险产品，不如说是在选择保险公司。

（2）银行养老理财产品。

银行养老理财产品是指由商业银行设计发行，以追求养老资产长期稳健增值为目的，鼓励客户长期持有的银行理财产品。

与保险行业相比，银行业养老服务金融业务起步较晚，上海银行最早涉足养老理财产品，于2008年6月首次面向养老金客户推出专属养老无忧理财产品。随后，各家银行依托客户群体优势，相继设计并发行了一系列老年人专享或以养老为主题的理财产品，并针对老年人需求，陆续推出综合性养老理财业务，为老年客户提供个性化的增值服务。

与普通理财产品相比，养老理财产品平均期限较长，从市场产品统计来看，养老理财产品的平均期限为631天，远高于新发行封闭式理财产品185天的平均期限。从产品风险来看，养老理财产品的风险等级主要以中低风险为主。

（3）养老目标基金。

公募基金作为运作最规范的投资理财产品，一直是境外个人养老金投资管理中的主要产品，在个人养老金第三支柱中发挥着极为重要的作用。我国几十年的养老金市场化运作实践也表明，公募基金在全国社保基金和企业年金的保值增值中发挥了重要的作用。2018年3月2日，中国证监会正式公布《养老目标证券投资基金指引（试行）》，拉开了公募基金行业服务个人养老投资领域的序幕，我国个人投资者有了更丰富的选择工具来规划养老。

①养老目标基金的含义。养老目标基金是一种创新型的公募基金，它以追求养老资产的长期稳健增值为目的，鼓励投资者长期持有，采用成熟的资产配置策略，合理控制投资组合波动风险。同其他基金不同，养老目标基金在投资策略、运作形式、投资比例、子基金、基金管理人条件和基金经理条件等方面有更高的要求（见表8-4）。

表8-4　《养老目标证券投资基金指引（试行）》要点

项目	主要内容
类型	基金中基金（FOF）或中国证监会认可的其他类型
投资策略	目标日期策略、目标风险策略以及中国证监会认可的其他策略
运作形式	定期开放的运作方式或设置投资人最短持有期限，最短持有期限应当不短于1年
投资比例	定期开放的封闭运作期，或投资人最短持有期限不短于1年、3年或5年的，基金投资于股票、股票型基金和商品基金（包括商品期货基金和黄金ETF）等的比例合计原则上不超过30%、60%、80%
子基金（含中国香港互认基金）条件	子基金运作期限应当不少于2年，最近2年平均季末基金净资产应当不低于2亿元；子基金为指数基金、ETF和商品基金等品种的，运作期限应当不少于1年，最近定期报告披露的季末基金净资产应当不低于1亿元
基金管理人条件	①公司成立满2年；②最近3年平均公募管理规模（不含货币）在200亿元以上；③公司具有较强的投资研究能力，投资研究团队不少于20人，其中符合养老目标基金的基金经理条件的不少于3人；④成立以来或最近3年没有重大违法违规行为
基金经理条件	①具备5年以上金融行业证券投资、证券研究分析、证券投资基金研究评价或分析经验，或者5年以上的养老金或保险资金资产配置经验；②最近3年没有违法违规记录

②养老目标基金的主要类型。养老目标基金作为养老服务金融产品的主体，主要包

括养老目标日期基金和养老目标风险基金两类，主要采用FOF运作模式。

A.养老目标日期基金是以投资者退休日期为目标，根据不同生命阶段风险承受能力调整投资配置的基金。具体来讲，基金会随着退休日期的逐渐临近，动态调整组合的资产配置，组合中权益类资产占比逐步下降，固定收益类资产占比逐步增加，相应的基金风险等级也随之下降，有效契合投资者随着年龄增大，其风险承受能力和风险偏好呈逐步下降的趋势。

一般来说，养老目标日期基金是以日期来命名的，是一个基金系列，其中各个基金多以5年为间隔，如2030、2035、2040等，是指分别针对2030年、2035年、2040年退休的投资者设立的基金，投资者只要根据自己的预期退休年龄选择适合自己的目标日期基金即可。目前，养老目标日期基金产品主要覆盖2030、2035、2040、2045、2050等时间段，主要面向70后至90后群体。2020年9月成立的工银养老2055五年持有期混合型（FOF）①是市场上首只面向1990—2000年出生人群的养老产品。

B.养老目标风险基金是在不同时间保持资产组合的风险恒定，投资者可在自身风险允许的范围内，选择风格相符的目标风险基金。养老目标风险基金主要通过改变权益类和债券类资产在基金资产中的配置比例来实现风险恒定。根据风险等级不同，养老目标风险基金可进一步分为进取型、稳健型和保守型，风险依次递减。养老目标风险基金的命名体现了特定的风险特征，如广发稳健养老目标一年、上投摩根均衡养老三年等。

对我国社会保险体系及养老金三支柱的学习，是做好退休养老规划的基础，同时，各项政策的制定和执行也同我们每个人的工作和生活息息相关，关系到未来我们养老、医疗等各方面的保障。

任务三　编制退休养老规划流程

一、退休养老规划基本原理

（一）退休养老规划概念

退休养老规划就是为了保证客户在将来有一个自立、有尊严、高品质的退休生活，而从现在开始积极实施的理财方案。

根据储蓄生命周期理论，储蓄与生命周期紧密联系在一起。多数人的收入与支出在总量上不会完全一致，在时间上也不会完全匹配。一般来说，家庭与事业形成期与成长期收入大于支出，进而形成储蓄；而在退休前期收入逐渐下降，退休期收入小于支出（如图8-5所示）。为了调节人生收支在总量上的不一致和时间上的严重不匹配，应通过理财规划来进行资金的平衡，通过前期的投资与储蓄会产生一定的收入，即使在退休后收入锐减的情况下，也可保证退休养老的生活质量。

① 工银养老2055五年持有期混合型（FOF），是由工银瑞信基金公司发售的、针对2055年退休人群的养老目标日期基金，基金买入确认后锁定期为5年，期间不可卖出。

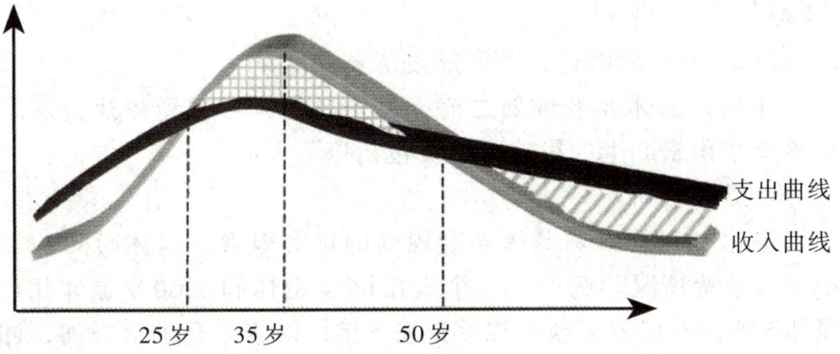

图8-5　收支曲线图

（二）退休养老规划的基本原则

1. 及早规划原则

养老不是老年人的专属，其贯穿于个人生命周期的全过程，需要在家庭与事业的成长期提前做好规划。通过我们所学的货币时间价值理论，可以看出及早规划的必要性。假设甲和乙在60岁退休时都需要准备100万元养老金，他们都没有退休启动资金，需要依靠每月定额定投的形式来储备养老金。假设投资回报率为6%，甲从30岁开始储备，则每月需要定投996元才可实现养老需求，而乙从45岁才开始储备，则每月需要定投3 439元才可实现养老需求。可以看出，同甲用30年来做养老金积累相比，乙的时间比甲晚了15年，时间缩短一半，但乙每月储备的压力却是甲的3倍。因此，养老规划同其他理财规划一样，应尽早规划，在条件允许的前提下，进行早期的强制性养老金储备是非常必要的。

2. 弹性化原则

退休养老规划的制定应视个人和家庭的具体情况而定，并根据内外部环境的变化随时进行调整。由于退休养老规划时间跨度较长，在未来的几十年会遇到一些不确定的因素，如工作变化导致的工资收入的增加或减少，经济周期变化导致的投资收益率的上升与下降，通货膨胀导致的养老金需求增加等，因此退休养老规划应具有弹性或缓冲性，以确保能够根据环境的变化作出相应的调整。

3. 退休金使用的收益化原则

理财的第一原则“货币时间价值”告诉我们：在不考虑通货膨胀和风险性因素的情况下，作为资本使用的货币在其被运用的过程中随着时间推移会带来一部分价值增值。时间越长，货币的复利效应就越大。准备的退休金在投资中应遵循稳健性原则，但这并不意味着要放弃利用退休金所进行投资的收益，应在保持退休金稳定性的前提下，寻求收益最大化。

4. 谨慎性原则

由于退休养老规划时间跨度较长，为避免一些不确定因素影响退休养老规划的效果，因此在实际制订退休养老规划的过程中，应当本着谨慎性原则，多估计支出，少估计收入，加大退休规划的空间，以保证最大限度实现退休养老目标。

二、制订退休养老规划

微课8-6

退休养老规划案例分析

（一）分析影响退休养老规划的客观因素

在制订退休养老规划之前，首先要充分考虑经济社会发展等客观因素对养老金积累产生的影响，主要包括以下方面：

1. 退休时间

退休时间是影响退休养老规划的首要因素，退休时间的早与晚直接影响养老金的积累与消费情况。例如，一个人在65岁退休和在60岁退休相比，不考虑其他因素，晚退休5年，不仅养老金可以多储备5年，即养老金供给增加，同时领取的时间也缩短了5年，这样养老金需求总量会相应减少。

因此，部分国家已确定延迟法定退休年龄，如美国已确定将退休年龄于2027年从现行的66岁延迟至67岁，且规定雇主不得强行要求雇员退休；2019年6月，俄罗斯推出延迟退休计划，计划从2019年起逐步将男性退休年龄由60岁提高至65岁，女性退休年龄由55岁提高至63岁。德国正在考虑从2024年起将法定退休年龄从65岁延长至66岁。我国延迟退休政策和方案也在进一步探讨中。

2. 性别差异

从预期寿命来看，女性人口预期寿命普遍高于男性。对有职业的女性来说，退休年龄比男性早5年，退休金替代率较男性低。从时间维度上来看，退休后女性生存的时间比男性长，因此更应该提早做好养老规划。

3. 经济运行周期

经济周期分为繁荣、衰退、萧条、复苏四个阶段。不同阶段适合的投资产品也不同。例如，当经济处于复苏周期时，经济上行，通货膨胀上行，此时股票类投资要好于债券类投资；当经济处于衰退周期时，经济下行，通货膨胀下行，此时债券类投资要好于股票类投资。因此，经济周期的运行对于养老规划工具的收益率产生较大的影响。

4. 通货膨胀

通货膨胀是社会经济发展中的常见现象，通货膨胀所带来的物价水平的上涨会使得货币购买力下降和居民财富缩水。因此，在制订退休养老规划时，要充分考虑通货膨胀给养老金需求和实际投资回报率带来的影响。例如，当我们购买养老理财产品取得的收益率，即名义收益率为5%时，如果通货膨胀率为3%，那么我们的实际投资回报率可以近似地由名义收益率减去通货膨胀率得出，即2%。因此，通货膨胀的存在使得实际投资回报率降低，从而影响养老金的储备。同时，通货膨胀带来的物价水平上涨，也使得养老金需求增加，扩大了养老金缺口，增加养老金储备的压力。

（二）制订退休养老规划的流程

作为专业的理财人员，为客户制订退休养老规划的基本流程主要包括确定退休目标、预测资金需求、估算退休收入、测算退休养老金缺口、制订退休养老规划方案、调整退休养老规划方案。

1. 确定退休目标

一般从两个方面确定退休的目标：一是确定退休年龄，从而可以估算出养老金积累的时间和退休生活时间。退休时间作为退休养老规划时间轴的中点，其之前的时间用来养老金积累，可测算出养老金供给，其之后的时间用来养老消费，可测算出养老金需求。例如，孙先生打算从35岁开始进行退休养老规划，确定退休年龄为60岁，预计80岁终老，那么他的养老金积累时间是25年，如图8-6所示。这段时间通过自己主动投资储蓄来积攒养老金（A），同时，他的个人账户养老金也在积累，待退休时可领取退休金（B），孙先生的退休生活时间是20年，这段时间主要以养老消费为主，可测算出其养老金需求（C）。理想的状态是积攒的养老金和退休金正好满足养老金需求。养老金积累的时间越长，养老规划相对越轻松。然后，要确定退休后的生活水平，即退休后每年的支出金额，是每年支出5万元，还是10万元。

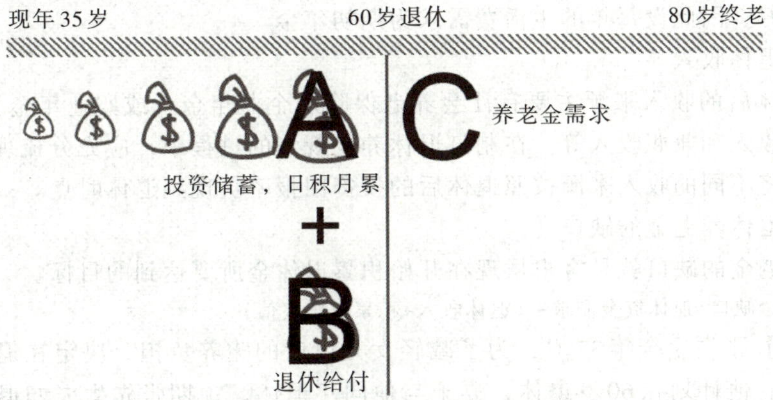

图8-6 养老金供给与养老金需求

2. 预测资金需求

在确定退休时间和退休后的生活水平之后，结合投资回报率和通货膨胀率水平，即可预测退休资金需求，具体方法是根据货币时间价值原理，将未来退休后每年的生活费用按投资回报率折现到退休时点。下面我们通过一个案例来学习如何预测退休资金需求。

【例8-2】孙先生今年35岁，预计60岁退休，80岁终老。孙先生退休后每年生活费的期望目标是80 000元，退休后采取稳健的投资策略，投资回报率为3%。要求：（1）在不考虑通货膨胀率的情况下，测算孙先生的养老金需求；（2）当通货膨胀率为3%时，测算孙先生的养老金需求。

案例解析：

（1）当不考虑通货膨胀率时，即忽略每年物价水平上涨的因素，退休后每年的生活费相等，均为80 000元，即我们前面理财计算所讲的年金。由于生活费在年初必须准备好，因此退休后每年的生活费80 000元也是期初年金。利用理财计算器：设期初年金（BGN），PMT=−80 000，I/Y=3，N=80−60=20，求得PV=1 225 903.93。因此，在60岁退休时点，孙先生需要准备约123万元的养老金，才能满足养老需求。

（2）当通货膨胀率为3%时，说明退休后每年的生活费不相等，每年按照3%的速度上涨。同时，根据退休金使用收益化原则，积累的退休金在支付每年生活费之余会按照每年3%的投资回报率获取收益，由于通货膨胀率和投资回报率相等，即由通货膨胀带来的生活费上涨被投资回报带来的投资收益抵销，因此在60岁退休时点，孙先生需要准备的养老金为160万元（8×20）。

通过对比上述两种情况，我们可以看到，在其他要素相同的情况下，通货膨胀率的存在使得养老金需求增加了约37万元，即通货膨胀带来的物价水平上涨，使得养老金需求增加，加大了养老金的储备压力。

特别提示：

在测算养老金需求时，往往有以下假设：（1）统一将未来退休后每年的生活费用按投资回报率折现到退休时点；（2）在考虑通货膨胀时，要测算出平均通货膨胀率，即每年的通货膨胀率相同，均为测算出的平均通货膨胀率；（3）由于将每个月需要的生活费在年初准备好，因此设每年的生活费需求为期初年金。

3. 估算退休收入

个人退休后的收入来源主要有社会养老保险、企业年金（或职业年金）、商业养老保险、投资收入和兼职收入等。在制订退休养老规划的过程中，应充分梳理退休后的收入来源，并将不同的收入来源按照退休后的投资回报率折现到退休时点。

4. 测算退休养老金的缺口

退休养老金的缺口就是客户从现在开始积累退休金所要达到的目标。

退休养老金缺口=退休资金需求-（退休收入+积累资金终值）

【例8-3】张先生今年37岁，为了减轻女儿以后的赡养负担，决定在退休前积累一笔退休资金。他计划在60岁退休，妻子与他同年退休，预期张先生夫妇退休后再生活20年。当前一般退休家庭平均每年的生活费用为60 000元（不考虑通货膨胀水平），张先生希望能达到一般家庭生活水平。假设退休前投资收益率为6%，退休后投资收益率为4%。张先生已经准备了50 000元的养老启动资金。退休时，张先生夫妇的社保账户可领取金额共计250 000元。请测算张先生家庭的退休养老金缺口。

案例解析：

（1）测算养老金需求。利用理财计算器：设期初年金（BGN），PMT=-60 000，I/Y=4，N=20，求得PV=848 036.36。因此，在60岁退休时点，张先生夫妇需要准备848 036.36元的养老金，才能满足养老金需求。

（2）预测退休收入。退休时，张先生夫妇的社保账户可领取金额共计250 000元。

（3）测算养老准备金在退休时点上的终值。利用理财计算器：PV=-50 000，I/Y=6，N=60-37=23，求得FV=190 987.48。因此，张先生准备的50 000元养老启动资金按照6%的复利投资，在60岁退休时点本利和为190 987.48元。

（4）测算退休养老金的缺口。

退休养老金缺口=848 036.36-（250 000+190 987.48）=407 048.88（元）

因此，张先生夫妇的退休养老金缺口为407 048.88元，即他们需要在60岁退休时点额外储备407 048.88元，才能实现养老金需求。

5. 制订退休养老规划方案

弥补退休养老金缺口是退休养老规划的主要目标，为达到这一目标，通常的做法是采用“定期定投”的方式投入资金。

【例8-4】承接上例，张先生夫妇为实现退休养老目标，准备采用基金定投的方式来弥补退休养老金缺口。利用理财计算器：FV=407 048.88，I/Y=6，N=23，求得PMT=−8 661.38。因此，张先生夫妇需要每年基金定投8 661.38元，才可弥补退休养老金的缺口。

从前述案例中我们看出，在退休养老规划工具选择方面，普遍的做法是：首先，以社会基本养老保险和商业养老保险满足退休后的基本支出；其次，以投资回报率相对较高的有价证券投资（养老目标基金）或理财投资来满足退休后的品质生活；最后，以基金定额定投方式来弥补养老金的缺口，实现高品质养老需求。

6. 调整退休养老规划方案

从前述案例中我们看出，退休养老规划是一个实现即期积累和远期消费之间收支平衡的动态过程。由于从积累期到消费期时间跨度较长，一旦受到不确定因素影响产生退休养老金缺口，我们可以根据自身具体情况，通过降低即期消费、降低退休后消费、推迟退休年龄、提高现有收入、退休后兼职收入以及提高养老金投资收益率等方法，对退休养老规划方案进行修改与完善，最终实现退休养老目标。

（三）退休养老规划案例介绍

1. 不考虑通货膨胀情况

【例8-5】小李今年28岁，打算60岁退休，退休后每年生活费需要15万元。小李在28岁时拿出55 000元作为养老基金的初始资金，小李预期寿命为85岁，为了实现目标，他打算每年年末投入一笔固定的资金。小李在退休前采取较为积极的投资策略，假设年回报率为7%，退休后采取较为保守的投资策略，假设年回报率为3 %。退休时小李社保账户可领取金额为400 000元。要求：（1）小李每月需要投入多少资金可以实现养老需求？（2）若其他条件不变，小李从40岁开始准备退休养老规划（即40岁时拿出55 000元作为养老基金的初始资金），则小李每月需要投入多少资金可以实现养老需求？

案例解析：

（1）小李从28岁开始储备养老金。

①测算养老金需求。利用理财计算器：设期初年金（BGN），PMT=−150 000，I/Y=3，N=25，求得PV=2 690 331.32。因此，在60岁退休时点，小李需要准备2 690 331.32元，才能满足养老需求。

②预测退休收入。退休时小李社保账户可领取400 000元。

③测算养老准备金在退休时点上的终值。利用理财计算器：PV=−55 000，I/Y=7，N=32，求得FV=479 339.89。因此，小李28岁准备的55 000元养老启动资金按照7%的复利投资，在60岁退休时本利和为479 339.89元。

④测算退休养老金的缺口。

退休养老金缺口=2 690 331.32−（400 000+479 339.89）=1 810 991.43（元）

⑤测算定投金额。利用理财计算器：P/Y=12，FV=1 810 991.43，I/Y=7，N=32×12=384，求得PMT=−1 267.84。因此，小李需要每月基金定投1 267.84元，才可弥补退休养老金的缺口。

（2）小李从40岁开始储备养老金。

① 无论小李从何时开始准备养老金，养老金需求和退休收入都不变，即养老金需求为2 690 331.32元，退休时小李社保账户可领取400 000元。

② 测算养老准备金在退休时点上的终值。利用理财计算器：PV=−55 000，I/Y=7，N=60−40=20，求得FV=212 832.65。因此，小李40岁准备的55 000元养老启动资金按照7%的复利投资，在60岁退休时本利和为212 832.65元。

③ 测算退休养老金的缺口。

退休养老金缺口=2 690 331.32−（400 000+212 832.65）=2 077 498.67（元）

④ 测算定投金额。利用理财计算器：P/Y=12，FV=2 077 498.67，I/Y=7，N=20×12=240，求得PMT=−3 988.08。因此，小李需要每月基金定投3 988.08元，才能实现退休养老需求。

从本案例中可以看出，规划的时间越早，在其他条件不变的情况下，养老金储蓄压力就越小。因此，在条件允许的情况下，应尽早进行养老金储备。同时，小李的55 000元养老启动资金可尝试投资养老目标基金，这样可在60岁退休时积累更多的养老金。

2. 通货膨胀率与退休后投资回报率相同

【例8-6】程先生夫妇今年均刚过45岁，打算60岁退休，预估程先生夫妇退休后第一年的生活费用为8.5万元，考虑到通货膨胀等因素，程先生夫妇的生活费用估计会以每年2.5%的速度增长。程先生夫妇的预期寿命均为80岁，并且现在拿出10万元作为养老金的启动资金，每年年末投入一笔固定的资金进行养老金的积累。程先生夫妇情况比较特殊，由于程先生夫妇一起做生意，均没有缴纳任何社保费用。程先生夫妇在退休前采取较为积极的投资策略，假定年回报率为5.5%，退休后采取较为保守的投资策略，假定年回报率为2.5%。请帮助程先生夫妇测算每年应投入多少资金进行养老金积累。

案例解析：

（1）测算养老金需求。由于通货膨胀率=退休后投资回报率=2.5%，因此养老金总需求为1 700 000元（85 000×20），即在60岁退休时点，程先生需要准备1 700 000元的养老金，才能满足养老需求。

（2）预测退休收入。由于程先生夫妇未参加社保，因此退休后没有任何收入。

（3）测算养老准备金在退休时点上的终值。利用理财计算器：PV=−100 000，I/Y=5.5，N=15，求得FV=223 247.65。因此，程先生夫妇准备的100 000元养老启动资金按照5.5%的复利投资，在60岁退休时本利和为223 247.65元。

（4）测算退休养老金的缺口。

退休养老金缺口=1 700 000−223 247.65=1 476 752.35（元）

（5）测算定投金额。利用理财计算器：FV=1 476 752.35，I/Y=5.5，N=15，求得PMT=−65 900.96。因此，程先生夫妇需要每年基金定投65 900.96元，才能实现退休养老需求。

【例8-7】承接上例，程先生夫妇觉得每年的养老储蓄压力较大，同时他们不想降低退休后的生活品质，准备追加5万元的退休启动资金，并且晚退休2年来实现退休养老目标，请帮助程先生夫妇测算每年应投入多少资金进行养老金积累。

案例解析：

通过退休养老方案的调整，程先生追加5万元的退休启动资金，并在62岁退休，这样养老金的积累期增加至17年，养老金的消费期缩短至18年。

（1）重新测算养老金需求。由于退休推迟了2年，通货膨胀率为2.5%，因此退休后第一年的生活费用为89 303.13元（85 000×（1+2.5%）^{2}），退休后生活费用总计为1 607 456.34元（89 303.13×18）。

（2）测算62岁退休时点的终值。利用理财计算器：PV=-150 000，I/Y=5.5，N=17，求得FV=372 720.32。因此，程先生夫妇的养老启动资金在62岁退休时点增加到372 720.32元。

（3）测算退休养老金的缺口。

退休养老金缺口=1 607 456.34-372 720.32=1 234 736.02（元）

（4）测算定投金额。利用理财计算器：FV=1 234 736.02，I/Y=5.5，N=17，求得PMT=-45 737.06。因此，程先生夫妇需要每年基金定投45 737.06元，才能实现退休养老需求。

3. 退休后投资回报率高于通货膨胀率

【例8-8】黄先生夫妇只有1个女儿，为避免给女儿过重负担，他们希望在退休前积累足够的养老资金。黄先生今年42岁，计划在60岁时与妻子一同退休，预期寿命为85岁。假设退休前投资收益率为6%，退休后投资保守，预期收益率为4%，黄先生夫妇计划拿出目前家庭的全部定期存款12万元用于养老投资。预测黄先生家庭退休后第一年的生活费用为9万元，预计平均每年上涨3%（即通货膨胀率为3%），退休时他们的社保账户可领取金额共计46万元，请帮助黄先生夫妇测算每年应投入多少资金进行养老金积累。

案例解析：

（1）测算养老金需求。由于退休后投资收益率为4%，通货膨胀率为3%，因此退休后的实际收益率为1%（即名义收益率-通货膨胀率）。利用理财计算器：设期初年金（BGN），PMT=-90 000，I/Y=1，N=25，求得PV=2 001 904.85。因此，在60岁退休时点，黄先生家庭需要准备养老资金2 001 904.85元，才可以满足养老需求。

（2）预测退休收入。退休时黄先生夫妇的社保账户可领取金额共计460 000元。

（3）测算养老准备金在退休时点上的终值。利用理财计算器：PV=-120 000，I/Y=6，N=18，求得FV=342 520.70。因此，目前用于养老投资的12万元定期存款在黄先生夫妇退休时成为342 520.70元。

（4）测算退休养老金的缺口。

退休养老金缺口=2 001 904.85-（460 000+342 520.70）=1 199 384.15（元）

（5）测算定投金额。利用理财计算器：FV=1 199 384.15，I/Y=6，N=18，求得PMT=-38 807.92。因此，黄先生夫妇需要每年基金定投38 807.92元，才可以实现退休养老需求。

项目小结

1. 退休养老规划是为了保证客户在将来有一个自立、有尊严、高品质的退休生活，而从现在开始积极实施的理财方案。

2. 人口老龄化、传统养老方式的改变以及基本社会保障的不足，使得我们必须提早准备退休养老规划。

3. 我国养老金三支柱体系包括第一支柱基本养老金，企业和个人共同缴费，政府财政兜底，保障国民的基本养老；第二支柱职业养老金，包括职业年金和企业年金，雇主和雇员共同参与，提升养老保障水平；第三支柱个人养老金，个人缴费，增强自我养老能力。其中，税延型商业养老保险、养老理财产品以及养老目标基金既是第三支柱的重要载体，也是养老规划的重要工具。

4. 制订退休养老规划的基本流程主要包括确定退休目标、预测资金需求、预测退休收入、计算养老金缺口、制订退休养老规划方案、调整退休养老规划方案。

项目训练

■ 基础知识训练

一、名词解释

人口老龄化　现收现付式养老保险模式

二、单项选择题

1. 下列各项中，不属于社会保险的主要险种的是（　　）。

A. 社会养老保险　B. 失业保险　C. 健康保险　D. 医疗保险

2. 目前，基本养老保险中个人账户的规模为本人缴费工资的（　　）。

A. 8%　B. 10%　C. 15%　D. 20%

3. 按照养老保险资金的征集渠道划分，可以将养老保险分为三种模式，即国家统筹养老保险模式、（　　）。

A. 现收现付式养老保险模式和基金式养老保险模式

B. 完全基金式养老保险模式和部分基金式养老保险模式

C. 现收现付式养老保险模式和完全基金式养老保险模式

D. 强制储蓄养老保险模式和投保资助养老保险模式

4. 新的养老保险制度实施以后，参加工作的职工个人缴费年限满（　　）年，才能领取养老金。

A. 10　B. 15　C. 20　D. 25

5. 退休养老规划中，首先要考虑的问题是（　　）。

A. 家庭结构　B. 退休年龄

C. 影响退休养老规划的其他因素　D. 预期寿命

6. 关于退休养老规划的说法，错误的是（　　）。

A. 一般来说，退休后会采取比较稳健的投资策略，因此退休后的投资收益率应低于退休前的投资收益率

B. 当通货膨胀率与退休后的投资回报率相等时，养老金总需求可直接等于每年生

活费金额乘以退休后生存年限

C.一般默认退休后每年生活费为期末年金

D.当养老金存在缺口时，建议采用定额定投的方式弥补缺口

7.按照国际通用标准，在一个国家或地区人口结构中，老年人口60岁以上占比达到（ ），或65岁以上人口占比达到（ ），即界定为老龄化国家或地区。

A.10%，8% B.10%，7% C.12%，10% D.12%，7%

8.（ ）是指当期的缴费收入全部用于支付当期的养老金开支，不留或只留很少的储备金。

A.现收现付式养老金模式 B.基金式养老金模式

C.部分基金式养老金模式 D.完全基金式养老金模式

9.我国基本养老保险实行（ ）的运行方式。

A.社会统筹 B.完全积累

C.部分积累 D.社会统筹与个人账户相结合

10.（ ）是为补偿劳动者因疾病风险造成的经济损失而建立的一项社会保险制度。

A.基本养老保险 B.基本医疗保险

C.失业保险 D.工伤保险

三、多项选择题

1.我国人口老龄化的特征包括（ ）。

A.老龄化规模大、发展速度快

B.人口老龄化伴随着“高龄化”和“少子化”

C.地区发展不平衡

D.城乡倒置显著

E.老龄化超前于现代化，“未富先老”“未备先老”问题凸显

2.社会养老保险的基本原则有（ ）。

A.保障基本生活 B.公平与效率结合

C.权利与义务相对应 D.管理服务社会化

E.分享社会经济发展成果

3.制订退休养老规划时，应遵循的原则有（ ）。

A.及早规划原则 B.弹性化原则

C.退休金使用收益化原则 D.谨慎性原则

E.收益最大化原则

4.以下选项中，属于第三支柱养老金范畴的有（ ）。

A.企业年金 B.银行养老理财产品

C.养老目标基金 D.商业养老保险

E.职业年金

5.关于养老目标基金的说法，正确的有（ ）。

A.养老目标基金分为养老目标日期基金和养老目标风险基金两类

B. 养老目标基金是一种创新型的公募基金，它以追求养老资产的长期稳健增值为目的，鼓励投资者长期持有，采用成熟的资产配置策略，合理控制投资组合波动风险

C. 养老目标日期基金会随着退休日期的逐渐临近，动态调整组合的资产配置，组合中权益类资产占比逐步下降，固定收益类资产占比逐步增加，相应的基金风险等级也随之下降，有效契合投资者随着年龄增大风险承受能力和风险偏好逐步下降的趋势

D. 养老目标风险基金主要通过改变权益类和债券类资产在基金资产中的配置比例来实现风险恒定

E. 养老目标基金一般采用LOF的运作模式

四、判断题

1. 对于商业养老保险，如果养老金领取一定年限后被保险人仍然生存，保险公司每年给付按一定比例递增的养老金，一直给付，直至被保险人死亡。（　）

2. 我国现在的养老保险制度是完全基金式。（　）

3. 职工在达到国家规定的退休年龄时，可以按月领取基本养老金。职工未达到国家规定的退休年龄的，不得提前提取资金。（　）

4. 养老目标日期基金是以投资者退休日期为目标，根据不同生命阶段风险承受能力调整投资配置的基金。（　）

5. 员工个人缴费基数是经过核定的上年度本人月平均工资。缴费基数最高为所在地职工上年度月平均工资的300%，最低为所在地职工上年度月平均工资的60%。（　）

6. 一般来说，退休前收入越高，其个人退休前工资替代率也就越高。（　）

7. 所谓的人口老龄化，是指总人口中因年轻人口数量减少、年长人口数量增加而导致的老年人口比例相应增长的动态。（　）

8. 养老金缴费指数是参保期间缴费额度与当地社会平均工资比值的平均值，指数越大，缴费贡献越大，在领取时个人指数化缴费工资越高，领取的金额也就越多。（　）

9. 选择养老保险产品一般主要考虑两个因素，即价格因素和非价格因素。由于我国保险监管机构对保险公司产品实行条款备案制度，因此各保险产品之间价格因素差别不大。此时，非价格因素就成为我们选择保险产品的关键。（　）

10. 从产品风险来看，养老理财产品的风险等级主要以中高风险为主。（　）

■ 实践操作训练

训练一

目的：掌握基本养老金的计发办法

内容：小郑研究生毕业，26岁参加基本养老保险，预计60岁退休，累计缴费年限34年，退休时当地上年度职工月平均工资为6 000元，经社保部门确认他的平均缴费指数为1.2，小郑退休时基本养老保险的个人账户积累金额为300 000元，个人账户计发月数为139，已知小郑退休前的工资为7 200元。

要求：（1）请帮助小郑测算退休后可领取的基本养老金。

（2）计算小郑基本养老金的个人退休前工资替代率。

训练二

目的：掌握退休养老规划的基本流程

内容：高先生夫妇今年均刚过38岁，打算60岁退休，预估他们退休后第一年的生活费用为10万元，考虑到通货膨胀的因素，他们每年的生活费用估计会以3%的速度增长。高先生夫妇的预期寿命为80岁，并且现在拿出15万元作为养老金的启动资金，每年年末投入一笔固定的资金进行养老金的积累。由于他们的情况比较特殊，均没有缴纳任何社保费用。高先生夫妇在退休前采取较为积极的投资策略，假设年回报率为6.5%，退休后采取较为保守的投资策略，假设年回报率为3%。

要求：请帮助高先生夫妇测算每年应投入多少资金进行养老金积累。

项目九 家庭财产分配与传承规划

学习目标

知识目标

★了解家庭财产分配的相关知识。

★熟悉家庭财产分配与传承的原则及影响因素。

★正确理解家庭财产分配与传承规划中各种工具的特点。

★掌握夫妻共同财产、个人财产、共同债务、个人债务以及个人遗产的相关知识。

技能目标

★能够对目标客户家庭的财产分配需求作出分析和判断。

★根据不同家庭情况正确区分共同财产、个人财产、共同债务、个人债务以及遗产等分配事宜，选择合适的理财产品进行规划设计。

素养目标

★树立公平、公正的财产分配观念。

★了解《民法典》婚姻家庭编中的继承编，树立正确的婚恋观。

★传递正确的财产观念和价值观，引导客户合理管理和使用财产。

案例导入

王先生一家的“犯愁事”

王先生夫妇早年下海经商，积累了不少资产，家中唯一的女儿已结婚生子。由于男方家境一般，女儿、女婿又都没有正式的工作，王先生夫妇总是担心女儿的生活没有保障，因此隔三差五就通过银行卡、支付宝和微信转账等方式给女儿打钱。仔细算来，在女儿婚后六七年的时间里，王先生夫妇先后转账有600多万元了。

可天不遂人愿，女儿和女婿的感情出现了问题，闹起了离婚。想到女婿的不思进取，又想到自己曾经为他们提供的600多万元生活费，王先生就想尽可能多地为女儿在财产分割中争取更多的利益。于是，王先生找到律师咨询，这600多万元的生活费可否以借给女儿、女婿的名义，让女儿私下出具一份借条当作小夫妻的共同债务，在夫妻分割财产时先归还王先生夫妇这笔款项。你认为这600多万元的生活费属于王先生女儿的个人财产，还是小夫妻的共同财产？王先生是否能够实现他的诉求，即要求女儿和女婿偿还600多万元的“债务”？

资料来源：作者根据相关资料编写。

随着经济的发展和社会的进步，家庭成员结构以及资产的构成也发生了很大的变化。例如，一次投资的失利就可能导致家庭经济状况急转直下，又或者一段失败的婚姻也会造成财产的损失，甚至在家庭成员离世后，因财产继承引发家庭纠纷。因此，越来越多的家庭特别是中产以上的家庭开始重视家庭财产分配与传承的问题。个人理财规划中不仅有大众所熟悉的投资、保险等规划，财产的分配与传承也是个人理财规划非常重要的组成部分，合理的财产分配与传承规划可以帮助家庭成员隔离和降低风险，保障财产权益。通常，家庭财产分配与传承规划由理财规划师根据每个客户的家庭情况和实际需求来制定并实施。

任务一　了解家庭财产分配相关知识

就一个家庭而言，家庭财产是由家庭成员共同积累形成的。同时，在家庭成员中，夫妻关系是最重要的关系，这是组建家庭的首要前提，影响家庭财产未来的构成与分配。因此，家庭成员的婚姻状况是家庭财产分配首先要考虑的问题。

一、婚姻成立的法律要件

结婚是婚姻成立的形式要件，是婚姻成立的法定程序，它是婚姻取得法律认可和保护的方式，也是夫妻之间权利义务关系成立的必要条件。婚姻成立还需要实质要件，即要符合《民法典》第五编“婚姻家庭”的要求，这是婚姻成立的关键。

（一）结婚的必备条件

1. 必须男女双方完全自愿

结婚应当男女双方完全自愿，禁止任何一方对另一方加以强迫，禁止任何组织或者个人加以干涉。该规定的核心是男女双方是否结婚、与谁结婚，应当由当事者本人决定。它包括两层含义：第一，应当是双方自愿，而不是一厢情愿；第二，应当是当事人自愿，而不是父母等第三者采用包办、买卖等方式强迫男女双方结为夫妻。

2. 必须达到法定婚龄

婚姻的自然属性和社会属性要求，只有达到一定的年龄，才能具备适合的生理条件和心理条件，才能履行夫妻义务，承担家庭和社会的责任。所以，尽管我国法律赋予每个公民结婚的权利，但并非所有公民都可以成为婚姻法律关系的主体，只有达到法律规定的结婚年龄的人，才享有结婚的权利。经认真研究，综合考虑各方面因素，《民法典》仍维持原《婚姻法》规定的法定婚龄不变，即男不得早于22周岁，女不得早于20周岁。

3. 必须符合一夫一妻制

一夫一妻制是一男一女结为夫妻的婚姻制度。也就是说，一个男人只能娶一个妻子，一个女人只能嫁一个丈夫，不能同时与两个以上的人缔结婚姻。一夫一妻制是社会主义婚姻制度的基本原则，是在婚姻关系上实现男女平等的必要条件，也是男女真心相爱、缔结美满婚姻的要求。

（二）结婚的禁止条件

《民法典》婚姻家庭编中规定直系血亲或者三代以内的旁系血亲禁止结婚。血亲主要指出于同一祖先，有血缘关系的亲属，即自然血亲；也包括法律拟制的血亲，即虽无血缘关系，但法律确认其与自然血亲有同等的权利义务的亲属，如养父母与养子女，继父母与受其抚养教育的继子女。人类两性关系的发展证明，血缘过近的亲属间通婚，容易把双方生理上的缺陷遗传给后代，影响家庭幸福，危害民族健康。

二、特殊形态婚姻

婚姻关系如果不符合婚姻登记的实质要件，非但得不到法律的保护，甚至已经成立的婚姻也面临被撤销的风险。

（一）无效婚姻

无效婚姻是指欠缺婚姻成立的法定条件而不发生法律效力的男女两性的结合。无效婚姻包括以下三种：

1. 重婚

我国实行一夫一妻的婚姻制度，任何人都只能有一个配偶，不能同时有两个或更多的配偶。所谓重婚，是指有配偶的人又与他人登记结婚的违法行为，或者明知他人有配偶而与他人登记结婚的违法行为。由于重婚违反了我国一夫一妻的婚姻家庭制度，严重违背了社会主义道德风尚，影响家庭稳定和社会安定，败坏风气，因此《民法典》规定重婚（即重婚者的第二个婚姻）是无效婚姻。

2. 有禁止结婚的亲属关系

禁止近亲结婚是对人类长期生活经验的总结。近亲结婚对社会具有一定的危害性，因此将有禁止结婚的亲属关系的婚姻规定为无效婚姻。

3. 未到法定婚龄

法定结婚年龄是指法律规定的男女双方可以结婚的最低年龄。也就是说，男女双方不到这个年龄就不能结婚，只有达到或者高于这个年龄才能结婚。男女当事人结婚，未达到法定结婚年龄，违反了法定结婚年龄的规定，因此将其规定为无效婚姻。

（二）可撤销婚姻

可撤销婚姻是指当事人因意思表示不真实而成立的婚姻，或者当事人的婚姻在结婚的要件上有欠缺，通过有撤销权的当事人行使撤销权，使已经发生法律效力的婚姻关系失去法律效力。可撤销婚姻包括以下两点：

（1）因胁迫结婚的，受胁迫的一方可以向人民法院请求撤销婚姻。请求撤销婚姻的，应当自胁迫行为终止之日起1年内提出。被非法限制人身自由的当事人请求撤销婚姻的，应当自恢复人身自由之日起1年内提出。

（2）一方患有重大疾病的，应当在结婚登记前如实告知另一方；不如实告知的，另一方可以向人民法院请求撤销婚姻。请求撤销婚姻的，应当自知道或者应当知道撤销事由之日起1年内提出。

关于无效或者被撤销婚姻法律后果的规定，无效或者被撤销的婚姻自始没有法律约束力，当事人不具有夫妻的权利和义务。同居期间所得的财产，由当事人协议处理；协议不成的，由人民法院根据“照顾无过错方”的原则判决。对重婚导致的无效婚姻的财产处理，不得侵害合法婚姻当事人的财产权益。

【例9-1】网络上曾流传过一段婚礼视频，广东汕头一名17岁高中男生迎娶一名13岁初中女生。视频中两个孩子在一起吃饭，桌上有红烛和“双喜”。这段视频引起了当地政府的注意，并对此事展开了调查。据官方通报，视频中人员系贵屿镇凤新村卢某（男，17周岁，已退学）和邻村庄某（女，13周岁，已休学），他们于1年前自由恋爱，因双方父母法治观念淡薄，双方按照农村风俗举行了婚礼，但未曾到民政部门办理婚姻登记。目前，贵屿镇政府和区民政部门已对双方家长进行了法治教育，责令其让女方回归原家庭，由其家长履行监护职责。同时，将进一步对双方当事人开展心理疏导，教育引导其树立正确的婚姻观念，并劝导其复学。请思考：（1）卢某与庄某的婚姻是否有效？（2）国家为什么要设定法定婚龄？

案例解析：

（1）《民法典》规定，法定结婚婚龄男不得早于22周岁，女不得早于20周岁。卢某与庄某均未达到法定结婚婚龄，因此他们的婚姻无效。

（2）婚姻的自然属性和社会属性要求，只有达到一定的年龄，才能具备适合的生理条件和心理条件，才能履行夫妻义务，承担家庭和社会的责任。过早结婚对家庭和社会都会带来一定的弊端。因此，不仅要遵守法律的规定，还要对自己和他人负责，应在具备了承担家庭重担的能力时再去组建属于自己的家庭。

任务二　制订家庭财产分配与传承规划

一、家庭财产分配与传承的原则

微课9-1

家庭财产分配与传承原则

在现实生活中，由于家庭成员结构、财产种类、分配传承目标等的不同，因此对家庭财产分配与传承的需求和期望也是不同的。理财规划师需要根据客户的实际情况协助客户确定家庭财产分配与传承规划的目标，并提醒客户无论目标如何制定，都应遵循以下原则：

（一）风险隔离的原则

在进行财产分配时，首先要考虑财产的安全。从实际情况出发，与常规家庭相比，多婚多子女家庭、跨国婚姻家庭、婚前积累大量财产的家庭以及参与各种形式经营活动的家庭对财产分配会有更多、更高的需求。这类家庭需要对婚前和婚后财产通过财产分配工具的运用进行不同的财产安排，以保障个人财产的安全，并更好地履行对其他家庭成员的义务。同时，这类家庭还需要在家庭财产与经营风险之间利用财产分配工具建立一道安全防线，避免经营不力等原因造成家庭财产损失，影响家庭成员正常生活。

（二）合情合法的原则

在进行财产分配时，要遵守相关法律规定，也要兼顾情理，做到合法合情。所谓合法，是指不违反与财产分配有关的法律规定。例如，要正确认识夫妻共同财产，夫妻离婚时在法律范围内应保障自己的最大权益，但也不能只顾满足自身需求而损害他人利益，避免造成法律风险。所谓合情，是指财产分配要合乎情理，协调家庭成员之间的关系，特别是着重考虑夫妻对家庭的贡献与付出，从情理出发减少财产分配具体实施过程中的分歧与障碍。

（三）照顾妇女儿童的原则

在财产分配过程中，尤其是在夫妻离婚的情况下，要充分考虑到未成年子女的抚养教育问题。这对一个家庭来讲是非常重要的，不能因为夫妻离婚而影响了孩子的学习与生活，特别是在分配夫妻共同财产时，也要兼顾子女的利益，不能侵害未成年子女的合法财产。未成年人的合法财产包括通过赠与获得的财产，通过自己的特殊技能而获得的报酬或奖金，以及国家法律政策明文规定给未成年人的财产。这部分财产是不能列入夫妻共同财产进行分割的。

另外，在我国现阶段，妇女在大多数情况下仍属于弱势群体。特别是对现代家庭来说，妇女不仅要生育和抚养下一代，还要工作，她们所面临的困难和压力往往更大一些。因此，在夫妻离婚进行财产分割时，会给女方适当多分或者将生活中特别需要的财产分给女方，如住房。同时，出于照顾子女利益方面的考量，要根据子女生活和学习的需要给抚养未成年子女的一方适当多分一些财产。

（四）有利方便的原则

当共同共有关系终止，进行财产分割时，如果双方达成协议，则按协议处理；如果没有协议的，应当在等分原则的基础上考虑当事人对共有财产贡献大小以及共有人实际生活需要来进行处理。这就是夫妻离婚时财产分割坚持有利方便原则的法律依据。所以，在夫妻离婚分割财产时，不应损害财产的效用、性能和经济价值。从财产用途方面划分，夫妻共同财产可分为生产资料和生活资料。在分割生产资料时，应尽可能分给需要该种生产资料的一方，这样能够充分发挥该种生产资料的效用，有利于生产，保证生产活动正常进行；在分割生活资料时，应尽量满足个人从事的专业或职业的需要，以发挥该种生活资料的使用价值。

（五）不得损害国家、集体和他人利益的原则

在进行财产分配时，无论何种原因，出于何种目的，都不得滥用权力，不得把属于国家、集体和他人所有的财产当作自有财产或者共同财产进行分割，也不能借分割共同财产之名损害他人利益。以夫妻离婚分割财产为例，家庭共有财产包括夫妻共同财产和其他家庭成员的财产，因此在分割夫妻共同财产时，首先要把其他家庭成员的财产划分出去。如果夫妻与其他人共同设立合伙企业，在离婚分割财产时必须先把其他合伙人的财产份额扣除再进行分割；如果夫妻在分割共同财产时进行了协商约定，但该约定损害了国家、集体或他人利益，则约定无效。例如，夫妻双方约定离婚时把共同财产归女方所有，共同债务由男方承担，但未告知债权人，损害了债权人的利益，那么该约定对债权人不产生法律效力。

二、家庭财产分配与传承的影响因素

在家庭财产分配与传承的实际操作中，要根据每个家庭不断变化的情况作出调整。一般能够影响家庭财产分配与传承的因素有以下八点：

（一）子女的出生或死亡

子女的出生或者死亡对一个家庭的影响巨大，无论是家庭成员结构还是分配与传承都会发生改变。

1. 子女未出生

对于还未出生的子女可以称为胎儿。《民法典》规定，涉及遗产继承、接受赠与等胎儿利益保护的，胎儿视为具有民事权利能力，即在遗产分割时，应当保留胎儿的继承份额。但是，胎儿娩出时是死体的，保留的份额要按照法定继承办理。

2. 子女已经出生

子女属于法定的第一顺序继承人，父母可以按照法定继承的规定分配财产份额，也可以按照自己的意愿通过设定遗嘱等方式调整子女的财产继承份额。但需要明确的是，当客户不能或者不愿意让子女继承财产份额时，应当提醒客户我国法律规定“遗嘱应当为缺乏劳动能力又没有生活来源的继承人保留必要的遗产份额”，这是对遗嘱自由进行的限制，目的在于稳定家庭关系，保障缺乏劳动能力又无生活来源的继承人的合法权益，防止遗嘱人滥用遗嘱自由，同时也可以减轻国家的负担，防止被继承人将个人对家庭成员的抚养、扶助责任转给社会。

（二）配偶或其他继承者的死亡

配偶或其他继承者的死亡，有可能会使得客户的财产状态或者数额发生重大变化。以配偶死亡为例，当配偶去世时，客户与配偶拥有的夫妻共同财产中属于配偶的部分财产就要按照法律或者配偶设定的遗嘱进行分配。客户是配偶的第一顺序继承人，所以通常情况下配偶的死亡会使得客户的个人财产总额增加。同样，其他继承者的死亡也会对客户的财产数额及状态产生影响，特别是对客户遗嘱中的继承人设定带来变化。

（三）结婚或离异

一个家庭中夫妻关系是最为重要的，无论是结婚还是离异都会使得家庭的财产形态和数量发生改变。一般来讲，结婚会使家庭整体支出增加，但扩大了家庭财产的种类；而离婚会对家庭财产进行分割。所以，无论是结婚还是离异，都会导致自身财产发生改变。

（四）本人或亲人身患重病

家庭成员身患重病会使得整个家庭拿出大笔资金用于医疗费用支出，特别是对普通家庭来说，医疗费用会减少家庭财产的种类和数量，如存款减少、房产或金融资产的变卖，甚至引起保险事项的改变。

（五）家庭成员成年

一般来讲，家庭成员成年，特别是客户的子女成年参加工作，就会减轻家庭的经济负担，客户的财产就会得到进一步积累。

（六）遗产继承

客户作为遗产继承人接受遗产，会引起自身财产数量和形态上的变化，如存款和房产的增加。

（七）房地产的出售

客户将房地产进行出售，会使得自身财产在形态和数量上发生改变，通常情况下会增加财产总值或者调整不同的财产类型，如现金存款的增加，固定资产的减少等。

（八）财富的变化

家庭财富状况会随着家庭成员的具体情况和相关的法律政策而发生变化，如成员的债务问题以及与财产传承关联性较大的遗产税与赠与税问题。在债务问题上，被继承人的债务清偿问题需要明确，根据权利义务相一致的原则，当继承人表示接受继承时，不仅可以继承相应的财产，还要负责偿还被继承人应当缴纳的税款和债务，但仅以遗产的实际价值为限承担清偿责任；继承人放弃继承的，则无须负责偿还被继承人的债务。

三、家庭财产分配规划

男女双方基于婚姻关系组建家庭，共同生活，共同承担家庭的责任。在婚姻正常存续期间，夫妻双方在财产上往往不会作出清晰的界定，财产关系也变得十分复杂。一旦婚姻出现问题，走到离婚的地步，家庭财产分配则会引发很大的纷争。尤其是近些年，离婚率不断攀升，对家庭财产分配作出整体规划是非常必要的。而且随着经济的发展，家庭财产的表现形式也日趋多样化，提早进行家庭财产分配规划也成为一件亟待解决的事情。

（一）界定财产分配规划中的财产属性

夫妻财产制度是家庭财产制度的基本组成部分，我国现行夫妻财产制是法定财产制与约定财产制相结合的制度。

1. 夫妻法定财产制

夫妻法定财产制是指夫妻在婚前或婚后均没有对双方共有的财产作出约定或者约定不明确时，直接依照法律的规定来确定夫妻对财产的权利和义务。

2. 夫妻约定财产制

夫妻约定财产制，又称契约财产制，是相对法定财产制而言的，即男女双方可以约定婚姻关系存续期间所得的财产以及婚前财产归各自所有、共同所有或者部分各自所有、部分共同所有。约定应当采用书面形式。

在我国，夫妻约定财产制优于夫妻法定财产制，这是自治原则在法律中的贯彻和体现。

微课 9-2

夫妻财产

（二）夫妻财产

当夫妻采用约定财产制进行家庭财产分配时，需夫妻对双方婚前和婚后财产的归属、占有、管理、使用、收益和处分以及对第三人债务的清偿、婚姻解除时财产的分割等事项作出约定。约定应当采用书面形式。如果没有约定或约定无法达成统一意见，则应采取法定财产制进行分配。一般情况下，夫妻法定财产可分为夫妻共同财产和夫妻个人财产。

拓展阅读9-1

我国夫妻共同财产的特征

1. 夫妻共同财产

夫妻共同财产是指夫妻在婚姻关系存续期间所取得的，归夫妻双方共同所有的财产，即在婚姻关系存续期间，除了个人财产和夫妻另有约定的财产外，夫妻双方或一方所得的财产，均归夫妻共同所有。夫妻共同财产包括：

（1）工资、奖金、劳务报酬。在实际工作中取得的基本工资、各种形式的补贴、奖金、福利、实物分配等工资性收入均属于夫妻共同财产范围。

（2）生产、经营、投资的收益。从事生产、经营活动所取得的收益包括农民的生产劳动收入，也包括工业、服务业、信息业等行业的生产、经营收益。如果夫妻双方以共同财产投资于公司、企业，这些经营收益也属于夫妻共同财产。同时，通过投资所取得的收益，如股票、债券、保险等收益，也都属于夫妻共同财产。

（3）知识产权的收益。知识产权是一种智力成果权。它既是一种财产权，也是一种人身权，具有很强的人身性，与人身不可分离。知识产权的权利本身归一方专有，权利也仅归权利人行使，即使是配偶也无权行使该权利。例如，著作权仅归作者所有，其配偶无权决定作品是否发表或转让。但是，通过知识产权所取得的经济利益是属于夫妻的共同财产，如稿费、专利转让费等。

（4）继承或者受赠的财产，但遗嘱或赠与合同中确定只归夫或妻一方的财产除外。夫妻任何一方通过继承或受赠获得的财产均属于夫妻共同财产，是可以用来满足家庭生活所需的必要财产。一般情形下，如果父母没有明确的书面赠与协议，父母赠送给已婚子女的资产，法律优先推定为夫妻共同财产。同时，父母百年后如果没有留下明确遗嘱，已婚子女继承父母的遗产在法律上也优先推定为夫妻共同财产。但是，在遗嘱继承或者赠与中，如果遗嘱人或赠与人在遗嘱或赠与合同中指明该财产只归夫妻其中一方所有，则该财产为其中一方的个人财产，而不能成为夫妻共同财产。

（5）其他应当归共同所有的财产。随着社会经济的发展和人们生活水平的提高，夫妻共同财产的范围和种类在不断扩大，此条为概括性规定。

2. 夫妻个人财产

夫妻个人财产，又称夫妻特有财产或夫妻保留财产，是夫妻在拥有共同财产的同时，依照法律规定，各自保留的一定范围的个人所有财产。婚姻一方对属于自己的这部分财产可以自由支配，承担相应的财产责任，不需要征得夫妻另一方的同意。夫妻个人财产包括：

（1）一方的婚前财产。婚前财产是指夫妻在结婚前各自所有的财产，如婚前个人劳动所得、投资收益等合法财产。婚前财产归各自所有，不属于夫妻共同财产。

（2）一方因受到人身损害获得的赔偿或者补偿。这里的赔偿或者补偿可以是一方身体受到伤害所获得的医疗费，残疾人生活补助费用等。由于这些赔偿或补偿与个人生命关系密切，因此属于个人所有，不能成为夫妻共同财产。

（3）遗嘱或者赠与合同中确定只归一方的财产。出于对遗嘱人或赠与人的尊重，以及体现公民对其财产的自由处分，如果遗嘱或赠与合同中明确指出该财产只遗赠或赠与夫或妻一方，那么该财产就属于夫或妻的个人财产，而不能当作夫妻共同财产。

（4）一方专用的生活用品。该类生活用品具有专属于个人使用的特点，如在夫妻财产中的衣服、鞋帽、皮包、首饰等，具有明确的性别属性，属于夫妻的个人财产。

（5）其他应当归一方的财产。除以上四项外，还包括其他一些财产和财产权利，如一方从事自身职业所必需的财产（价值较大的除外）、夫妻某一方所获得的奖品、具有人身性质的保险给付金等。随着新的财产类型的出现以及个人独立意识的增强，夫妻个人财产的范围也随之扩大，此条为概括性规定。

（三）房屋财产

微课 9-3

婚姻中房产分配问题

对个人或家庭来讲，房屋是非常重要的财产，可以通过自建、购买、继承、赠与等方式取得房屋所有权。房屋可以自用来满足自己和家庭的居住需求，也可以出租或者从事生产经营活动来获取收益。在婚姻关系中，房屋财产已成为家庭财产中重要的组成部分。婚姻关系存续期间，房屋财产所有权一般不会引起家庭纷争，但当婚姻出现问题，涉及财产分割时，房屋的归属确定起来比较麻烦。

1. 房产归属

在婚姻关系中确定房屋财产权属的关键就是确定房屋到底是属于个人财产还是属于夫妻共同财产。在法律层面上，房产证用来证明房屋所有权属，结婚证用来证明夫妻关系。决定房屋究竟是归个人所有财产还是属于夫妻共同所有财产主要看购买房屋的时间与领取结婚证的时间谁先发生。

领取结婚证的时间很好确定，就是夫妻双方在民政部门登记结婚并领取结婚证的时间，其他诸如订婚或是举办婚礼的时间均不具备法律意义。而对于购房时间的确定往往争议较大。购房手续繁多，过程复杂，从出资购买到实际领取房产证的时间比较久，一般考虑到购房的目的性以及购房整个过程的关联性，应当以签订购房合同的时间为购房时间。因此，婚后购房的房屋权属问题很好确定，只要双方是在领取结婚证之后签订的购房合同，无论是贷款还是全款，房产证上写谁的名字，这都属于两个人的共同财产。而婚前购房则存在多种情况：

（1）婚前一方出资，并且是以自己的名义购买，而另一方未出资，则房屋应属于出资一方婚前个人财产

（2）婚前双方出资，但以一方名义购买房屋。如果出资的另一方无法举证证明出资是因双方达成婚后共同居住的目的，一般会认定为一方婚前个人财产。

（3）婚前一方全额出资，但以另一方名义购买。全额出资的一方如果没有证据证明是以婚后共同生活为目的而出资的，将会对其不利，该房屋很大程度上会被认定为登记方的婚前财产。

（4）婚前以双方名义购房，但只是一方出资。如果双方没有另行约定，将产权登记在未出资方名下，则另一方的出资会被认为是对未出资方的赠与；如果产权登记在双方名下，又无按份共有的规定，则该房屋会被认定为共同共有。

（5）婚前一方贷款购房，婚后双方用夫妻共同财产还贷。如果房屋产权登记在首付款支付方名下，离婚时该房屋由双方协议处理。依前款规定不能达成协议的，人民法院可以判决该房屋归产权登记一方，尚未归还的贷款为产权登记一方的个人债务，双方婚

后共同还贷支付的款项及其相对应财产增值部分，离婚时应由产权登记方对另一方进行补偿。

（6）婚前一方贷款购房，婚后用个人婚前财产还贷。如果房屋产权登记在首付款支付方名下，且首付款支付方能够证明婚后还贷资金来源于个人婚前财产，不是夫妻共同还贷，该房屋则可认定为个人婚前财产。

（7）夫妻一方婚前签订购房合同，但婚后才取得房产证。只要购房合同的签订时间发生在婚前，无论是全款购房还是按揭贷款购房，如无特殊约定，仍属于一方的个人婚前财产。

总之，关于房屋的归属问题，如果为婚前购房，关键看房产证，一般房产证登记谁的名字房屋就属于谁，无论登记方是否实际出资；如果是婚后购房，一般房屋属于夫妻共同财产。

【例9-2】齐某（男）与张某（女）于2020年12月登记结婚，婚后无子女。2021年4月由齐某全程办理购买商品房事宜，购买了一处总价120万元的现房。当时在购房合同与产权登记上只有齐某的名字。2021年6月，他们举行了婚礼。2022年，因夫妻情感淡薄，他们协议离婚。但是在该房屋的处理上无法达成共识。齐某主张房屋所有权证书是确认房屋所有权的唯一证据，该房屋为自己一人所购买，且当时他们只是领取了结婚证书，并未举办婚礼。由于产权证上只有自己的名字，此房屋属于个人财产，因此不同意与张某进行分割。张某认为房屋是领取结婚证后所购买的，自己应该有份。于是，2022年10月张某向法院起诉，要求解除与齐某的夫妻关系，同时依法分割该房屋。请思考：（1）当事人领取了结婚证书，没有举办婚礼是否构成婚姻关系？（2）该房屋登记在齐某名下，是否属于夫妻共同财产？离婚时是否应该依法进行分割？

案例解析：

（1）《民法典》要求结婚的男女双方应当亲自到婚姻登记机关申请结婚登记，符合本法规定的，予以登记，发给结婚证，完成结婚登记，即确定婚姻关系。因此，当事人贺某和路某已经完成登记并领取了结婚证，建立了夫妻关系，为合法夫妻。

（2）房屋是否属于夫妻共同财产主要看该房屋签订购房合同的时间是否在登记结婚之后。案例中，当事人贺某是先领取结婚证，后购买房屋，所以该房屋为夫妻共同财产。夫妻共同财产在离婚时应依法进行分割。

【例9-3】夏某与李某于2013年结婚，婚后双方感情不和分居2年，现夏某起诉要求离婚，并同时提出对夫妻共同财产进行分割。他们对房产如何分割产生了异议，这套房屋是李某婚前以自己名义购买的，并支付了首付款，婚后取得房产证，房产证上登记的所有权人为李某，李某同时用自己的工资按期还贷。经评估现住房价格已增值到购买时的2倍，李某主张这房屋是婚前个人财产，而夏某主张是夫妻共同财产。作为理财规划师，该房产应该如何分配？

案例解析：

本案例涉及婚前个人财产购买房屋，婚后个人还贷，并且登记在一方名下的房屋归属问题，以及对房屋增值部分如何分割问题。

（1）李某婚前以自己的名义购买并支付首付款，同时房屋所有权是李某，因此房屋属于李某的个人财产。

(2) 虽然李某婚后用自己的工资偿还贷款，但由于婚后的工资属于夫妻共同财产，因此属于婚后共同财产偿还个人债务，对这部分应进行相应分割。

(3) 对于房屋增值的部分，根据相关法律规定，应按照相应比例进行分割，但应扣除李某首付款的增值部分，首付款增值部分属于李某的个人财产。

2. 父母为子女购房

在现实生活中，许多父母出于对子女生活方面的考量会出资为子女购房。在购房时主要是考虑给予子女更多的保障，减轻其生活压力，而不会去考虑子女的婚姻变动对房屋产权的影响。特别是我国的文化氛围和生活习惯，一般也不会事先与子女签署书面协议来明确房屋权属问题。但是当越来越多的婚姻走向解体时，父母出资购房也成为分割的焦点，这实际上不但违背了父母最初购房的初衷，还侵害了父母的利益。

在父母为子女购房方面，可分为子女婚前购房和婚后购房两个方面：

(1) 子女结婚前，父母为子女购置房屋出资。该出资无论是全款购房还是贷款购房，都应当认定为对自己子女的个人赠与，属于个人财产，但父母明确表示赠与双方的除外。

(2) 子女结婚后，父母为子女购置房屋出资。其分为以下几种情况：

① 如果一方父母全资购房并且未进行产权登记，则认定该出资是对夫妻双方的赠与，属于夫妻共同财产，另有约定证明父母明确赠与一方子女的除外。

② 如果一方父母全资购房并且产权登记在其子女名下，则认定该出资只是对自己子女一方的赠与，属于该子女的个人财产。

③ 如果双方父母共同出资购房并且产权登记在一方子女名下，则认定夫妻双方按照各自父母出资的份额按份共有，属于夫妻共同财产，但当事人另有约定的除外。

④ 如果父母部分出资购房，并以子女名义签订房屋买卖合同，无论房屋产权登记在一方子女名下还是双方子女名下，该出资均被认定为是对夫妻双方的赠与，应视为夫妻共同财产。

⑤ 如果父母部分出资购房，以父母自己的名义签订房屋买卖合同并将房屋所有权过户到出资父母一方的子女名下，则该出资视为只对自己子女一方的赠与，该房屋属于夫妻一方的个人财产。

⑥ 如果父母部分出资购房，以父母自己的名义签订房屋买卖合同并将房屋所有权过户到夫妻中非子女一方名下或夫妻双方名下，用夫妻共同财产偿还房屋贷款，则该房屋认定为夫妻共同财产。

3. 房屋出售与赠与

夫妻共同共有的房屋只登记在一方名下，当夫或妻一方与第三人发生不动产物权交易时，如果第三人尽到了必要的审查与注意义务，支付合理的房屋价款且已经办理变更登记手续，为了保护交易安全，根据善意取得制度，第三人可以取得不动产物权。夫妻一方擅自处分共同共有房屋造成另一方损失，离婚时另一方请求赔偿损失的，人民法院应予以支持。

除了救灾扶贫等公益性质或者道德义务性质的赠与，赠与行为是可以随时撤销的。

赠与有两种情况：一种是婚姻外的人对夫妻双方的赠与，另一种是夫妻之间的赠与。关于房屋的赠与是需要办理所有权转移登记手续的，房屋赠与行为的完成以产权登记为限。也就是说，如果房屋赠与还没有办理所有权转移登记手续，赠与人是可以反悔赠与行为，并撤销赠与的。

（四）夫妻债务

夫妻债务是影响夫妻财产分配规划的一个重要因素，主要分为夫妻个人债务和夫妻共同债务两类。夫妻个人债务仅对夫妻一方产生影响，通常不会影响到家庭生活；夫妻共同债务则会减少整个家庭的财产总额，影响到整个家庭的生活水平，甚至会导致整个家庭生活无法继续维持。

1. 夫妻个人债务

夫妻个人债务是指夫妻约定为个人负担的债务或者一方从事无关家庭共同生活时所产生的债务。在婚姻存续期间，夫妻个人债务一般包括以下四种：

（1）夫妻双方约定由其中一方承担的债务。夫妻双方将本属于共同生活所负的债务约定由一方负担的，可以视为夫妻个人债务。但是，在实际生活中，并没有规定夫妻需要将此约定公示或登记，所以如果债权人不知道或者不同意此约定，则约定不对债权人产生效力。

（2）一方未经对方同意擅自资助与其没有抚养义务的亲朋所负的债务。没有抚养义务是指没有法定的抚养、赡养、扶养义务。没有法定义务，也未经对方同意，对他人进行抚养所产生的负债为个人债务。

（3）一方未经对方同意独自筹资从事经营活动，并且收入确实没有用于共同生活所负的债务。此项负债确定为个人债务的前提是必须同时具备三个要素，缺一不可：一是未征得对方同意或对方不同意；二是独自筹资；三是其收入确未用于共同生活。

（4）其他应当由个人承担的债务。其包括夫妻一方的婚前债务，如婚前购置的未用于婚后共同生活的房屋；夫妻一方不合理的开支、与共同生活无关的债务，如赌博、吸毒等导致的债务；夫妻一方实施违法犯罪行为、侵权行为所负的债务。

2. 夫妻共同债务

夫妻共同债务是指夫妻双方共同签名或者夫妻一方事后追认等共同意思表示所负的债务，以及夫妻一方在婚姻关系存续期间以个人名义为家庭日常生活需要所负的债务。夫妻一方在婚姻关系存续期间以个人名义对超出家庭日常生活需要所负的债务不属于夫妻共同债务，但是债权人能够证明该债务用于夫妻共同生活、共同生产经营或者基于夫妻双方共同意思表示的除外。

夫妻共同债务可能是夫妻共同的生活债务，也可能是夫妻的经营性债务，还有可能是其他方面的债务，如因为继承财产所承担的债务等。夫妻共同债务是一种连带债务，即债权人有权要求夫妻任何一方清偿全部债务，夫妻一方不得以债务对半分担等理由而加以拒绝。通常情况，夫妻共同债务包括以下六点：

（1）基于共同意思表示所负的夫妻共同债务。夫妻双方共同签名或者夫妻一方事后追认等共同意思表示所负的债务，即俗称的“共债共签”“共签共债”。在实际经济往来中，为了避免事后引发不必要的纷争，需要引导债权人在形成债务尤其是大额债务时加强事前风险防范，尽可能要求债务人夫妻共同签名。这样做一方面有利于保障夫妻另一方的知情权和同意权，可以从债务形成源头上尽可能杜绝夫妻一方“被负债”现象发生；另一方面也可以有效避免债权人因事后无法举证债务属于夫妻共同债务而遭受不必要的损失，对于保障交易安全和夫妻一方的合法权益都具有积极意义。例如，很多商业银行在办理贷款业务时，对已婚者一般都要求夫妻双方共同到场签名。一方确有特殊原因无法亲自到场的，也必须提交经过公证的授权委托书，否则不予贷款，这种操作方式最大限度地降低了债务不能清偿的风险，保障了债权人的合法权益，也不会对夫妻一方的权益造成损害，从根本上提高了交易效率。

（2）为家庭日常生活需要所负的夫妻共同债务。基于夫妻日常家事代理权所产生的债务属于夫妻共同债务。家事代理是指夫妻因家庭日常生活需要与第三人为一定民事法律行为时，互为代理的权利，视为依夫妻双方的意思表示所为的民事法律行为，另一方也应承担因此而产生的法律后果。在实际生活中，家事代理主要涉及夫妻一方或双方为购买日常生活用品所负的债务；夫妻一方或双方因医疗所负的债务；夫妻建造或购买房屋及装修所负的债务；符合道义和礼仪上的惯例赠与所负的债务；夫妻一方或双方为履行法定抚养、赡养、扶养义务所负的债务。

（3）对于夫妻一方因生产经营而负债或举债，需要根据实际情况区别对待。这类情形非常复杂，主要是指由夫妻双方共同决定生产经营事项，或者虽由一方决定但另一方进行了授权的情形。判断生产经营活动是否属于夫妻共同生产经营，要根据经营活动的性质以及夫妻双方在其中的地位作用等综合认定。

（4）债权人能够证明的夫妻共同债务。夫妻一方在婚姻关系存续期间以个人名义超出家庭日常生活需要所负的债务不属于夫妻共同债务，但是债务人能够证明该债务用于夫妻共同生活、共同生产经营或者基于双方共同意思表示的除外。需要明确的是，夫妻共同生活包括但不限于家庭日常生活，这些支出系夫妻双方共同消费支配，或者用于形成夫妻共同财产，或者基于夫妻共同利益管理共同财产产生的支出，性质上均属于夫妻共同生活的范围。这一类夫妻共同债务情形最为复杂，实践中如何认定，争议也最大。

（5）夫妻一方或双方因继承遗产所负的债务。一般夫妻一方继承的财产归夫妻共同所有，所以遗产所附随的债务也属于夫妻的共同债务。但是，如果遗嘱确定遗产只归夫妻一方所有，由此产生的债务也只能认定为夫妻个人债务，而不属于夫妻共同债务。

（6）其他种类的夫妻共同债务。例如，夫妻因共同侵权所负的债务也属于夫妻的共同债务；子女为无民事行为能力人、限制民事行为能力人造成他人损害的，作为监护人需要承担侵权责任，由此所负的债务也属于夫妻共同债务。

【例9-4】王艳和刘明于2019年结婚，婚后刘明游手好闲，经常赌博，并于2022年年初以夫妻的名义向高斌借款10万元偿还赌债，约定1年后还债。王艳对此项债务并不知情，王艳和刘明于2022年10月协议离婚。2023年年初，高斌找到刘明要求还钱，刘明以夫妻共同债务为由只偿还一半借款，另一半要求由王艳偿还；高斌找到王艳要求偿还另一半借款，王艳以不知情为由拒绝偿还。请问如何界定该笔债务？应由谁来偿还该笔债务。

案例解析：

一般来说，在婚姻存续期间的债务为共同债务，但刘明的这项债务既不是夫妻双方共同举债，又不是为了满足整个家庭需要，因此是个人债务，应由刘明个人承担。

（五）子女抚养

在家庭财产规划中，一旦夫妻双方决定离婚，除了要考虑财产分配的问题，还需要考虑子女抚养的问题。

父母与子女间的关系，不因父母离婚而消除。离婚后，子女无论由父亲还是母亲抚养，都是父母双方的子女。离婚后，父母对子女仍有抚养、教育、保护的权利和义务。《民法典》规定，离婚后不满两周岁的子女，以由母亲直接抚养为原则；已满两周岁的子女，父母双方对抚养问题协议不成的，由人民法院根据双方的具体情况，按照最有利于未成年子女的原则判决；子女已满八周岁的，应当尊重其真实意愿。同时，离婚后，子女由一方直接抚养的，另一方应当负担部分或者全部抚养费。负担费用的多少和期限的长短，由双方协议；协议不成的，由人民法院判决。在实际生活中，协议或判决不妨碍子女在必要时向父母任何一方提出超过协议或者判决原定数额的合理要求。

四、家庭财产传承规划

家庭财产传承规划是指当事人在其健在的时候通过选择遗产管理工具和制订遗产分配方案，将拥有或控制的各种遗产或负债进行安排，确保在自己去世或丧失行为能力时能够实现家庭财产的代际相传或安全让渡等特定目的。

（一）遗产

家庭财产传承规划中涉及的财产就是遗产，遗产是指自然人死亡时遗留下的个人合法财产。

随着社会主义市场经济的不断发展，经济生活中财产的种类丰富多样，新的财产类型不断出现，《民法典》在原《继承法》的基础上，根据财产权的种类，概括规定了遗产的范围，主要从三个方面把握：（1）遗产首先是财产或财产性权益，非财产性权利（人格权、人身权或相关权益）不得作为遗产继承；（2）遗产必须是合法的财产权，非法的财产权不属于遗产的范围；（3）遗产必须是被继承人个人的财产，非个人财产不属于遗产的范围。

需要明确的是，我国有些财产性权益属于家庭共有，而非属于个人。比如，土地承包经营权、宅基地使用权等，根据《中华人民共和国农村土地承包法》《中华人民共和国土地管理法》等相关规定，获得土地承包经营权、宅基地使用权的主体是以户为单位，并不是属于某个家庭成员。

（二）继承

继承分为法定继承、遗嘱继承或遗赠、遗赠扶养协议四种方式。根据《民法典》的规定，继承开始后，按照法定继承办理；有遗嘱的，按照遗嘱继承或者遗赠办理；有遗赠扶养协议的，按照协议办理。总体来讲，我国遗产继承顺序应为遗赠扶养协议优先于遗嘱继承或遗赠，遗嘱继承或遗赠优先于法定继承。具体内容如下：

首先，按照法定继承办理。在通常情况下，如果被继承人生前没有留下有效的遗嘱，继承开始后，就需要启动法定继承制度，根据法律所规定的继承人范围、顺序、遗产分配方法等，确定各继承人之间所得遗产的数额。在我国，这是最为常见的继承方式。

其次，有遗嘱的，按照遗嘱继承或者遗赠办理。如果被继承人生前留下了合法有效的遗嘱，被继承人的财产就需要优先根据遗嘱的内容来分配。这包括两种情况：一种是遗嘱指定了特定的继承人继承的，要启动遗嘱继承程序，按照遗嘱的要求来分配遗产；另一种是被继承人通过遗嘱将遗产赠与继承人以外的个人或者组织，处理遗产就必须尊重被继承人的意思。不管哪种情况，只要有遗嘱，就优先按照遗嘱的指示来分配所涉及的部分遗产。遗嘱继承的效力之所以优先于法定继承是因为遗嘱体现了被继承人的意思自治。法定继承是在被继承人意思缺位时，立法按照男女平等、养老育幼、权利义务相一致等公平合理的规则分配被继承人的遗产。

最后，有遗赠扶养协议的，按照协议办理。

1.法定继承

法定继承是指继承人范围、继承顺序、继承份额等均由法律直接规定的继承方式。法定继承有以下特征：一是具有身份性，法定继承人的范围是基于一定的身份关系而确定的，一般以血缘、婚姻关系为基础；二是具有法定性，法定继承中有关继承人的范围、继承顺序等的规定具有强行性，不得由当事人变更。法定继承人范围及继承顺序是法定继承的重要内容，具体如下：

第一顺序继承人：配偶、子女、父母；

第二顺序继承人：兄弟姐妹、祖父母、外祖父母。

值得注意的是，法定继承人一般与被继承人存在血亲、婚姻关系，《民法典》继承编除了高度重视这两种关系外，还高度重视扶养关系在继承中所起的作用，所以规定“丧偶儿媳对公婆，丧偶女婿对岳父母，尽了主要赡养义务的，作为第一顺序继承人”。这被认为是我国法定继承制度中的一个重要特色，符合社会主义核心价值观，符合中华民族传统家庭美德和公序良俗，有利于发扬优良家风，促进家庭内部互助友爱、团结和睦，使老年人能够老有所养。

法定继承顺序具有优先性和排他性，继承开始后，由第一顺序继承人继承，第二顺序继承人不继承；如果没有第一顺序继承人继承的，由第二顺序继承人继承。在第一顺序继承人中，子女的继承还具有特殊性，如果子女先于被继承人死亡，根据代位继承制度，子女的直系晚辈血亲可以代位继承，在这种情况下，视为第一顺序继承人继承，第二顺序继承人不能继承。

（1）子女的界定。第一顺序继承人中的子女包括婚生子女、非婚生子女、养子女和有抚养关系的继子女。在我国，非婚生子女享有与婚生子女同等的权利，任何组织或者个人不得加以危害和歧视；对于养子女，《民法典》规定，自收养关系成立之日起，养父母与养子女之间的权利义务关系适用父母子女关系的规定；对于继子女，《民法典》规定，继父或者继母和受其抚养教育的继子女间的权利义务关系适用父母子女关系的规定。由此可知，非婚生子女与其生父母、养子女与其养父母、受继父或者继母抚养教育的继子女与其继父母的权利义务关系与婚生子女与其生父母的权利义务关系没有区别。根据《民法典》父母和子女有相互继承遗产权利的规定，婚生子女、非婚生子女、养子女、受继父或者继母抚养教育的继子女可以继承其生父母、养父母和继父母的遗产。

需要说明的是，“有抚养关系的继子女”既包括继子女受继父母抚养的情形，也包括继子女赡养继父母的情形，所以如果一个继子女在未成年时期并未受其继父母的抚养，但是其对继父母进行了赡养，则该继子女可以被认定为其继父母的子女，具有第一顺序继承人的地位。

（2）父母的界定。第一顺序继承人中的父母包括生父母、养父母和有抚养关系的继父母。在我国，子女有权继承父母的遗产，父母也有权继承子女的遗产。根据《民法典》的规定，生父母与其非婚生子女、养父母与其养子女、继父母与受其抚养教育的继子女的权利义务关系适用父母子女关系的规定。

需要说明的是，“有抚养关系的继父母”既包括继父母抚养继子女的情形，也包括继父母被继子女赡养的情形，只要符合情形之一，该继父母就可以认定为其继子女的父母，具有第一顺序继承的地位。

（3）法定继承中遗产份额分配原则。根据《民法典》的规定，同一顺序继承人继承遗产的份额，一般应当均等。对生活有特殊困难又缺乏劳动能力的继承人，分配遗产时，应当予以照顾；对被继承人尽了主要抚养义务或者与被继承人共同生活的继承人，分配遗产时可以多分；有抚养能力和有抚养条件的继承人，不尽抚养义务的，分配遗产时，应当不分或者少分。

2. 遗嘱继承和遗赠

微课 9-4

遗嘱继承

关于遗嘱继承和遗赠，主要是根据取得遗产人的身份来区分的。如果按照遗嘱的内容，取得遗产人为法定继承人以内的人，则属于遗嘱继承；如果按照遗嘱的内容，取得遗产人为法定继承人以外的人，则属于遗赠。

立遗嘱的主体为自然人，遗嘱的内容为处分个人财产。自然人可以立遗嘱将个人财产指定由法定继承人中的一人或者数人继承，也可以立遗嘱将个人财产赠与国家、集体或者法定继承人以外的组织、个人。

（1）遗嘱的效力。自然人想要通过立遗嘱的方式实现财产在其死后的分配，所立的遗嘱必须合法有效：一是遗嘱人立遗嘱时必须具备设立遗嘱的能力，如在行为主体方面无民事行为能力人或者限制民事行为能力人所立的遗嘱无效；二是遗嘱必须表示遗嘱人的真实意思，受欺诈、胁迫所立的遗嘱无效；三是遗嘱内容必须合法，且只能处分遗嘱人的个人合法财产；四是遗嘱必须符合法定形式。

（2）遗嘱的形式。随着信息技术的发展与普及，人们的书写、记录方式发生了较多的改变，在原《继承法》五种遗嘱形式的基础上，《民法典》对遗嘱形式做了重新规定，确定了六种遗嘱形式，分别为：自书遗嘱、代书遗嘱、打印遗嘱、录音录像遗嘱、口头遗嘱和公证遗嘱。

① 自书遗嘱由遗嘱人亲笔书写，签名，注明年、月、日。它是指遗嘱人本人将处分遗产的意思表示亲自用手写出来的遗嘱。自书遗嘱由于是遗嘱人本人亲笔书写，意思表示真实、自由并且容易鉴别真伪，因此形式要求较为简单，可以随时设立，不需要有见证人在场见证，设立过程私密，是最简便易行的遗嘱形式。

② 代书遗嘱通常适用于遗嘱人由于一些特殊的原因，不能亲笔书写遗嘱，故委托

他人代为书写遗嘱的情形。代书遗嘱应当由两个以上见证人在场见证，由其中一人代书，并由遗嘱人、代书人和其他见证人签名，注明年、月、日。例如，我国农村居民立遗嘱时，由于文化水平有限，需要通过代书的形式完成。

③ 打印遗嘱是指遗嘱的内容由打印机等机器设备打印而成的遗嘱。立遗嘱时应当有两个以上见证人在场见证，遗嘱人和见证人应当在遗嘱每一页签名，注明年、月、日。打印遗嘱实质上是一种书面遗嘱，遗嘱内容以数据电文形式存储在计算机等设备上的不构成遗嘱，遗嘱人必须通过打印机等将遗嘱内容从电子数据形式转换为书面形式。

④ 录音录像遗嘱分为录音遗嘱和录像遗嘱。录音遗嘱是遗嘱人口述遗嘱内容并用录音的方式记录而成的遗嘱。录像遗嘱是遗嘱人表达遗嘱内容并用录像的方式记录而成的遗嘱，遗嘱人在表达遗嘱内容时可以通过口述的方式同时记录其声音，在特殊情况下无法用口述方式的，如遗嘱人为聋哑人的，可以通过打手语的方式表达遗嘱内容。无论采用哪种形式，遗嘱人在录音录像遗嘱中都应该亲自表达遗嘱内容，不能由他人转述。在立遗嘱时，应当有两个以上见证人在场见证。遗嘱人和见证人应当在录音录像中记录其姓名或者肖像，以及年、月、日。

⑤ 口头遗嘱是指遗嘱人用口述的方式表达其处分遗产的意思表示的遗嘱形式。与其他形式的遗嘱相比，口头遗嘱简便易行，在一些危急情况下，遗嘱人来不及或者没有条件立其他形式的遗嘱时，口头遗嘱成为满足遗嘱人立遗嘱愿望的可行的遗嘱形式。在立口头遗嘱时，应当有两个以上见证人在场见证。危急情况消除后，遗嘱人能够以书面或者录音录像形式立遗嘱的，所立的口头遗嘱无效。

⑥ 公证遗嘱是指遗嘱人经公证机构办理的遗嘱。遗嘱人办理遗嘱公证时，必须由本人亲自办理，不得委托他人办理公证。如果遗嘱人亲自到公证处有困难的，可以书面或者口头形式请求有管辖权的公证处指派公证人员到其住所或临时住所办理。公证遗嘱应当由两名公证人共同办理，由其中一名公证员在公证书上署名。因特殊情况由一名公证员办理时，应当有一名见证人在场，见证人应当在遗嘱和笔录上签名。公证人员要依法对遗嘱人立遗嘱行为的真实性、合法性予以审查。审查通过后，公证处应出具公证书。公证遗嘱采用打印形式，遗嘱人根据遗嘱原稿核对后，应当在打印的公证遗嘱上签名、盖章或者按手印。

上述遗嘱形式中出现的遗嘱见证人是指在现场亲历遗嘱人立遗嘱的过程，能够证明遗嘱真实性的人。为了保障遗嘱的真实性，法律要求一些形式的遗嘱必须有一定数量的见证人在场见证。同时，为了确保遗嘱见证人在证明遗嘱的真实情况时是客观公正的，《民法典》规定下列人员不能作为遗嘱见证人：一是无民事行为能力人、限制民事行为能力人以及其他不具有见证能力的人；二是继承人、受遗赠人；三是与继承人、受遗赠人有利害关系的人。

【例9-5】吴老先生患病多年，一直卧床不起。他有两个孩子，大女儿吴爽和小儿子吴伟。在吴老先生患病期间，大女儿吴爽和丈夫刘亮一直尽心尽力地照顾老人，出钱出力，鞍前马后。小儿子吴伟总是以自己工作忙、生活压力大为由，逃避履行照顾父亲的责任，几个月才来看望一次。最近，吴老先生病情加重，需要住院治疗。吴老先生自觉寿命已尽，便把女儿和女婿叫到身边，告诉他们自己银行卡里有20万元的存款以及一套老房子，房子留给女儿吴爽，20万元的存款平均分给吴爽和吴伟。不久，吴老先生就去世了。请思考：（1）吴老先生采取的是何种方式的遗嘱？（2）该遗嘱是否有效？

案例解析：

（1）吴老先生采取的是口头遗嘱。

（2）吴老先生的口头遗嘱是否有效主要取决于立遗嘱的现场是否有两个以上的见证人。如果只有女儿吴爽和女婿刘亮，则该遗嘱无效。因为女儿和女婿是继承人，不能作为遗嘱见证人。如果现场有医生或者护士等与继承人、受遗赠人没有利害关系的人，且有两个以上的见证人，则该口头遗嘱有效。

另外，遗嘱人从立遗嘱到遗嘱生效的这段时间，可能会因种种原因改变其当初立遗嘱时的意愿，所以法律允许并保障遗嘱人撤回、变更自己所立的遗嘱。这是遗嘱自由原则的必然要求，也是意思自治原则在继承领域的具体体现。同时，《民法典》规定，当遗嘱人立有数份遗嘱且内容相抵触的，以最后的遗嘱为准，即以立遗嘱的时间作为认定遗嘱有效的判断标准，无论遗嘱形式如何，遗嘱人最后所立的遗嘱都具有优先适用的效力。

微课 9-5

“孤寡老人去世，侄甥代位继承”——彰显《民法典》的法治柔情

3. 特殊形式继承

（1）代位继承。《民法典》规定，代位继承是指被继承人的子女先于被继承人死亡的，由被继承人的子女的直系晚辈血亲代位继承。被继承人的兄弟姐妹先于被继承人死亡的，由被继承人的兄弟姐妹的子女代位继承。代位继承一般只能继承被代位继承人有权继承的遗产份额。

（2）转继承。《民法典》规定，转继承是指继承开始后，继承人于遗产分割前死亡，并没有放弃继承的，该继承人应当继承的遗产转给其继承人，但是遗嘱另有安排的除外。通俗地讲就是在被继承人死亡后，如果继承人在尚未实际取得遗产之前就死亡了，那么该继承人的继承人代其实际接受其有权继承的遗产。转继承既可发生在法定继承中，又可发生在遗嘱继承中。

微课 9-6

法定继承：代位继承与转继承

代位继承和转继承有一定的相似之处，代位继承和转继承发生的前提都是继承人死亡，但是二者也有诸多不同：一是基础事实不同，虽然代位继承与转继承中继承人死亡是基础，但代位继承中继承人是先于被继承人死亡，而转继承中继承人是后于被继承人死亡。二是继承人的范围不同，代位继承人的范围限于被继承人的子女的晚辈血亲；转继承人包括所有法定继承人。三是适用范围不同，代位继承仅限于法定继承；转继承则既适用于法定继承，也适用于遗嘱继承。

微课 9-7

财产传承规划案例分析

4. 遗赠扶养协议

拓展阅读 9-2

遗赠扶养协议：老人300万房产送给水果摊主

《民法典》规定，自然人可以与继承人以外的组织或者个人签订遗赠扶养协议。当事人之间签订的协议，双方当事人都必须遵守。在遗赠扶养协议中，该组织或者个人为扶养人，承担该自然人生养死葬的义务，同时享有获得遗赠的权利；该自然人为被扶养人，被扶养人有权要求扶养人照顾自己，也有义务在死亡后将自己的遗产赠与扶养人。从法律性质上来讲，遗赠扶养协议是一种双务合同。这种协议也体现了被扶养人生前的自主意识，应当尊重。同时这种双务合同体现了双方当事人的意思，理应比仅体

现一方意思的遗嘱效力优先。因此，在自然人生前与他人签订了遗赠扶养协议时，应当以遗赠扶养协议优先处理所涉遗产。双方当事人可以事先约定扶养人受遗赠的财产范围，超过此范围的遗产，如果被扶养人立有遗嘱，则应当按照遗嘱处理，如果没有遗嘱，则应当按照法定继承办理。需要注意的是，如果对于同一财产，遗赠扶养协议和遗赠都涉及，应当优先按照遗赠扶养协议处理。

任务三 选择家庭财产分配与传承规划工具

一、夫妻财产约定协议公证

在家庭财产分配与传承规划中的公证主要是指夫妻财产约定协议公证。夫妻财产约定协议公证是指依法对夫妻或“准夫妻”各自婚前或婚后财产、债务的范围及权利归属问题所达成的协议的真实性、合法性给予证明的活动。它包括两个方面：一是对将要结婚的男女双方订立的财产协议进行公证；二是对已经结婚的夫妻双方的财产协议进行公证。存在财产协议是财产公证适用的前提。

（一）夫妻财产约定协议公证的种类

1. 婚前财产约定协议公证

婚前财产约定协议公证是指公证机构根据当事人的申请，依照法定程序对男女双方订立的婚前财产约定协议书的真实性、合法性予以证明的活动。进行婚前财产约定协议公证的双方不仅包括未婚男女，还包括有意愿进行公证的夫妻。只要进行公证的财产属于各自的婚前财产，不涉及婚后财产，就可以进行婚前财产约定协议公证。该项公证有助于明确夫妻双方婚前财产的数量、范围、价值和产权归属，是解决婚姻、财产纠纷的可靠的法律依据。例如，婚前有大量财产的人士，特别是曾经有过离异经历且事业处于鼎盛时期的很多再婚人士，再婚前都会在私人财产保护上有所考虑，那么采用婚前财产约定协议公证来保障自己的财产是非常有效的方式。这对于稳定家庭关系和财产关系，预防婚姻纠纷，保护夫妻双方合法权益，促进社会的安定团结起到了良好的效果。

一般来说，比较容易举证的财产就不需要婚前财产公证，比较难举证的财产需要婚前财产公证。例如，不动产，如房屋，因为实行登记制度、产权明确，就不需要婚前财产公证。而产权随时处于变动的动产，如存款及玉器、金银首饰等贵重物品，为避免离婚时产生纠纷，需要婚前财产公证。

2. 婚后财产约定协议公证

婚后财产约定协议公证是指公证机构根据当事人的申请，依照法定程序对男女双方订立的婚后财产约定协议书的真实性、合法性予以证明的活动。婚后财产约定协议公证有别于离婚财产分割协议，是夫妻双方在婚姻存续期间对夫妻各自的个人财产和共同财产的所有权进行协议公证，为保持必要的财产独立，对财产的归属权进行约定，是行使和保障个人权利的途径。特别是对一方或双方为再婚的夫妻来说，他们对事务的处理一般都较为理智，尤其是有子女的一方或双方，他们不仅要考虑如何维护正常的夫妻关系，更多的还要考虑各自的财产权属问题。婚后财产约定协议公证既有利于稳定夫妻关系，又有利于维持正常的家庭关系和子女关系。

（二）夫妻财产约定协议公证的办理流程

第一步：办理夫妻财产约定协议公证，夫妻双方应亲自向户籍所在地公证处申请，由当事人填写公证申请表，并向公证处提交下列证明材料：

（1）夫妻双方的身份证件、户口簿（集体户籍的提供本人户口页原件及经过户籍所在单位盖章的首页复印件）。

（2）结婚证或夫妻关系证明。

（3）与协议有关的财产权利凭证原件，如房产证等。

（4）夫妻财产约定协议书（可由公证处代书）。

（5）公证员要求补充的其他证明材料。

第二步：公证机关对夫妻财产约定协议进行公证之前，要对提交上来的材料进行审查。审查范围包括三个方面：一是要对夫妻所约定的财产范围、性质进行审查，看是否有违反法律规定的内容；二是要看约定本身是否符合法律的规定，如在约定主体方面，约定主体在约定时必须具有完全民事行为能力；三是要看夫妻双方在债务的约定方面是否损害了第三人的合法权益。

第三步：公证人员再次与当事人进行确认。查询当事人的订约是否受到欺骗或误导。当事人应如实回答公证员的提问，公证员会履行必要的法律告知义务，告知当事人签订财产协议后承担的法律义务和法律后果，当事人配合公证员做完公证接待笔录，并在笔录上签字确认。

第四步：双方当事人在公证员面前在财产约定协议书上签名。

（三）夫妻财产约定协议公证的作用

1. 有利于防止和减少纠纷

随着社会的发展，由婚姻所产生的经济纠纷呈上升趋势。感情甜蜜、家庭和谐时，人们往往会忽略财产问题带来的隐患。一旦感情破裂，走向离婚，才发现在界定个人财产和夫妻共同财产时是如此烦琐复杂，等到纠纷发生的时候，再想去捍卫自己的权益所需付出的成本是非常高的。而夫妻财产约定协议公证从法律的角度来看在界定财产权属问题时是一个非常有力的证据，男女双方在婚前或婚姻存续期间进行财产协议公证有助于家庭的稳定和社会的发展，也有利于减少纠纷。

2. 有利于节约司法资源，提高审判效率

在离婚案件中会发生许多类似的事情，男女双方当事人就离婚意向达成了一致，却无法对财产分割问题形成统一意见，只能到法院起诉。法院在处理离婚案件时，需要足够的证据来证明财产权属，从而依法判决。有的当事人因为缺乏相关证据而吃了亏，但是毫无办法。如果夫妻双方当事人进行了财产约定协议公证，在离婚时就不会为划分财产问题而发生纠纷，也就不需要起诉到法院。这不仅方便了双方当事人，有利于社会稳定，还能够减轻人民法院的审判压力。

3. 有利于保障夫妻双方的合法权益

夫妻之间互敬互爱、同甘共苦是家庭和睦的基础。但当今社会，贫富差距较大，为了防止别有用心的人企图通过婚姻骗取财富，或者是富裕一方担心自己婚姻经营不善导致财产流失，都可以通过夫妻财产约定协议公证来解决。这样的一纸公证，对夫妻双方均具有约束力。当婚姻破裂时，即可按照公证的内容，明确分配，在很大程度上有利于保障夫妻双方的合法权益。

【例9-6】王总经营着一家制药集团，儿子预计半年后结婚，所以决定把家族企业的股权在儿子结婚前都过户给儿子，这样股权就永远属于儿子的婚前个人财产，万一儿子日后婚变，股权也不会因为离婚而被分割掉。王总打定主意后，很快就带着儿子办理了公司股权过户手续，2个月后，儿子娶得美人归。3年后家族企业顺利地在国内上市。企业经营是成功了，但儿子与儿媳的婚姻亮起了红灯。儿媳主张在离婚时分割丈夫名下公司股权上市后溢价的增值部分，总价值达6 000万元。法院根据“夫妻一方个人财产在婚后产生的收益，除孳息和自然增值外，应认定为夫妻共同财产”这条规定，判定儿子给付儿媳价值3 000万元的股权溢价。

那么，就王总家庭而言，除在婚前股权过户之外，是否有更好的策略既可以降低婚变对企业经营的冲击，又可以保障夫妻双方的权利与义务呢？

案例解析：

王总可以采取签订“婚前财产协议”的方式来保障企业股权安全。在儿子儿媳妇结婚前，安排男女双方签订一份婚前财产协议，在协议里明确，结婚后儿子持有的公司股权的增值部分及股权分红部分仍然属于儿子的个人财产，如果日后双方婚姻破裂，股权增值部分不能予以分割。同时，要注意平衡儿媳妇一方的财产权益，可以规定在离婚后儿媳妇可获得其他金融资产或不动产。根据该婚前财产协议，男方手中的公司经营不受婚变影响，女方也得到了应有的财产利益，男女双方才能“好合好散”。

二、家族信托

财产分配与传承规划所涉及的内容属于客户隐私，而信托是被世界各国所普遍采用的私人事务管理工具，它可以根据客户的不同目的和需求进行设计，并对客户的所有私人信息保密。基于信托的这一特点，理财规划师往往将其应用在财产分配与传承规划中，以此更好地实现客户的财务及生活目标。

家族信托是发达国家常见的财富管理和传承的工具，由私人信托发展而来，指的是个人或家族将自己的财产委托给信托机构，信托机构按照个人或家族的意愿代为管理和处置家庭财产，并将信托财产及收益分配给指定的受益人，实现财产分配与传承目标的财富管理形式。

（一）家族信托主体

1. 委托人

家族信托的委托人一般为高净值家族的核心成员，是拥有财产处分能力的人。他们通常想借助信托财产隔离制度来保障家族财产，降低风险，在保障自己和家族成员生活水平的基础上将财富传承下去。

2. 受托人

家族信托的受托人一般为委托人信任的专业机构和组织，如信托公司。一般来说，专业机构和组织会有专业的团队为客户提供财富管理服务，能够最大限度地确保收益、降低风险，实现信托目的。

3. 受益人

家族信托的受益人一般为家族成员，也可以是委托人想使之享有信托收益的任何人。家族信托中受益人可以是多人，每位受益人的收益份额、分配条件及频次由委托人和受托人在信托文件中确定。家族信托关系图如图 9-1 所示。

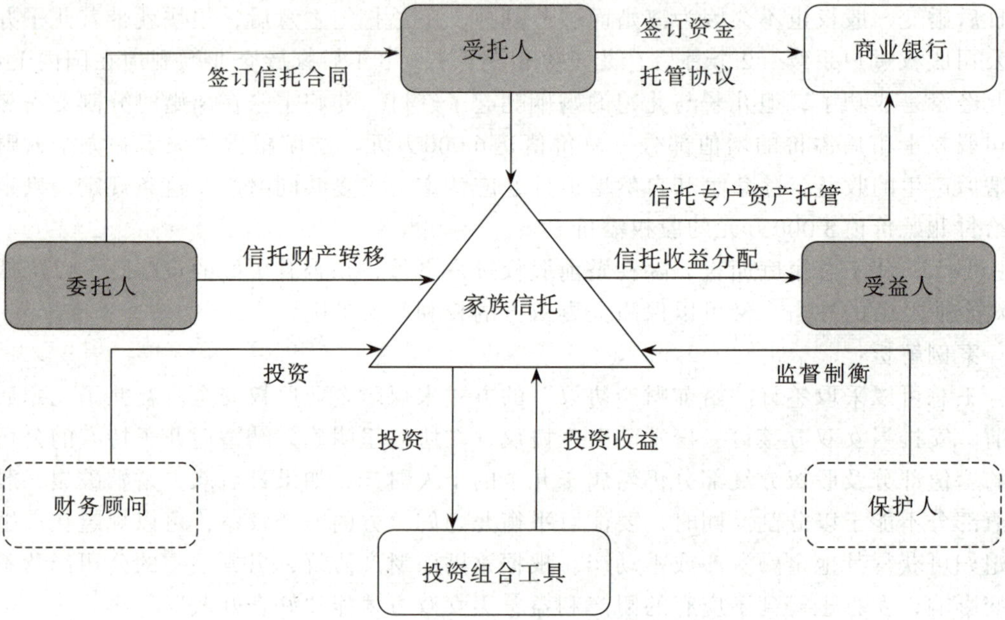

图9-1　家族信托关系图

（二）家族信托客体

家族信托的客体是指委托人委托给受托人的信托财产，这部分财产必须是委托人的合法财产。当财产从委托人名下转移到受托人名下时，财产的所有权和收益权相分离。日后，委托人如果出现离婚分家产、意外死亡或是被人追债，这部分信托财产都将独立存在，不受影响。信托财产可以是多种形式的，如现金、金融产品、不动产、股权、知识产权等。

（三）家族信托的目的

家族信托同其他信托一样，不同的目的均由委托人进行设定。家族信托主要是满足客户财富保护、财富增长和财富传承的需求。但与其他信托相比，增值只是目标之一，传承才是家族信托的关键。除此之外，家族成员的生活保障、财产管理、资金保值也是常见的信托目的。

（四）家族信托的收益分配

家族信托对受益人的收益分配形式主要有定期定量分配、按条件分配、一次性分配等形式。定期定量分配是指在固定期限领取固定的收益。按条件分配是指当受益人符合某一条件时可领取的信托财产收益，如委托人设定子女上大学时可领取一笔信托财产收益。一次性分配是指在信托到期或者终止时分配所有信托财产。

（五）家族信托的期限

家族信托不会因为委托人去世而终止，也不会因为受托人的死亡或不适合而终止。一般家族信托期限可以设置为10~50年，甚至可以设置为99年，实现家族财富多代长久传承的目的。

（六）家族信托的功能

1. 财产隔离保护功能

家族信托成立后，选定的资产从委托人名下转移到受托人名下，成为信托财产，以家族信托的名义存在。在信托成立后，信托财产就不再属于委托人的固有财产，独立于委托人其他财产之外；受托人管理信托财产，但不享有信托财产带来的利益，也不拥有该信托财产；虽然受益人享有信托财产收益，但是受益人无权干预信托财产的运作与管理，所以信托财产本身也不属于受益人的固有财产。因此，信托财产的本质是为了信托目的而独立存在的财产，具有独立性。除非法律另有规定，否则委托人、受托人、受益人的债权人均不能对信托财产申请强制执行。信托财产隔离保护机制可以通过信托框架将家族资产从个人资产中隔离，进入家庭信托的资产可以抵御未知的风险侵袭。不会因为个人或者企业遇到风险、倒闭或破产而遭受损失，可以长久地为家族成员创造收益，使家族经历风险后，仍有东山再起的根基。

同时，在家庭关系中婚姻关系最为重要，特别是对于高净值客户家庭，婚姻如果出现问题可能会给家族财产带来许多影响。例如，婚前财产混同、婚内财产转移、股权分割等，都会导致企业失去控制权等。对财富所有者或者信托的委托人来说，可以通过合理设置，利用家族信托的财产隔离保护机制将婚前财产或企业股权等转入信托，有效防范婚姻风险。这样即使离婚，也不会对家族财产或企业发展产生重要影响。

2. 财产保值增值功能

家族信托的受托人一般都为专业的机构或组织，如信托公司。信托公司作为专业的资产管理机构，拥有丰富的管理经验和专业的人才队伍，并受到国家相关部门的监督管理，遵循国家的法律法规。可以根据委托人设定的信托目的、实际情况等因素，为客户构建符合其风险承受能力的投资规划方案，并实现持续管理。最大限度地保护客户的财产安全，实现信托财产的保值增值。

3. 保护财产隐私功能

家族信托拥有完善的保密机制，具有保护客户财产隐私的功能。除了信托委托人和受托人之外，其他人无从知晓信托文件内容，对于不同受益人之间的收益分配方案也均保密。在运用家族信托财产进行投资时，也是以信托计划的名义进行，不会出现客户本人的信息，可以有效保证客户投资的私密性。

4. 防止家族成员挥霍财产功能

家族信托中的受益人一般为家族成员，在利益分配的时候可以采用定期定量、按条件分配等形式进行。这样可以避免家族成员，特别是子女因涉世未深、没有管理能力等原因将家庭资产挥霍一空，落入窘迫的境地。同时，通过设定一定的条件，可以激励家庭成员积极进取，为家族争取更多荣耀。

三、人寿保险

对于个人，在制订财产分配与传承规划时，可以通过生前使用遗嘱的形式对身后事作出安排，让继承人获得财产。这是较为简单的传承方法，没有过多财产类型的限制，对家庭成员关系简单、和睦的家庭来说是非常不错的选择。但是，对复杂的家庭（如再婚家庭、多子女家庭、有非婚生子女家庭、家庭资产种类多价值高的家庭等）来说，往往会在遗嘱继承时发生非常大的争议。例如，对遗嘱有效性认定、继承权公证等，都无法形成统一思想。所以对分歧较大的家庭来说，在遗嘱继承方面仍存在一些弊端。

基于对家庭财产有效传承方面的考量，很多家庭特别是高净值人群常常会采用多种形式相结合的方式进行资产配置。其中，大额人寿保险产品逐渐成为财富分配与传承规划中的有效工具。

（一）人寿保险

人寿保险是保险人与投保人订立保险契约，在被保险人的生命发生保险事故时，由保险人向受益人给付保险金的保险形式。而大额人寿保险可简单理解为保险金额较大的人寿保险，投保保额根据不同的保险公司有不同的设定，投保时需要进行契约调查，了解投保人的资产状况、投保动机、身体健康情况等。

（二）人寿保险的优点

大额人寿保险和家族信托有很多相似的地方，但它的投保门槛一般没有信托的准入门槛高，所以当家庭的财富体量不能设立信托时，可以使用大额人寿保险来进行财富传承的规划。其优势包括以下五个方面：

1. 指定受益人，避免纠纷

人寿保险可以通过保单指定受益人，受益人的权益是受到法律允许和保护的。通过这样的操作，投保人可以按照个人意愿将受益人指定为目标人选，打破法定继承中第一顺位继承人和第二顺位继承人的限制。因为投保过程是根据投保人意愿合法合规进行，所以可以避免产生歧义，引起不必要的家庭纠纷。

2. 合理避税，优化资产

根据我国相关法律的规定，保险受益金不属于遗产，并且规定“保险给付金”免征个人所得税。因此，利用人寿保险可以进行合理避税，免缴遗产税和个人所得税。虽然我国目前还未征收遗产税，但全世界有100多个国家征收遗产税，并且规定了相关的遗产追溯期。因此，许多家庭财富较多的高净值人群已经开始提前规划，将财富通过保险的方式进行优化。

3. 运用杠杆，放大财富

对人寿保险来说，投保人交给保险公司保费，当被保险人身故时或达到理赔标准时，保险公司付给受益人的保险金额一般会高于保险费用，这就是保险的杠杆功能。所以客户可以通过购买大额人寿保险指定受益人进行财富传承。运用杠杆不仅可以免去法定继承、遗嘱继承过程中种种烦琐程序，当达到一定理赔条件时，还可以在赔付时领取较多的保险受益金。

4. 隔离财产，保证安全

对于高净值人群，资金运作十分复杂，难免会有负债在身。保险受益金在一定程度上可以规避投保人生前的债务，将企业与家庭、个人与子女、企业资产与个人资产方面的债务相隔离，保证了家庭成员的生活不受影响。同时，保单受益人所获得的收益均为其个人财产，无论他（她）的婚姻状态如何变动，这部分资产都不会被当作共同财产进行分割，保单的隔离功能也再次保证了资产的安全。

5. 保障隐私，客户安心

无论是法定继承还是遗嘱继承，在继承遗产时都需要将所有继承人召集在一起。而保险公司在对受益人分配保险金时，只会通知受益人及其监护人，保证了客户的隐私，避免发生不必要的纠纷。

（三）人寿保险的缺点

人寿保险在财富传承方面也存在不足，主要体现在以下三个方面：

1. 只能传承现金资产

保险只能用现金购买，同时保险金给付也只能是现金。因此，通过人寿保险设计财富分配与传承规划时只能传承现金资产。投保人的房屋、股权、知识产权等其他类型的资产无法通过保险进行传承。

2. 保险增值功能较弱

保险的实质是风险管理工具，而不是资产增值工具。它主要的作用是保障资产安全，而不是产生高收益。单从收益方面来看，保险与储蓄或者银行的低风险理财产品相差无几。因此，投保人在利用保险进行财富传承时，应主要关注保险的保障功能和法律属性，而不应将保险当作资产增值工具使用。

3. 投保人先于被保险人身故的风险

保单的所有权归投保人所有，当投保人和被保险人不是同一人时，一旦投保人先于被保险人身故，保单的现金价值就会成为投保人的遗产，面临分割。为了避免该风险的发生，在进行大额人寿保单投保时，投保人与被保险人尽可能为同一人。另外，如果保险公司允许，也可以在投保时设置双顺位投保人。双顺位投保人是指在第一顺位投保人身故后，第二顺位投保人自动替换第一顺位投保人，避免了投保人缺失或者继承程序的麻烦。

同传统的遗嘱相比，保险与信托等财产分配与传承工具在财产范围、私密性、资产隔离、保值增值、融资功能等方面存在诸多的不同。遗嘱、保险与信托的对比分析见表9-1。

表9-1　遗嘱、保险与信托的对比分析

项目	遗嘱	保险	信托
财产范围	全部财产类型	现金	全部财产类型
生前控制力	好	好	好
私密性	遗嘱一般可以保密，但办理继承手续时需要公开	保密性良好	信托合同内容高度保密

续表

项目	遗嘱	保险	信托
防止挥霍	不能	可以通过保险金延期领取方式或年金方式实现类似信托功能，防止子女挥霍	可以通过信托合同条款约定，防止子女挥霍
资产隔离	不能隔离债务风险	可以规避一定债务风险	具备很好的资产隔离功能
保值增值	无	可以保值，有保底收益，一些人寿保险有较高的保障杠杆	收益不确定，但一般来说保值增值效果较好
融资功能	无	可以在保单现金价值范围内按一定比例融资	没有明确规定
设立便捷性	较方便，但有效性常受质疑	方便，但有年龄、健康等要求	设置流程较复杂
执行便捷性	需要进行继承权公证，程序烦琐	方便，由保险人直接给付至受益人账户	方便，按合同约定分配至受益人账户

四、家族办公室

家族办公室是财富管理中的最高端形式，是超高净值人群家族财产传承的重要工具。家族办公室起源于欧洲、兴盛于美国，成功地帮助洛克菲勒等诸多豪门跨越多重经济周期与时代的交替，财富传承迄今绵延多代，经久不衰。目前，对中国的家族来说，这是一个全新的领域，随着国内财富的不断积累，中国家族办公室行业正在试图将西方国家先进的经验和中国传统文化的创新融合，开启国外家族办公室模式的本土化之路。

（一）家族办公室的起源与内涵

家族办公室最早起源于古罗马时期的大“Domus”（家族主管）以及中世纪时期的大“Domo”（总管家）。根据美国家族办公室协会的定义，家族办公室是为（超）高净值客户家庭或家族在资产配置、资产保全、安全保障、税收筹划、财产传承以及慈善安排方面提供全方位财富管理和家族服务的综合性机构。家族办公室是家族财富管理的最高形态，位居金融产业链的最顶端，被称为“皇冠上的明珠”。

（二）家族办公室的主要类型

将世界范围内的家族办公室进行分类，现阶段有两种分类方法。第一种是根据服务的家族数量来区分，可分为单一家族办公室（SFO）——服务于单个家族和联合家族的家族办公室（MFO）——同时服务于多个家族。近年来又衍生出了一种新形态：虚拟家族办公室（VFO），它并非服务于特定家庭，而是将共性的服务进行组合，提供相应服务的工作平台。第二种是根据家族办公室独立性来区分，可分为内置型（由家族成员直接管理）和外设型（由外部职业经理人负责）。一般来说，单一家族办公室属于内置型，联合家族办公室属于外设型。从现阶段世界各地家族办公室的发展来看，绝大部分采用的都是单一家族办公室形式。

（三）国内家族办公室的主要运营模式

国内的家族办公室业务依据创建主体的不同，主要分为三种主要运作模式：超高净值家庭自行组建的家族办公室、金融机构发起设立的家族办公室和专业机构发起设立的独立办公室。

1. 超高净值家庭自行组建的家族办公室

国内的超高净值家庭出于家族资产安全、家族信息私密性的考虑，主要通过设立信托和成立家族基金的形式自行组建单一家族办公室，来管理自身家族的财富。这些是真正意义上的家族办公室，其中最有影响力的是蔡崇信（阿里巴巴核心创始人之一）在中国香港成立的家族办公室，该家族办公室管理着蔡崇信自己80亿美元财富的大部分和马云的部分财富。除此之外，国内还有许多超级富豪选择用家族办公室来打理自己的财富。例如，龙湖地产董事长吴亚军成立的吴氏家族基金、王健林成立的由第二代管理的PE基金，这些都是国内单一家族办公室的典型代表。

2. 金融机构发起设立的家族办公室

国内大型银行、信托公司也纷纷在集团下设立私人银行或成立家族办公室，为超高净值客户家庭提供量身定制的资产配置方案，帮助客户实现家族财富保值升值乃至传承。例如，中国银行开展的家族办公室业务，通过“133”服务体系，即一个平台（中银集团）携手三个团队（银行专业团队、顾问团队和海外团队）为超高净值个人及家庭提供个人金融和企业金融服务以及相关增值服务。

与银行不同，信托公司设立家族办公室，所提供的服务可以协助客户充分发挥家族的金融资本、家族资本、人力资本和社会资本，主要包括为客户实现财富的保护、实现财富的增值以及考虑客户财富的转型，达到家业永续传承的目的。信托公司设立的家族办公室，不是简单的产品线扩充，而是在家族财富传承中融入家族家训的传承，使得中国家族企业不仅是金钱财富的交棒，更是思想的延续。目前，国内推出家族办公室服务的信托公司有中信信托、上海信托、中融信托、百瑞信托等。

3. 专业机构发起设立的独立办公室

业内专业机构设立的独立办公室大多属于联合家族办公室，一般是以金融从业者和律师背景居多。金融从业者创办的家族办公室主要以资产管理为主，其核心业务为投资管理，运用不同的策略为客户量身定制资产方案，帮助超高净值家庭实现财富的保值增值；律师背景的家族办公室的核心业务是法务管理，更专注于客户家庭的财富传承、家族治理等相关事务的解决，主要包括税收筹划、婚姻财产处理、遗嘱设立、债务处理等。

（四）家族办公室服务优势

作为高端财富管理的最终形态，家族办公室同其他金融机构相比，具有以下三个突出的优势：

1. 在全面了解家族成员和家族财务状况的基础上，为家族进行整体规划

基于对家族的全面了解，家族办公室可以根据家族实际情况，在充分考虑风险状况、投资收益和税务法律等影响因素的前提下，为家族进行整体规划。家族办公室从整体上进行家族财富的集中管理，将分布于多家银行、证券公司、信托公司、保险公司的

家族金融资产绘制到一张家族财务报表中，通过遴选及监督投资经理、实行有效的投资绩效考核，实现家族资产的优化配置。

2. 与客户立场一致，凭借专业优势、团队协作满足客户各方面需求

家族办公室可以完全站在家族的立场上，满足家族的需求，整合内外资源，实现家族财富的保值增值和传承。在财富的保护和传承方面，家族办公室可以通过专业的团队化协作，以离岸（境外）信托、单位信托、私人信托公司、标的信托和离岸基金等跨境结构化设计，将客户个人资产和公司资产逐渐分离并进行保护，并通过法律方式防止家族企业的控制权旁落，解决资产的继承和收益分配的问题。在资产管理和增值方面，家族办公室通过专业的投资顾问为客户选择投资标的，将客户的资金配置于股票、债券、PE、对冲基金、大宗商品市场、房地产、艺术品等多个投资领域。公开资料显示，在全球范围内，家族办公室对非流动性资产的投资比例高达46%，远高于高净值个人的投资组合。在全球化的税务服务方面，家族办公室可以通过跨境会计税务规划，协助处理包括家族企业所得税、家族成员的个人所得税、动产和不动产相关税务以及继承、赠与的税负。

3. 为家族提供个性化、定制化、私密化的全方位服务

对家族办公室的服务内容，很多人误以为家族办公室只负责“管钱”，负责家族财富的保值增值。其实，很多成熟的家族办公室不仅“管钱”，还管理非金钱事务，且后者对家族办公室的重要性日益突出。家族办公室除各项金融服务外，还可以根据客户家族的特点和需求，为客户提供家族治理以及申请海外移民、信用建立等管家服务，真正为客户提供个性化、定制化的全方位服务。

随着中国经济体量的不断增长和财富管理行业的发展，将有更多家族以及超高净值人群从高科技、高端制造以及传统行业转型升级的过程中诞生。同时，家族的财富管理需求逐渐多元化和专业化，促使越来越多的人选择用家族办公室服务来满足家族资产和财富管理的需求，这也为家族办公室行业在中国的发展带来新的契机。

项目小结

1. 结婚是婚姻成立的形式要件，是婚姻成立的法定程序，也是婚姻取得法律认可和保护的方式，还是夫妻之间权利义务关系成立的必要条件。男女双方进入婚姻关系的前提是要满足《民法典》中规定的结婚必备条件，不符合必备条件的婚姻均为无效婚姻或可撤销婚姻，得不到法律的保护。

2. 在制订家庭财产分配与传承规划时要遵循一定原则，依照《民法典》的界定，正确区分夫妻共同财产、个人财产、共同债务、个人债务。

3. 关于房屋财产归属权问题如何判断主要依据签订购房合同的时间和夫妻双方登记结婚的时间谁先发生，如果签订购房合同先于登记结婚，则房屋一般归属于个人财产；反之，则为夫妻共同财产。

4. 遗产继承主要有法定继承、遗嘱继承和遗赠。根据《民法典》的规定，遗嘱的形式有6种，分别为自书遗嘱、代书遗嘱、打印遗嘱、录音录像遗嘱、口头遗嘱和公证遗

嘱。另外，当遗嘱人立有数份遗嘱，且内容相抵触的，以最后的遗嘱为准，即以立遗嘱的时间作为认定遗嘱有效的判断标准，无论遗嘱形式如何，遗嘱人最后所立的遗嘱具有优先适用的效力。

5. 家庭财产分配与传承规划工具主要包括夫妻财产约定协议公证、家族信托、人寿保险、家族办公室等。

项目训练

■ 基础知识训练

一、名词解释

代位继承　转继承

二、单项选择题

1.夫妻在婚姻关系存续期间所获得的共同财产，除事先约定的以外，在分割遗产时，应当（　　）。

A. 全部归被继承人所有

B. 全部归其配偶所有

C. 先预提其配偶所拥有的双方共同财产的一半，剩余的则为被继承人的遗产

D. 先预提被继承人的遗产，剩余的则为其配偶所拥有

2.法定继承、遗嘱继承、遗赠和遗赠扶养协议都是遗产转移的方式，在这几种情形均存在的情况下，适用是有顺序的，（　　）的效力最为优先。

A.法定继承　　B.遗嘱继承　　C.遗赠　　D.遗赠扶养协议

3.在各种遗嘱形式中，不需要见证人的遗嘱形式是（　　）。

A.公证遗嘱　　B.自书遗嘱　　C.打印遗嘱　　D.录音录像遗嘱

4.《民法典》中关于继承所提到的子女是指（　　）。

A.婚生子女

B.婚生子女、非婚生子女

C.婚生子女、非婚生子女、养子女

D.婚生子女、非婚生子女、养子女、有抚养关系的继子女

5.下列选项中，属于夫妻个人债务的是（　　）。

A. 夫妻双方约定由其中一方承担的债务

B. 为家庭日常生活需要所负担的债务

C. 夫妻一方因继承遗产（遗产归夫妻共同所有）所负的债务

D. 夫妻双方共同签名所负债务

6.为了保证财产安全承继而设计的财务方案，当事人在其健在时通过选择适当的遗产管理工具来制订合理的遗产分配方案的是（　　）。

A.财产投资规划　　B.财产分配规划

C.财产传承规划　　D.财产增值规划

7.刘某文化水平有限，不能亲笔书写遗嘱，所以委托村支部书记张某，边听他口述边为他书写遗嘱，这属于（　　）。

A.自书遗嘱　　B.代书遗嘱　　C.口头遗嘱　　D.公证遗嘱

8.继承从（　　）时开始。

A.遗嘱订立　　B.继承人被指定

C.被继承人死亡　　D.被继承人无行为能力

9.（　　）不是无效婚姻产生的原因。

A.违反一夫一妻制的重婚　　B.有禁止结婚的亲属关系

C.因胁迫结婚　　D.未达到法定结婚年龄

10.下列选项中，不属于夫妻共同债务的是（　　）。

A.夫妻双方共同举债

B.夫妻一方负债是为了夫妻共同生活需要

C.夫妻一方负债是为个人生活需要

D.夫妻双方约定由夫妻共同承担的债务

三、多项选择题

1.家族信托的功能包括（　　）。

A.财产隔离保护功能　　B.财产保值增值功能

C.保护财产隐私功能　　D.防止家族成员挥霍财产

E.保证财产管理公平、公正、公开

2.下列说法中，正确的有（　　）。

A.形成收养关系的养子女有权继承养父母的遗产

B.形成收养关系的养子女有权继承其亲生父母的遗产

C.非婚生子女无权继承其父母的遗产

D.具有抚养关系的继子女有权继承继父母的遗产

E.具有抚养关系的继子女有权继承其亲生父母的遗产

3.根据服务的家族数量来区分，可以将家族办公室分为（　　）。

A.单一家族办公室（SFO）　　B.联合家族办公室（MFO）

C.虚拟家族办公室（VFO）　　D.内置型（由家族成员直接管理）

E.外设型（由外部职业经理人负责）

4.影响财产分配与传承的因素有（　　）。

A.子女的出生或死亡　　B.配偶或其他继承者的死亡

C.结婚或离异　　D.房地产的出售

E.财富的变化

5.人寿保险的优点有（　　）。

A.指定受益人，避免纠纷　　B.合理避税，优化资产

C.运用杠杆，放大财富　　D.隔离财产，保证安全

E.保障隐私，客户安心

四、判断题

1.在夫妻财产中的衣服、鞋帽、皮包等财产均属于夫妻共同财产。（　　）

2.我国遗产继承的方式有法定继承和遗嘱继承，法定继承优先于遗嘱继承。（　　）

3.可撤销婚姻必须在结婚登记后1年内提出撤销请求，超出法定期间，当事人撤销婚姻的请求权即消灭，不得再提出申请。（　　）

4.夫妻一方婚前支付了部分房款，但婚后取得房产证的，即使婚后双方共同还贷，仍属于一方的婚前个人财产。（　　）

5.代位继承是指被继承人的子女先于被继承人死亡，由该子女的晚辈直系血亲代其继承被继承人遗产的一种法定继承方式。（　　）

6.丧偶的儿媳或女婿属于第一顺序继承人，可以继承公婆或岳父母的遗产。（　　）

7.打印遗嘱可以以数据电文形式存储在计算机等设备上，无须通过打印机等将遗嘱内容从电子数据形式转换为书面形式。（　　）

8.当遗嘱人为聋哑人并采取录像遗嘱时，可以通过打手语的方式亲自表达遗嘱内容，不能由他人转述。（　　）

9.《民法典》规定，当遗嘱人立有数份遗嘱，内容相抵触的，以最后的遗嘱为准。（　　）

10.遗赠扶养协议是一种双务合同，双方当事人都必须遵守。（　　）

■ 实践操作训练

训练一

目的：区分个人遗产与夫妻共同财产

内容：廖先生与妻子齐女士育有三个儿子廖某华、廖某进、廖某平和一个女儿廖某婷。2年前大儿子廖某华因癌症去世，留有妻子小张和女儿华华。大儿子去世不久，小儿子廖某平又因车祸导致残疾。廖某平残疾后失去了劳动能力，他的妻子小刘与他离婚，带着儿子东东改嫁。廖先生的女儿廖某婷已出嫁，二儿子廖某进单身。不久前，廖先生因中风突然去世，并且没有留下遗嘱。廖先生夫妇的家庭财产有：80万元的银行存款；价值140万元的古董收藏品和价值40万元的股票等金融资产；廖先生所戴的价值20万元的劳力士金表一块；妻子齐女士拥有的价值26万元的各种首饰。

要求：廖先生的遗产应该如何分配。

训练二

目的：掌握财产分配与传承的相关知识

内容：34岁的周先生是一家律师事务所的合伙人，他的妻子今年30岁，是一家上市公司的人事主管。周先生的父亲已经过世，周先生的母亲和周先生的姐姐生活在一起，周先生夫妇育有一个5岁的女儿。周先生在一次车祸中不幸遇难，没有留下遗嘱，周先生家庭的财产总价值为480万元人民币。

要求：1.周先生的遗产应当按照（　　）方式继承。

A.法定继承　　B.协商继承　　C.抚养继承　　D.推定继承

2.周先生的第一顺序继承人中不包括（　　）。

A.女儿　　B.妻子　　C.姐姐　　D.母亲

3.第一顺序继承人一般按照（　　）标准划分遗产。

A.长幼　　B.经济收入　　C.关系亲疏　　D.均等

4.假设周先生夫妇没有夫妻财产协议，则周先生的遗产总额为（　　）万元。

A.480　　B.240　　C.160　　D.0

5.周先生的女儿最后获得的遗产为（　　）。

A.240万元　　B.160万元

C.80万元　　D.年龄太小，无法继承遗产

6.从案例中可以获得的启示是（　　）。

A.如果周先生投保意外险，就可以避免风险

B.周先生应当及早对财产进行分配和传承规划

C.周先生应当为妻子和女儿购买保险

D.周先生不应赡养老人

［1］中国银行业协会银行业专业人员职业资格考试办公室．个人理财（初级）［M］．北京：中国金融出版社，2023.

［2］中国银行业协会银行业专业人员职业资格考试办公室．个人理财（中级）［M］．北京：中国金融出版社，2023.

［3］马杜拉．个人理财［M］．7版．北京：中国人民大学出版社，2023.

［4］中国就业培训技术指导中心．理财规划师专业能力［M］．北京：中国财政经济出版社，2014.

［5］石宏．《中华人民共和国民法典》释解与适用［婚姻家庭编继承编］［M］．北京：人民法院出版社，2020.

［6］李学峰．证券投资基金管理［M］．北京：首都经济贸易大学出版社，2023.

［7］理财规划师专业委员会．投资规划［M］．6版．北京：中国金融出版社，2020.

［8］中国证券投资基金业协会．证券投资基金［M］．2版．北京：高等教育出版社，2017.